Kimball Fisher/Steven Rayner/William Belgard

Tipps für Teams

Kimball Fisher/Steven Rayner/William Belgard

Tipps für Teams

Teameinsatz optimal realisieren

2. Auflage

mvg

Die Deutsche Bibliothek – CIP-Einheitsaufnahme

Fisher, Kimball:
Tipps für Teams : 416 Regeln für den Teamerfolg /
Kimball Fisher / Steven Rayner / William
Belgard. – Landsberg am Lech : mvg-verl., 2000
(Business Training ; 81229)
Einheitssacht.: Tips for teams ‹dt.›
ISBN 3-478-81229-1

Titel der amerikanischen Originalausgabe: Tips for teams: a ready reference for solving common team problems

Umschlaggestaltung: Felix Weinold, Schwabmünchen
Druck- und Bindearbeiten: Presse-Druck, Augsburg
Printed in Germany 081229/2003302
ISBN 3-478-81229-1

Inhalt

Vorwort

Dieses Buch handelt von Teams und wurde von einem Team geschrieben. Wir haben viele der hier aufgeführten Tips selbst ausprobiert, als wir Probleme bewältigen mußten, die unweigerlich entstehen, wenn mehrere Leute gemeinsam ein Buch verfassen. Es war nicht immer leicht, doch davon später mehr.

Die Mitverfasser arbeiten bei Belgard • Fisher • Rayner, Inc. (BFR), einer Firma für Consulting und Training. Obwohl wir alle in Hochleistungsteams als Teamleiter oder Teammitglieder gearbeitet haben, können wir auf unterschiedliches Hintergrundwissen und verschiedene Kenntnisse zurückgreifen. Wir haben in Unternehmen wie Procter & Gamble, Tektronix und Hewlett-Packard sowie in anderen Unternehmen (Restaurants, Postdienste und amerikanische Marine) gearbeitet, bevor wir zu BFR kamen. Auch unsere Ausbildung ist höchst unterschiedlich – einige haben nur begrenzte Universitätserfahrung, während andere auf einen oder mehrere Abschlüsse verweisen können. Wir leben nicht alle in demselben Staat, und unsere Tätigkeit macht es erforderlich, häufig Geschäftsreisen in alle Welt zu unternehmen, was eine regelmäßige Kommunikation untereinander erschwert.

Kompliziert wird das Ganze noch dadurch, daß wir alle eine eigene Meinung haben und recht eigensinnig sind. Daher fragten wir uns auch, ob dieses Projekt tatsächlich von einem Team wie dem unserigen durchgeführt werden könne. Um als Team ein Buch zu verfassen, mußten wir eng zusammenarbeiten, und Hunderte von gemeinsamen Entscheidungen treffen und uns an sie halten. Das ist äußerst schwer, wenn man sich nicht oft sieht.

Dennoch beschlossen wir, es zu versuchen. Trotz der Herausforderungen haben wir alle leidenschaftliches Interesse an dieser Arbeit. Unsere Aufgabe besteht darin, Unternehmen zu stärken. Unser Wunsch ist, anderen Menschen und ihren Teams zu effektiver Arbeit zu verhelfen. Als der Verlag auf uns zukam, beschlossen wir, es zu versuchen, obwohl wir in Anbetracht unserer unzähligen Verpflichtungen einen fast unmöglichen Zeitrahmen einhalten sollten.

Wir einigten uns darauf, die Arbeit mit demselben Verfahren in Angriff zu nehmen, das wir auch unseren Kunden empfehlen. Wir setzten einige der BFR Team Tools™-Trainingsmodule ein, um unsere Teamsatzung und einige Verfahrensrichtlinien für dieses Projekt festzulegen. Ehrlich gesagt, die meisten von uns dachten, dies sei unnötige Verschwendung unserer kostbaren, begrenzten Zeit.

Schließlich sind wir – was Teams betrifft – Experten. Wir selbst hatten ja diese Schulungsmaterialien geschrieben. Sicherlich war dieses Verfahren für Leute mit unserer Erfahrung völlig überflüssig. Doch mit dieser Meinung lagen wir falsch. Das Verfahren zum Warmwerden half. Es klärte Rollen und Verantwortungsbereiche und löste einige anfängliche Probleme. Einige Teammitglieder beispielsweise stellten die Frage, inwiefern dieses Projekt Vorrang vor anderen Aufgaben hätte. Andere fragten sich, wer wohl am besten qualifiziert sei, bestimmte Abschnitte zu verfassen. Einige Teammitglieder mit weniger Schreiberfahrung wollten zu dem Buch etwas Bedeutsames beitragen, zögerten jedoch, sich als Autoren zu betätigen. Wir diskutierten lange darüber, wie der zweite Teil des Buchs aussehen sollte, bis Steve Rayner das Problem löste, indem er sich bereit erklärte, die wichtigsten Punkte in bezug auf die Materialien, die er und Mark Christensen für andere BFR-Trainingprogramme geschrieben hatten, zusammenzufassen. Ich bot mich an, das fertige Buch zu redigieren.

In der Anfangsphase wurde ich zum Teamleiter ernannt. In dieser Rolle koordinierte ich die Aktivitäten mit dem Verleger und entwickelte das grundsätzliche Format unseres Buchs. Diesen Vorschlag und andere Korrespondenz unterbreitete ich dem Team zusammen mit dem Grobentwurf und Beispielen. Zum Abschluß legte das Team eine Satzung, Verfahrensrichtlinien und einen Projektplan mit Zeitrahmen fest.

Wie viele von Teams verfaßte Produkte bestanden die Satzung und Richtlinien aus langen, verschachtelten Sätzen, die das Ergebnis von Stunden aktiver Diskussionen mit einigen Kompromissen und abschließender Übereinstimmung waren. Zu dieser Zeit waren die spezifischen Arbeitsaufträge noch nicht vergeben. Einige Teammitglieder erklärten sich bereit, Teile des Buchs zu schreiben, zu formatieren oder zu korrigieren, doch die meisten sagten, daß sie tun würden, was nötig sei. Schließlich bat mich das Team, Aufgaben zu verteilen und die Arbeiten, für die sich einige bereits freiwillig gemeldet hatten, zu integrieren. In den nachfolgenden Besprechungen über diese Aufgaben und den Zeitrahmen des Projekts stimmte das Team ab.

So weit so gut. Am Ende dieser ersten wenigen Aktivitäten hatten die Teammitglieder ein gutes Gefühl. Unsere Erfahrung half uns, unsere Teambeziehung zu festigen. Es gab eine klare Richtung, wir wußten alle, was wir zu tun hatten, uns gefiel die Organisation des Projekts, und alle waren bereit, unsere Vereinbarungen zu unterstützen.

Doch die Euphorie der ersten Besprechungen wurde bald durch die unangenehme Erkenntnis ersetzt, daß die Fristen bedrohlich näher rückten. Obwohl alle dem Zeitplan zugestimmt hatten, brachte nur die Hälfte der Teammitglieder ihre Forschungsaufgaben rechtzeitig zu Ende. Die zweite Frist (jeder Verfasser sollte einen der Problembereiche für eine frühzeitige Durchsicht durch den Verleger fertigstellen) wurde von niemandem eingehalten. Langsam kamen wir ins Schwitzen. Ich begann, die anderen in den Teambesprechungen vorsichtig an unsere Verpflichtungen zu erinnern. Bald wurden die Erinnerungen im Ton etwas schärfer. Ausgerechnet zu der Zeit, als die Schreibarbeiten besonders umfangreich waren, erhielten die BFR-Consultants mehrere neue Verträge. Weil uns der Dienst am Kunden sehr wichtig ist, trat das Buch in den Hintergrund. Dazu kam, daß sich ein großer Teil der fertigen Texte auf einer unlesbaren Computerdiskette befand, die auf einer von Steves Reisen beschädigt worden war. Die Zeit für die Vollendung der Tips kam und ging, und es waren erst 40 Prozent der Aufgaben erledigt. Als wir uns fragten, ob es möglich sei, den ursprünglichen Zeitplan einzuhalten, verschickten wir verzweifelte E-mail-Nachrichten, Faxe und Briefe. Obwohl es berechtigte Gründe für die Verzögerungen gab, hatten wir unserem Verleger ein Buch versprochen. Und niemand war gewillt, zweitklassige Texte abzuschicken. Da uns nur noch wenige Wochen blieben, fragten wir uns, wie das Team die Arbeit würde schaffen können.

Um es vorwegzunehmen – wir fanden eine Möglichkeit. Wie anderen Hochleistungsteams, mit denen wir gearbeitet hatten, gelang es den Teammitgliedern, ihre Aufgaben zu erfüllen. Dazu waren Überstunden, Wochenendarbeit und eine Umschichtung der Aufgaben erforderlich. Die Teammitglieder gaben einen Teil ihres Urlaubs auf. Ihre Familien unterstützten sie auf eine Art und Weise, die weit über reines Pflichtgefühl hinausging. *Tips für Teams* wurde einige Tage vor Ablauf der ursprünglichen Frist fertiggestellt.

Wir haben dieses Nachschlagewerk als Team geschrieben, was es zu einem besseren Produkt macht, als wenn einer allein es verfaßt hätte. Wir haben in diesen letzten Tagen das Wunder der Synergie von Hochleistungsarbeitsteams erlebt. Wir waren Zeuge der Flexibilität und des Engagements, die in den Arbeitsstrukturen der Zukunft möglich sind. Wir wurden wieder daran erinnert, warum wir diese Art von Arbeit gewählt haben. Wir hoffen, Ihnen mit unserem Buch ebenso hilfreich zu sein, wie es in seiner Entstehung für uns war.

Kimball Fisher (Beaverton, Oregon)

[illegible] und die Frauen [illegible] die Hilfe des [illegible] Bald wurde [illegible] die BfR [illegible]

[illegible]

[illegible]

[illegible] Rudolf [illegible]

Einleitung

Dieses Buch will jedem, der Mitglied eines Teams ist, bei der Lösung von Problemen helfen. Warum überhaupt ein Buch zur Lösung von Teamproblemen?

Tausende, vielleicht Hunderttausende von Teams sind in den letzten fünf Jahren in der Geschäftswelt und in der Verwaltung entstanden. Diese Gruppen werden langsam zur neuen Hauptstütze zeitgenössischer Unternehmen. Es ist nicht weiter ungewöhnlich, Berichte über Teams zu hören, die eine Verbesserung von 30 bis 50 Prozent gegenüber ähnlichen, traditionelleren Unternehmen, die keine Teams einsetzen, erzielten.

Doch diese Teams müssen sich natürlich mit ganz eigenen Herausforderungen auseinandersetzen. Dabei fällt uns die Geschichte des Weisen ein, den einst ein frustrierter, mit vielen persönlichen und geschäftlichen Problemen belasteter Geschäftsmann um Hilfe bat. Der Manager fragte den Weisen, warum ausgerechnet er diese schreckliche Last tragen müsse. Nach einigen Minuten stillen Nachdenkens erklärte der Mann, daß er die Frage des Managers nicht beantworten könne. Doch er sagte ihm, daß er eine Gruppe von Menschen kenne, die überhaupt keine Probleme hätten. Er fragte den Manager, ob er sie gerne kennenlernen wolle. Da der Manager glaubte, daß diese einzigartigen Menschen einige Ratschläge für ihn bereithalten könnten, nahm er den Vorschlag des Weisen eifrig an und folgte ihm. Bald bog der Weise um eine Ecke und trat durch das Tor ihres Zielorts. Es war ein Friedhof.

Jeder Mensch hat Probleme. Sie sind natürlicher Bestandteil unseres Lebens. Es spielt keine Rolle, welche Hochleistungsarbeitsteams Sie einsetzen – selbstgelenkte Teams oder Projektteams, permanente natürliche Arbeitsgruppen oder zeitweilig zusammenarbeitende Teams, Fertigungsteams, Büroteams, Gewerkschaftsteams oder Managementteams.

Wie fällt man eine Teamentscheidung, wenn die Mitglieder untereinander völlig gegensätzlicher Meinung sind? Wie geht man mit schwierigen persönlichen Problemen um, die das Team mit einem Mitglied hat? Was kann man tun, wenn Teambesprechungen reine Zeitverschwendung scheinen? Wie geht man mit Menschen um, die nicht Teil eines Teams sein wollen? Was tut man, wenn Mitglieder die Teamentscheidungen nicht durchführen? Was ist, wenn der Teamleiter sich nicht an das Gesagte hält? Wie kann der Teamleiter helfen, ohne das Team unangemessen zu beherrschen? Diese und andere Probleme müssen gelöst werden, wenn Teams überleben und gedeihen sollen. Jedes gemeinsam erfolgreich gelöste Problem stärkt das Team und fördert seine Selbständigkeit.

Dieses Buch liefert einige Tips zu diesen und mehr als einhundert weiteren Problemen, mit denen Teams heute allgemein konfrontiert werden. Einige Ratschläge werden Ihnen helfen, vermeidbaren Problemen von Anfang an aus dem Weg zu gehen. Es faßt die Lehren von mehreren hundert Teams in Unternehmen wie Corning, Apple Computers, AT&T, Kodak, Weyerhaeuser, Motorola, Rockwell und anderen zusammen und beruht auf den neuesten Untersuchungen zur Teameffektivität.

Wie ist dieser Ratgeber aufgebaut? Das Buch ist in zwei Teile gegliedert. Im ersten Teil werden häufig auftretende Probleme und Vorschläge zu ihrer Lösung aufgeführt. Der zweite Teil ist ein Nachschlagewerk für Checklisten, Verfahren und Techniken für Teams.

Der erste Teil des Buchs umfaßt sechs Abschnitte, die fortlaufend aufeinander aufgebaut sind. Wir beschreiben dies als „Muschelmodell" (siehe Abbildung 1).

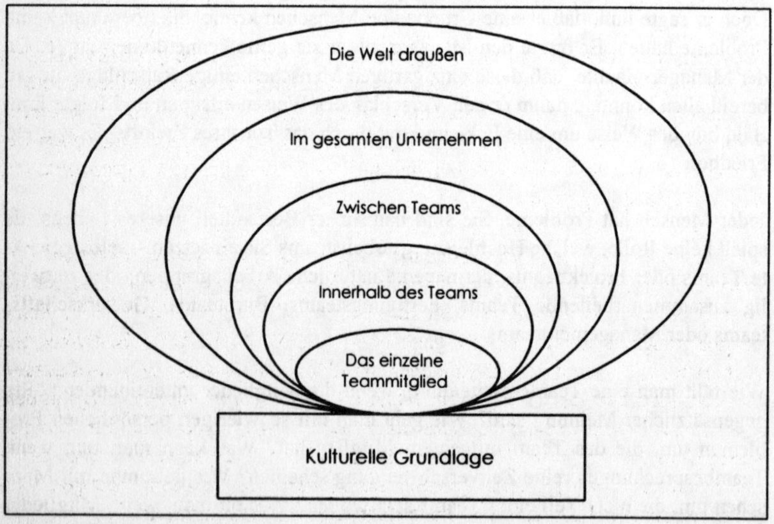

Abb.1: Das Muschelmodell

Nach der Behandlung von allgemeinen kulturellen Problemen, die die Grundlage für Teams bilden (Abschnitt 1.), geht das Buch zu Problemen mit einzelnen Teammitgliedern über (Abschnitt 2.), es folgen Probleme innerhalb von Teams (Abschnitt 3.), Probleme zwischen Teams (Abschnitt 4.), Probleme über das gesamte Unternehmen hinweg (Abschnitt 5.) und Probleme außerhalb des Unternehmens, speziell Schwierigkeiten mit Kunden und Lieferanten (Abschnitt 6.). Zur Lösung jeden Problems werden zwei bis fünf Ratschläge aufgeführt. Diese Tips beziehen sich häufig auf die Verfahren und Techniken im zweiten Teil des Buchs. Der erste Hauptteil des Buchs dient also als Verzeichnis für die 21 allgemeinen Werkzeuge zur Entscheidungsfindung und für Problemlösungen, die im zweiten Hauptteil aufgeführt sind.

Wie sollte dieser Ratgeber eingesetzt werden? Wir hoffen, daß dieses Format benutzerfreundlich ist. Der Leser muß sich nicht durch eine akademisch klingende Enzyklopädie von Teamproblemen hindurcharbeiten, sondern kann gleich unter einem näher definierten Problem nachschlagen und wird dann auf die betreffenden Hinweise verwiesen. Dieses Buch, das wie ein medizinischer Ratgeber nach Symptomen und nicht nach komplizierten Begriffen aufgebaut ist, soll als praktisches Werkzeug dienen. Es ist ein Nachschlagewerk, das Ihnen helfen will, die typischen und vorhersehbaren Probleme bei der Arbeit in Teams zu bewältigen.

Sehen Sie sich immer mehrere Aussagen zu Problemen an, die der Schwierigkeit ähneln, vor der Sie stehen. In diesen Abschnitten finden Sie eine Reihe von nützlichen Tips, die Ihnen helfen. Manchmal wird derselbe Tip für mehrere Probleme wiederholt. Dies bedeutet, daß diese Tips in den verschiedensten Situationen besonders hilfreich sind. Sie sind nützlich bei der Lösung fast jedes Problems, auf das Ihr Team stoßen wird.

Die Tips in diesem Ratgeber werden nicht immer die spezifische Antwort auf Ihre Probleme sein, denn Situationen sind nie gleich. Betrachten Sie die Tips nur als Vorschläge und nicht als Rezept für Ihre Schwierigkeiten. Nur Sie und Ihr Team können entscheiden, was für Ihre gegebene Situation das Beste ist. Bedenken Sie auch, daß einige der in diesem Ratgeber aufgeführten Tips außerhalb Ihres aktuellen Verantwortungsbereichs liegen. *Wenn Sie meinen, daß irgendein Tip außerhalb Ihres Verantwortungsbereichs liegt oder Ihnen undurchführbar scheint, lassen Sie sich von Ihrem Teamleiter, dem höheren Management oder dem Leiter der Personalabteilung helfen.* Tun Sie nichts, was außerhalb Ihres jetzigen Verantwortungsbereichs liegt, ohne sich mit Ihrem Leiter abzustimmen.

Obwohl es eine Flut von Informationen gibt, warum Teams so wichtig sind, erhalten Teammitglieder nur wenig Unterstützung, um die normalen Probleme des Alltags zu bewältigen. Aus diesem Grund haben wir *Tips für Teams* geschrieben. Es ist mit Sicherheit kein Allheilmittel für alle Teamprobleme. Sie müssen die individuellen Charakteristika Ihrer Situation sorgfältig abwägen und das Richtige tun. Dieses Buch soll ein praktisches und nützliches Werkzeug für Sie sein, Ihre eigene Kreativität anzuregen und Ihnen Alternativen zur Lösung Ihrer Teamprobleme zu eröffnen. Wir hoffen sehr, daß Sie und Ihr Team alles erreichen werden, was Sie sich wünschen.

Danksagung. Wir sind einer Reihe von Wissenschaftlern und Praktikern für ihre Arbeit zum Thema Teams und Hochleistungs-Arbeitssysteme zu Dank verpflichtet. Besonders hilfreich waren uns Eric Trist, Marvin Weisbord, Edwards Deming, Jack Sherwood, Pam Posey, Jan Klein, Richard Walton, Len Schlesinger, Ed Lawler, James Schonk, Steve Covey, Peter Senge, Peter Scholtes, William Byham, Bob Harper, Ann Harper, Mark Kelly, Richard Wellins, Lawrence Miller, Jon Katzenbach, Douglas Smith, die BFR-Mitarbeiter Maureen Fisher, Phil Bromley und Mike Hunter, die Mitarbeiter in unserer Zweigstelle, dem Londoner Practick-Büro, Ronan Knox, Geoffrey Peppiatt, Rodney Drew und andere wie Bill Lytle, Jack Zenger, Ed Musselwhite, Bruce Dillingham, Ralph Stayer, Lyman Ketchum und Stu Winby, die daran gearbeitet haben, diese wichtigen Themen zugänglich und praktikabel zu machen. Besonders haben wir uns die Ideen aus Steven Ryners Buch *Recreating the Work Place* (Oliver Wight, 1993) und aus Kimball Fishers Buch *Leading Self-Directed Work Teams* (McGraw-Hill, 1993) zunutze gemacht sowie eine Reihe anderer Artikel von Fisher und Rayner, einschließlich Materialien, die von Belgard • Fisher • Rayner, Inc. veröffentlicht wurden.

Wir danken den anderen Teammitgliedern, die diesen Ratgeber miterarbeitet haben, für ihre Arbeit. James Armstrong verfaßte Tips zu folgenden Themen: Widerstand gegenüber Teams, Leistung, Geschick und Schulung und externe Probleme; William Belgard beschrieb, wie man mit Veränderung, Zielen, Unternehmensführung und Unternehmenspolitik zurechtkommt; Kathleen Braun schrieb Tips zu Besprechungen, Entscheidungen, Feiern und half bei der Formatierung des zweiten Teils. Barbara Brennemann war für Korrekturen, die Korrespondenz und Dateneingabe zuständig; Mark Christensen ist Hauptautor des BFR Team Tools™-Trainingsprogramms, auf dem der größte Teil von Teil zwei beruht; Susanne Eaton schrieb die Tips zu zwischenmenschlichen Problemen, Kimball Fisher verfaßte die Tips zu Teamdesign und Teamstruktur, zu Problemen mit der Teamleitung, er gestaltete das Buch, verfaßte die Einleitung, wählte zusätzliche Tips aus und redigierte Teil eins; Sheri Piercy unterstützte die Teamkommunikation, korrigierte und gab Daten ein; Steven Rayner schrieb Tips zur Kommunikation, zu Problemen zwischen Teams, zur Arbeitsorganisation und zu Lohnproblemen, er redigierte Teil zwei und half beim Verfassen des „®Team Tools and BFR Leader Skills™“-Trainingsprogramms; Bonnie Sabel schrieb die Tips zu individuellen Problemen. Besonders danken wir Belgard • Fisher • Rayner, Inc. für die Erlaubnis, die wichtigsten Punkte aus den BFR Team Tools™ und BFR Leader Skills™-Trainingsprogrammen (© 1989-1993, Belgard • Fisher • Rayner, Inc.) in Teil zwei dieses Buchs zu veröffentlichen. BFR Team Tools™ ist ein Modul-Programm zum Aufbau von Fähigkeiten in Teams, bei Leader Skills handelt es sich um ein Programm zur Klärung der neuen Rolle von Teamleitern in Unternehmen mit Teamorganisation. Es hilft ihnen, kompetente Leiter zu werden.

Außerdem möchten wir den Berufsorganisationen und Vereinigungen danken, die besonders unterstützend und erzieherisch wirkten. Dazu zählen die Association of Quality and Participation, die Ecology of Work Conferences, das Institute for International Research, die National Technological University, Oliver Wight, Productivity, der Socio-Technical System Roundtable, die University of North Texas Center for the Study of Work Teams und das Work in America Institute. Unser Herausgeber und Verleger Philip Ruppel verdient besonderen Dank für seine ungeheure Unterstützung, Ermutigung und Flexibilität. Außerdem danken wir Rose Kernan von Inkwell Publishing Services für ihr Geschick beim Editieren.

Besonders dankbar sind wir unseren Kunden und Mitarbeitern, die es uns ermöglicht haben, von einigen der besten Beispiele für Unternehmensteams weltweit zu lernen. Besonderer Dank gebührt Apple Computer, AT&T, Corning, Goodyear, Hewlett-Packard, IBM, Kodak, Nonsanto, Motorola, Procter and Gamble, Quaker Oats, Rockwell, Shell, Teccor und Weyerhaeuser, die uns gezeigt haben, wie unsere Tips in der Realität funktionieren. Natürlich können wir gegenüber unseren Freunden und Familien nicht genug Dankbarkeit ausdrücken. Sie haben uns während der Entwicklung dieses Buchs unterstützt. Ihr persönliches Beispiel für Unterstützung während der Ferienzeit, als wir versuchten, die Arbeit an *Tips für Teams* zu beenden, übertrifft alles, was wir in der Widmung dieses Buches ausdrücken können – sie inspiriert uns, zu den besten Menschen und Teammitgliedern zu werden, die wir werden können.

Das Belgard • Fisher • Rayner Team

Einführung

Ein Dutzend Tips für alle, die in Teams arbeiten

Vielleicht kennen Sie die Geschichte von dem alten Dorf, in dessen Mitte sich ein Glockenturm mit einer großen, schönen Glocke befand. Das Dorf lag in den Ausläufern eines großen Gebirges, und das Felsgestein hatte dieselbe Wirkung wie ein Amphitheater aus Stein – es trug den Klang der Glocke weit über das Dorf und die benachbarten Farmen hinaus. Die Dorfbewohner waren sehr stolz auf den schönen Klang ihres Wahrzeichens, und jeden Monat fanden sie mehrere Gelegenheiten, die Glocke lang und freudig zu läuten. Doch nachdem die Glocke über Generationen hinweg ihren Dienst getan hatte, veränderte sich ihr Klang. Statt der hellen, melodischen Töne, die die Dorfbewohner so sehr liebten, ertönte nur noch ein unreines, dumpfes Geräusch. In großer Sorge suchten die Dorfbewohner jemanden, der ihre Glocke reparieren würde. Nach vielen Monaten fanden sie eine Autorität für große, antike Glocken, die sich bereit erklärte, in das Dorf zu kommen, um den wertvollen Schatz zu reparieren.

Als die Expertin für Glocken eintraf, wurde sie von einer kleinen Gruppe aus dem Dorf willkommen geheißen und auf den Marktplatz geführt, wo man die Glocke aus dem Glockenturm auf Holzblöcke herabgesenkt hatte. Die Expertin lief langsam um die Glocke herum. Nach einer fünfminütigen Inspektion holte sie einen kleinen Holzhammer aus ihrer Tasche hervor und schlug damit die Glocke an. Nachdem die Glocke wieder in den Turm hinaufgezogen worden war, klang sie so rein und schön wie früher.

Die Expertin präsentierte dem Bürgermeister eine Rechnung über $ 500. Obwohl der Bürgermeister für die Reparatur der Glocke dankbar war, hielt er die Rechnung für überhöht. „Du liebe Zeit“, sagte er, „wenn Sie für fünf Minuten Arbeit $ 500 in Rechnung stellen, müssen Sie ja $ 6000 pro Stunde nehmen! Wie kommen Sie dazu?“ „Bürgermeister“, erwiderte die Expertin, „die Kosten für das fünfminütige Schlagen der Glocke betragen nur $ 20. Die restlichen $ 480 sind dafür, daß ich weiß, wo ich schlagen muß.“

Teams mit Problemen ähneln in gewisser Weise dieser kaputten Glocke. Ihr Potential wird vorübergehend gedämpft, bis die Probleme gelöst sind. In diesem Buch sind viele hilfreiche Tips aufgeführt. Doch häufig wissen Menschen, die Erfahrung mit Teams haben, genau wie die Glockenexpertin, daß es ein paar vorhersehbare Stellen gibt, an denen das Team bearbeitet werden muß, so daß ein unverhältnismäßig hoher Anteil der Probleme gelöst wird. Unsere Erfahrung mit einigen der besten Unternehmensteams in Nordamerika und Westeuropa beispielsweise hat uns gezeigt, daß es ein paar Dinge gibt, die große Teams regelmäßig tun, um Probleme zu lösen oder zu vermeiden. Ein Dutzend spezielle Tips kommen bei effektiven Teams so häufig vor, daß wir sie in dieser Einleitung aufführen wollten. Sie sind der beste Ausgangspunkt für die Lösung von Teamproblemen. Wenn Sie sie im Gedächtnis bewahren, werden sie Ihnen bei den meisten hier aufgeführten Probleme helfen. Regelmäßig angewendet, verhindern sie, daß viele Probleme überhaupt auftreten.

Tip 1. Zeigen Sie Geduld und Mitgefühl gegenüber Ihrem Team

Denken Sie daran, geduldig und mitfühlend miteinander umzugehen, wenn Sie gemeinsam Probleme durcharbeiten. Teams sind wie Familien. Sie setzen sich aus Menschen zusammen, die alle besondere Fähigkeiten, Perspektiven und Probleme haben. Unterstützen Sie die Mitglieder. Reduzieren Sie Statusunterschiede, die einige Teammitglieder wichtiger als andere erscheinen lassen. Eliminieren Sie unangebrachte Titel, Sonderbehandlungen oder Vergünstigungen, die auf Klasse oder Rang beruhen. Behandeln Sie alle fair. Sie werden Ihre Erfolge in einer Reihe von kleinen Verbesserungen messen, bei denen Sie oft das Gefühl haben, daß Sie drei Schritte vorwärts und dann zwei Schritte zurück gehen und dabei scheinbar hart errungenes Terrain wieder verlieren. Sehr häufig ist es einfach Ausdauer, die den Unterschied zwischen Gewinnern und Verlierern ausmacht. Niemand hat je behauptet, daß die Arbeit in Teams eine leichte Sache sei. Doch normalerweise ist sie besser als die Alternativen.

Tip 2. Nehmen Sie immer das Beste von den Menschen an

Sie werden feststellen, daß nur sehr wenige Probleme absichtlich durch Unbedachtheit oder Unaufrichtigkeit verursacht werden. Manchmal nehmen wir jedoch in unserer Frustration an, daß die Kollegen, mit denen wir arbeiten, faul, gemein oder dumm sind, weil diese Probleme uns zusätzliches Kopfzerbrechen bereiten. Dies ist sehr kontraproduktiv. Unternehmen, die auf Teambasis arbeiten wollen, brauchen eine Paradigmenverschiebung. Das heißt, vor allen Dingen muß die Art und Weise, wie wir über unsere Arbeit und übereinander denken, geändert werden, statt Organisationstabellen und Aufgabenbeschreibungen umzugestalten.

Behauptungen, daß beispielsweise immer die Nachtschicht Probleme verursacht, daß nur Manager Entscheidungen treffen sollten oder daß die Gewerkschaftsführer versuchen, das Unternehmen zu ruinieren usw., stehen den gewünschten Verbesserungen und der Teamarbeit im Weg. Sie führen dazu, daß Menschen ihren Standpunkt verteidigen wollen und darum kämpfen, ihr Argument durchzusetzen. Solche Ansichten machen es sehr schwer, sich zusammenzusetzen und gemeinsam eine Lösung zu finden. Eine gute Problemlösung muß mit einer Grundlage gegenseitigen Vertrauens und dem gemeinsamen Wunsch nach Verbesserung beginnen. Obwohl es tatsächlich stimmt, daß es einige böswillige Menschen gibt, hat die große Mehrheit von uns das gemeinsame Ziel, unsere Teams zum Erfolg zu führen. Effektive Teams lassen Meinungsverschiedenheiten hinter sich und konzentrieren sich statt dessen auf die Gemeinsamkeiten. Gehen Sie davon aus, daß die Probleme, die Sie sehen, durch gute Menschen verursacht wurden, die ihr Bestes mit den ihnen zur Verfügung stehenden Informationen, Systemen und Fähigkeiten gegeben haben. Anschließend beginnen Sie, die Informationen, Systeme und Fähigkeiten zu verbessern. Konzentrieren Sie sich besonders auf die Schaffung von guten Echtzeit-Informationssystemen. Ohne sie können Teams keine guten Entscheidungen treffen.

Tip 3. Bringen Sie das Problem in Ordnung, statt jemandem die Schuld zu geben

Die Erfahrung zeigt, daß Schuldzuweisungen Probleme nicht lösen; sie führen nur dazu, daß Probleme im Untergrund verschwinden. Wenn Menschen glauben, daß die Diskussion von Problemen sie in Verlegenheit bringt oder negativen Einfluß auf ihre Karriere hat, werden sie das Problem nicht diskutieren. Der Weg hin zu ständiger Verbesserung erfordert „offene und ehrliche Kommunikation". Der Schlüssel liegt darin, Schuldzuweisungen zu vermeiden und sich statt dessen auf die Lösung der aktuellen Probleme zu konzentrieren.

Tip 4. Konzentrieren Sie sich auf das Verhalten, nicht auf Einstellungen

Sie können die Persönlichkeit und Einstellungen anderer Menschen nicht ändern. Doch durch Zusammenarbeit können Sie einander helfen, effektive Verhaltensweisen zu zeigen. Denken Sie daran, wenn Sie mit anderen arbeiten und ihnen Feedback geben. Drücken Sie sich konkret aus und konzentrieren Sie sich auf die Dinge, die Menschen tatsächlich sagen und tun. Sagen Sie nicht: „Sie machen mich verrückt" oder „Sie sind faul". Mit solchen Kommentaren können Menschen nichts anfangen. Statt dessen sollten Sie sagen: „Wenn Sie mit anderen über meine Arbeitsleistung reden, ohne mich zuerst zu informieren, werde ich wütend" oder „Wenn Sie nach Hause gehen, ohne Ihren Arbeitsplatz aufzuräumen, muß ich mich neben meiner eigenen Arbeit auch noch darum kümmern". Solche Kommentare helfen Ihren Mitarbeitern zu verstehen, was sie zur Verbesserung beitragen können, so daß alles für die Lösung des Problems vorbereitet wird.

Tip 5. Etablieren Sie regelmäßige, effektive Teambesprechungen

Die meisten Probleme, denen Teams begegnen, entstehen durch falsche Kommunikation. Um viele der in diesem Handbuch erwähnten Probleme zu vermeiden, setzen Sie einen regelmäßigen Zeitpunkt und einen bestimmten Ort für Teambesprechungen fest. Nutzen Sie diese Zusammenkünfte zur Weitergabe von Informationen, klären Sie, wer was tun sollte, bringen Sie sich gegenseitig in bezug auf Ihre Aufgaben auf den neuesten Stand, prüfen Sie, welche Fortschritte Sie in bezug auf Ihre Ziele machen, und nehmen Sie sich einfach Zeit, miteinander zu reden. Sorgen Sie für Informationsinfrastrukturen, die Sie mit den aktuellsten geschäftlichen Informationen versorgen. Schaffen Sie ein Klima, das häufige, offene und ehrliche Diskussionen fördert, so daß die Mitarbeiter ihre Gefühle frei äußern und ohne Angst lernen können.

Tip 6. Konzentrieren Sie sich auf das Rennen, nicht auf die Hürden

Obwohl Ihr Team lernen muß, wie man Probleme erfolgreich löst, sollten Sie sich nicht in einer endlosen, nach unten gerichteten Spirale von Problemen verfangen. Genau wie es bei einem Hürdenrennen viele Hindernisse gibt, stören viele Probleme effektive Teamoperationen. Wenn man sich zu stark auf eine einzelne Hürde konzentriert, wird man das Rennen verlieren. Eine zu starke Konzentration auf Probleme kann entmutigen, deprimieren und ablenken. Teams bleiben motiviert, wenn sie sich auf das Ziel konzentrieren, statt ihre Begeisterung in einer endlosen Serie von Schwierigkeiten aufzuzehren. Schauen Sie nach vorn. Effektive Teams konzentrieren sich auf das Ziel und nicht auf die Lösung von Problemen. Sie erneuern ihre Energie und Verpflichtungen, indem sie sich auf ihre Aufgabe konzentrieren und nicht zulassen, daß die normalen, alltäglichen Frustrationen sie behindern. Sie feiern ihre Siege, ermutigen einander regelmäßig und halten ihren Teamgeist aufrecht, indem sie an das Rennen als Ganzes denken, selbst wenn sie nur eine schier endlose Reihe von Hürden vor sich sehen.

Tip 7. Beziehen Sie die richtigen Leute beim Lösen von Problemen ein

Menschen setzen Ideen dann am besten um, wenn sie persönlich an der Entwicklung dieser Ideen beteiligt waren. Denken Sie daran, wenn Sie entscheiden, wer bei der Lösung von Problemen einbezogen werden soll. Bedeutet das, daß jedes Problem vom ganzen Team gelöst werden muß? Nein. Viele Probleme können und sollten an eine Untergruppe, ein einzelnes Mitglied oder den Teamleiter delegiert werden.

Tip 8. Reiben Sie sich nicht an unlösbaren Problemen auf

Ernste Probleme sollten sofort gelöst werden, bevor sie zu monumentalen Schwierigkeiten anwachsen, für die extreme Maßnahmen erforderlich sind. Doch einige Probleme lassen sich überhaupt nicht lösen, und die ständige Diskussion macht alles nur noch schlimmer, was das Team davon abhält, sich voll ins Rennen zu stürzen. Einige Probleme ignoriert man am besten, da sie sich mit der Zeit von alleine lösen, wenn sich das Team der Ziellinie nähert. Nur ein geschicktes und gut geschultes Team kennt die beste Handlungsweise. Ein guter Teamleiter führt sein Team erfolgreich durch derartige Probleme hindurch.

Tip 9. Entwickeln Sie die Fähigkeiten und Disziplin für effektive Problemlösungen

Das Lösen von Teamproblemen bedarf besonderer Fähigkeiten. Die Tips in diesem Nachschlagewerk werden Ihrem Team nur beschränkt nützen, wenn Sie das Problem nicht richtig diagnostiziert haben oder wenn Sie andere Elemente für effektive Problemlösungen ignorieren. Wenn Ihr Team darin keine Erfahrung hat, sollten Sie vielleicht zuerst die Abschnitte über Problemlösungen in Teil zwei dieses Buchs lesen, bevor Sie sich mit den spezifischen Tips befassen. Schlagen Sie unter Hilfsmittel 10 (Teamprobleme lösen) und Hilfsmittel 11 (Werkzeuge für Problemlösungen) nach. Machen Sie sich keine Sorgen, wenn Ihnen diese Methoden anfänglich etwas schwierig scheinen – das geht den meisten Teams so. Wenn Ihr Team reifer wird und Sie diese Methoden regelmäßig üben, werden Sie feststellen, daß sie mit der Zeit ganz natürlich werden. Bleiben Sie am Ball. Im Grunde verhält es sich ähnlich wie mit dem Erlernen des Fahrradfahrens.

Tip 10. Lernen Sie Ihre Rollen, Ihr Ziel, Ihre Grenzen und Ressourcen kennen

Viele Probleme resultieren aus fehlender Klarheit darüber, worin die Aufgabe eigentlich besteht und wieviel Hilfe man zu ihrer Bewältigung erwarten kann. Versuchen Sie, Ihre Aufgabe als Team, als Teammitglied oder Teamleiter zu begreifen. Werden Sie sich Ihrer neuen Rollen und Verantwortung bewußt. Durch die Organisation als Team entsteht eine grundsätzlich andere Aufgabenverteilung. Wenn Sie diese Rollen nicht verstehen, sollten Sie sich von Ihrem Teamleiter, Vorgesetzten oder Schulungskoordinator helfen lassen.

Wenn Sie diese Dinge begreifen, können Sie sich auf Ergebnisse und Kunden konzentrieren statt auf Aktivitäten und Geschäftigkeit. Wenn Ihnen dies klargeworden ist, sollten Sie die Zustimmung zu Ihrem Ziel von den entsprechenden Mitarbeitern einholen. Gehen Sie nicht davon aus, daß andere mit Ihnen einer Meinung sind, nur weil sie nichts sagen. Sprechen Sie Vereinbarungen laut aus, damit alle verstehen, worum es geht. Gute Fragen, die Sie bei der Entwicklung dieser Leistungsvereinbarungen stellen können, sind: „Wie werden Sie wissen, wann wir diese Arbeit erfolgreich beendet haben?“ und „Welche Grenzen werden uns in bezug auf Zeit, Geld und Kundenforderungen auferlegt?“

Tip 11. Konzentrieren Sie sich auf die Ergebnisse

Denken Sie daran, sich immer auf die Ergebnisse zu konzentrieren. Lassen Sie sich nicht vom Weg ablenken. Lassen Sie nicht zu, daß die tägliche Flut von drängenden Aufgaben Sie mitreißt. Es ist leicht, sich in vielen Aktivitäten zu verstricken und von unzähligen Programmen, Schreibarbeiten oder Bürokratismus, der keine Ergebnisse produziert, in Anspruch genommen zu werden. Denken Sie immer an Ihre Ziele. Reden Sie über die Kunden. Schaffen Sie eine solide Infrastruktur der Informationssysteme, die Ihnen regelmäßig sagt, wie Sie Ihren Ergebnissen näherkommen. Hängen Sie diese Informationen für Ihre Mitarbeiter gut sichtbar auf, und setzen Sie diese Daten ein, um bessere Teamentscheidungen zu treffen. Stellen Sie in wichtigen Ergebnisbereichen Messungen an. Achten Sie auf gute Ergebnisse bei Qualität, Kosten, Reaktion, Einhaltung des Zeitplans oder auf andere Dinge, die Ihr Team und Teamleiter als wichtigstes Ziel Ihres Unternehmens betrachten.

Tip 12. Denken Sie daran, daß das Team kein Selbstzweck ist

Teams sind ein Mittel, um etwas zu erreichen, und kein Selbstzweck. Messen Sie die Ziele, nicht die Mittel. Statt zu messen, wie viele Teams Sie haben, messen Sie ihre Ergebnisse. Statt zu fragen, wie sich Dinge für das Team bequemer gestalten lassen, fragen Sie, wie dem Kunden eine bessere Leistung geliefert werden kann. Wenn Ihr Team sich zu sehr auf sich selbst konzentriert, wird es nicht überleben. Egal, wie gut Ihr Team ist – Sie brauchen Produkte und Dienstleistungen, für die Kunden bezahlen wollen. Erfüllen Sie die Bedürfnisse Ihrer Kunden. Das führt zu Zufriedenheit, und viele Teamprobleme lösen sich von selbst, wenn Ihr Unternehmen erfolgreich ist. Jeder ist gern Mitglied eines siegreichen Teams.

Wenn Sie an diese zwölf Tips denken, ersparen Sie sich viele Stunden unnötiger Frustration. Wir hoffen, daß Sie nie irgendwelche Probleme mit Ihrem Team haben. Doch da Probleme wie z. B. das Bezahlen von Steuern unausweichlich sind, haben wir auf den folgenden Seiten weitere Tips vorbereitet, die Ihnen sagen, wie Sie und Ihr Team Probleme gemeinsam lösen können.

Teil eins

Alltägliche Teamprobleme

1. Kulturelle Probleme

Probleme, die die Aufgeschlossenheit Ihres Unternehmens für Teams betreffen

1.1 Widerstand gegenüber Teams

Problem: Teams werden mißverstanden

Tip 1. Besuchen Sie einige erfolgreiche Unternehmen, die auf Teambasis agieren, und reden Sie mit anderen Menschen über ihre Erfahrungen. Bereiten Sie sich gut vor, indem Sie Fragen entwerfen, um die notwendigen Informationen zu erhalten, wie Teams verstanden und akzeptiert werden.

Tip 2. Besuchen Sie Konferenzen, in denen Mitarbeiter aus Unternehmen, die auf Teambasis arbeiten, Präsentationen machen. Wählen Sie Konferenzen aus, auf denen verschiedene Teamformen diskutiert werden.

Tip 3. Setzen Sie spezifische Beispiele für gute Teams ein, und erklären Sie, was in einem Unternehmen auf Teambasis anders läuft. Sie könnten etwa folgendes sagen:

> *In einem Unternehmen, das wir besucht haben, gab es großartige Teams. Die Fertigung arbeitete so eng mit den Ingenieuren zusammen, daß sie diese beim Design neuer Produkte um ihre Vorstellungen baten, um die Fertigung zu erleichtern. Ich denke, daß wir unsere Ingenieure hier dazu bringen können, dasselbe zu tun.*

Es ist keine gute Idee, Beispiele anzuwenden, die sich auf sportliche Aktivitäten beziehen. Viele Menschen haben keine Erfahrung mit dem organisierten Sport und können möglicherweise mit solchen Beispielen nicht viel anfangen.

Tip 4. Bilden Sie Team-Studiengruppen. Mitglieder des Teams sollten sich verpflichten, Artikel, Fallstudien oder Bücher über Teams herauszusuchen und einen kurzen Bericht für die Studiengruppe zu schreiben. Die Berichte sollten sich auf zwei Schlüsselfragen beziehen:

- Welches sind die Schlüsselpunkte in dem Buch, Artikel oder in der Fallstudie?
- Wie lassen sich die Schlüsselpunkte speziell auf unsere Situation anwenden?

Tip 5. Lernen Sie verschiedene Arten von Teams kennen. Die Menschen sind oft verunsichert, weil sie davon ausgehen, daß es nur eine Art von Team gibt. Es gibt verschiedene Arten von Teams, die sich auf verschiedene Umstände anwenden lassen. Zum Beispiel:

Natürliche Arbeitsgruppen - Gruppen von Mitarbeitern, die für einen Prozeß verantwortlich sind (etwa den Motor eines Wagens oder den Kundendienst einer Versicherung) und *spezielle Projektgruppen* – Gruppen von Mitarbeitern, die zusammengezogen werden, um ein spezielles Problem zu lösen (etwa den Neuentwurf eines Lohnsystems), und dann wieder auseinander gehen.

Tip 6. Erstellen Sie eine Teamsatzung, Grundsätze, Richtlinien und Grenzen für ein potentielles Team – Dinge, die die Menschen, mit denen Sie reden, kennen -, und setzen Sie diese Werkzeuge ein, um zu erklären, wie ein Team in Ihrem Unternehmen arbeiten könnte. Hilfsmittel 1 (Eine Teamsatzung aufstellen) und Hilfsmittel 2 (Grundsätze, Richtlinien und Grenzen einsetzen) liefern Ihnen Beispiele, die dabei helfen. Sie könnten etwa folgendes sagen:

> *Wir sollten uns meiner Meinung nach damit befassen, wie sich Teams speziell auf unsere Situation anwenden lassen. Wir wollen uns das Beispiel einer Teamsatzung ansehen, die wir für die Gruppe Kostenberechnung entwickelt haben.*

Siehe Hilfsmittel 1: Eine Teamsatzung aufstellen
Siehe Hilfsmittel 2: Grundsätze, Richtlinien und Grenzen einsetzen

Problem: Widerstand der Mitarbeiter

Tip 7. Bitten Sie Kollegen, die sich Teams widersetzen, mit positiv eingestellten Kollegen aus anderen Abteilungen und Menschen in ähnlicher Position aus anderen Unternehmen zu sprechen, die erfolgreich mit Teams gearbeitet haben. Sie könnten sagen:

Ich war mir bei dieser Teamsache auch nicht sicher, aber als ich mit Georgette von unserem Büro in Dallas sprach und von dem Erfolg ihres Teams erfuhr, war ich Feuer und Flamme. Warum rufen Sie sie nicht einfach einmal an?

Bringen Sie Ihre Mitarbeiter dazu, ähnliche Fragen wie die folgende zu stellen:

Georgette, ich weiß, daß Sie Teams gegenüber positiv eingestellt sind, aber wie sahen die Herausforderungen, die Sie überwinden mußten, bevor Sie Erfolg hatten, im einzelnen aus?

Tip 8. Führen Sie eine Besprechung durch, bei der die Teammitglieder alle Aspekte der erfolgreichsten Aktion, die sie im Verlauf ihrer Karriere je durchgeführt haben, auflisten. Unter Hilfsmittel 9 (Gruppen leiten) finden Sie Tips, um derartige Besprechungen wirkungsvoll zu gestalten. Beginnen Sie die Übung folgendermaßen:

Ich hoffe, daß jeder von uns in seiner Karriere schon einmal eine Aufgabe oder einen Auftrag hatte, den er besonders mochte. Welche Dinge trugen speziell dazu bei?

Nach dem Brainstorming kann man leicht aufzeigen, wie die Merkmale der Lieblingsaufgaben der meisten Menschen zu einer Organisation im Team passen.

Siehe Hilfsmittel 9: Gruppen leiten

Tip 9. Bitten Sie Kollegen, die Vor- und Nachteile von Teamarbeit aufzulisten. Die Chance, daß sie selbst feststellen, daß die Vorteile von Teams die Nachteile überwiegen, ist groß. Vor der Besprechung bitten Sie alle, sich vorzubereiten, indem Sie sagen:

Ich weiß, daß einige von uns nicht davon überzeugt sind, daß Teams ein guter Weg sind, aber wir müssen zumindest über das Thema reden. Bevor wir uns das nächste Mal treffen, möchte ich, daß Sie über Teams nachdenken und eine Liste mit allen erdenklichen Vor- und Nachteilen von Teams aufstellen. Wir werden sie durchgehen und dann diskutieren.

Tip 10. Gehen Sie die Punkte durch, warum Unternehmen Teams einsetzen. Eine Simulationsübung, die einem Unternehmen ohne Teams ein Unternehmen auf Teambasis als Teil eines Trainingsprogramms zur Orientierung gegenüberstellt, ist eine ausgezeichnete Möglichkeit, diesen Punkt zu beleuchten. Dabei können Repräsentanten des höheren Managements und Repräsentanten aus der Arbeitnehmerschaft darüber sprechen, warum Teams für den Erfolg des Unternehmens wichtig sind.

Problem: Widerstand des Managements

Tip 11. Stellen Sie ein Team von leitenden Angestellten zusammen, damit das ganze Managementteam das für den Erfolg Ihrer Teambemühungen nötige Verständnis und Engagement entwickelt. Setzen Sie Hilfsmittel 1 (Eine Teamsatzung aufstellen) ein, damit das Team einen guten Ausgangspunkt hat und bitten Sie das Team um folgendes:

- Es soll Empowerment und Teams kennenlernen.
- Es soll sich mit allen Dingen in bezug auf Teams, die bisher in dem Unternehmen geschehen sind, vertraut machen – seien sie gut oder schlecht.
- Es soll „Gründe für Veränderung" finden, die beschreiben, warum Teams vom geschäftlichen Standpunkt aus betrachtet wichtig sind.
- Es soll das Teamkonzept verteidigen und seinen Wert sowie seine Bedeutung im ganzen Unternehmen verbreiten – speziell auf allen Managementebenen.
- Es soll Teambemühungen im weiteren Verlauf planen und lenken.

Wählen Sie leitende Angestellte aus, die das Teamkonzept verteidigen, und mit anderen Managern über ihre Überzeugung sprechen. Solche Präsentationen helfen den Skeptikern und stärken auch die Verteidiger.

Siehe Hilfsmittel 1: Eine Teamsatzung aufstellen

Tip 12. Bitten Sie Ihre Kollegen, Ihnen die Gelegenheit zu geben, sie umzustimmen. Wenn Sie diese Möglichkeit erhalten, organisieren Sie eine Teamkonferenz, zu der Sie leitende Angestellte aus Zulieferfirmen und Kundenunternehmen einladen, damit diese ihre Erfolgsgeschichten von Teams erzählen können. Wenn Sie Ihre Gäste einladen, bitten Sie sie, ganz ehrlich von Erfolgen und Mißerfolgen zu berichten. Setzen Sie Informationen ein, die Sie mit Hilfsmittel 4 (Kundenbeziehungen aufbauen) und Hilfsmittel 5 (Mit Lieferanten arbeiten) gesammelt haben, um festzulegen, wen Sie einladen wollen.

Der letzte Konferenzpunkt sollte eine offene Diskussion der Mitglieder Ihres Managementteams über Teams und ihre Anwendbarkeit (oder Nichtanwendbarkeit) in Ihrem Unternehmen sein. Oft wächst die Unterstützung, wenn die Betroffenen von den potentiellen Anwendungsmöglichkeiten von Teams hören und darüber diskutieren.

Siehe Hilfsmittel 4: Kundenbeziehungen aufbauen
Siehe Hilfsmittel 5: Mit Lieferanten arbeiten

Tip 13. Koordinieren Sie für das Management eine „Team-Tour". Erkundigen Sie sich nach Unternehmen mit erfolgreichen Teams und bitten Sie sie, Ihrem Managementteam einen Besuch ihres Unternehmens zu ermöglichen. Wenn Sie die Touren planen, bitten Sie Ihre Gastgeber, ihre gesamten Teambemühungen zu diskutieren und die Entscheidung für den Einsatz von Teams und alle damit im Zusammenhang stehenden Erfolge und Mißerfolge zu beschreiben.

Entwickeln Sie mit Hilfsmittel 6 (Effektive Besprechungen abhalten) einen Vorschlag für die Tagesordnung, damit diese im gegenseitigen Einvernehmen abgestimmt werden kann. Auf diese Weise wird die Tour den gewünschten Erfolg haben, und das gastgebende Unternehmen kann Ihnen mitteilen, was während der Tour möglich ist und was nicht.

Siehe Hilfsmittel 6: Effektive Besprechungen abhalten

Tip 14. Schaffen Sie ein Forum für Teamrepräsentanten, damit sie anderen Mitarbeitern des Unternehmens von ihren Erfolgen berichten können. Dieses Forum sollte eine echte Gelegenheit für Mitteilungen und Lehrerfahrungen sein.

1.2 Mit Veränderungen zurechtkommen

Problem: Zu geringe Geschwindigkeit

Tip 15. Lassen Sie sich von Ihrem Teamleiter helfen. Manchmal bringt das Management ein Team auf den Weg und kümmert sich nicht weiter um die für den Erfolg wichtigen Elemente. Vielleicht ist den Managern nicht einmal bewußt, daß sie nicht hilfreich sind, bis man es ihnen sagt. Beginnen Sie mit Ihrem Teamleiter und überprüfen Sie gemeinsam Ihre Teamsatzung und die Grenzbedingungen.

Seien Sie in bezug auf die Unterstützung, die das Team zur Erfüllung der Satzung braucht, so genau wie möglich. Sie könnten beispielsweise sagen:

Patricia, wir brauchen Hilfe, um dieses Teamkonzept so weit zu entwickeln, wie es unserer Meinung nach nötig ist. In unserer Satzung heißt es, daß wir mehr Entscheidungen treffen werden, aber wir haben festgestellt, daß wir dazu nicht die ausreichenden Informationen haben. Können Sie uns bei unserer nächsten Teambesprechung etwas über die Finanzberichte des Managements berichten und uns erklären, wie sie eingesetzt werden?

Siehe Hilfsmittel 1: Eine Teamsatzung aufstellen
Siehe Hilfsmittel 2: Grundsätze, Richtlinien und Grenzen einsetzen

Tip 16. Sagen Sie, daß Sie sich Sorgen machen. Langsame Teamentwicklung kann auf ein unklares Teamziel, fehlendes Vertrauen, unklare Rollen, schlechte Kommunikation, Vielfalt, die als Blockierung statt als Stärke gesehen wird, oder fehlendes Gleichgewicht in bezug auf die Erfüllung der Aufgaben und den Aufbau von Teambeziehungen zurückzuführen sein. Bei einer Teambesprechung erklären Sie, daß sich im Grunde nichts verändert hat, und fragen, ob die anderen dasselbe Gefühl haben. Wenn dies so ist, schlagen Sie vor, daß das Team die Probleme, die zur Verlangsamung führen, diagnostiziert und sich mit ihnen auseinandersetzt.

Siehe Hilfsmittel 14: Eine Atmosphäre für Teamarbeit aufbauen

Tip 17. Arbeiten Sie mit Ihrem Teamleiter zusammen, um festzustellen, ob die Wahrnehmung einer Barriere, die einem schnelleren Teamfortschritt im Wege steht, nur Einbildung ist oder ob sie tatsächlich existiert. Eine der größten Barrieren, die Verbesserungen behindern, besteht darin, daß wir unserer Meinung nach nichts tun können – ob dies nun tatsächlich zutrifft oder nicht. Bei derartigen Barrieren (z. B.: „Ich glaube nicht, daß der Abteilungsleiter uns erlaubt, die Entscheidung für den Gerätekauf selbst zu fällen") können Sie feststellen, ob dies eine echte Barriere ist, indem Sie den Abteilungsleiter direkt fragen. Bei tatsächlich vorhandenen Barrieren sollten Sie folgendes tun:

- Versuchen Sie zu verstehen, warum die Barriere überhaupt existiert.
- Entscheiden Sie, mit wem Sie arbeiten müssen, um die Barriere aus dem Weg zu räumen.
- Beschreiben Sie die Konsequenzen, die die Barriere für Ihr Team hat.

- Beschreiben Sie, wie die negative Wirkung der Barriere eliminiert werden kann.
- Stellen Sie fest, was es durch Ihre Empfehlung zu verlieren oder zu gewinnen gibt.
- Suchen Sie nach Gelegenheiten, Ihre Sache vorzubringen.

Siehe Hilfsmittel 21: Barrieren überwinden

Problem: Ideen, die nicht angehört werden

Tip 18. Wenn das Management Ihnen nicht zuhört, überprüfen Sie Ihre Teamsatzung und die Grenzbedingungen zusammen mit Ihrem Teamleiter. Sie könnten sagen:

> *Das Team ist aufgrund der fehlenden Aufmerksamkeit des Managements gegenüber unseren Ideen frustriert, und das hält uns von der Arbeit ab. Wir müssen sichergehen, daß wir an den richtigen Dingen arbeiten und daß das Management uns zuhört, wenn wir Ideen für Veränderungen vorbringen. Werden Sie mir dabei helfen?*

Tip 19. Wenn Zulieferer nicht zuhören, zeigen Sie ihnen, welche Nachteile dies für beide Unternehmen hat. Zulieferer sind einzelne oder Gruppen, die Ihnen ein Produkt oder eine Dienstleistung zur Verfügung stellen. Für viele Teams sind wichtige Zulieferer in erster Linie andere Gruppen im eigenen Unternehmen. Zeigen Sie ihnen durch die Art und Weise, wie Sie ihnen zuhören, wie man Ihnen zuhören kann. Erklären Sie Ihnen, daß das, was sie tun, für Ihr Team und das, was Sie tun, wichtig ist. Sagen Sie klar, warum es wichtig für Sie ist, daß sie zuhören und eng mit ihnen zusammenarbeiten möchten. Lassen Sie sich von ihnen erklären, inwiefern Ihr Team für sie wichtig ist, und bitten Sie sie um Feedback in bezug auf die Zusammenarbeit mit Ihnen, bevor Sie ihnen selbst Feedback geben. Wenn Sie sich durch dieses Problem hindurcharbeiten, sollten Sie die Gelegenheit ergreifen, ein Verfahren für einen regelmäßigen Austausch zwischen beiden Parteien einzurichten oder zu verbessern.

Siehe Hilfsmittel 5: Mit Lieferanten arbeiten
Siehe Hilfsmittel 8: Feedback geben und empfangen

Tip 20. Wenn Kunden nicht zuhören, bitten Sie sie um ihre Hilfe. Ein Kunde ist jemand innerhalb oder außerhalb Ihres Unternehmens, dem Sie Produkte oder Dienstleistungen zur Verfügung stellen. Wenn Kunden nicht gewillt oder nicht in der Lage sind, Ihren Ideen für Veränderungen zuzuhören, sollten Sie ihnen Ihre Sorge mitteilen, das Problem klar umreißen und um ihre Hilfe zur Lösung bitten. Sie könnten sagen:

> *Wir glauben, daß es unsere Aufgabe ist, Ihnen zum Erfolg zu verhelfen, und das bedeutet, daran zu arbeiten, daß Veränderungen eintreten. Doch wenn wir Vorschläge zur Verbesserung machen, haben wir das Gefühl, daß man uns nicht zuhört. Das verhindert, daß wir unsere Arbeit erledigen. Wie können wir Ihnen unsere Ideen am besten mitteilen, so daß uns beiden geholfen wird?*

Siehe Hilfsmittel 4: Kundenbeziehungen aufbauen

Tip 21. Wenn Teammitglieder nicht zuhören, mag dies daran liegen, daß sie ihr Ziel, ihre Rollen oder ihre Verantwortungen nicht so sehen wie Sie. Um dieses Problem direkt anzugehen, könnten Sie folgendes sagen:

> *Irgend etwas blockiert unsere Fähigkeit, einander zuzuhören und Ideen für Veränderungen zu akzeptieren, und dies verhindert, daß wir unsere Aufgaben erledigen. Wir sollten unsere Rollen und Verantwortungsbereiche gemeinsam durchgehen, um zu sehen, ob wir die Störung finden können.*

Siehe Hilfsmittel 13: Grundlagen der Teamkommunikation
Siehe Hilfsmittel 14: Eine kollaborative Teamumgebung aufbauen
Siehe Hilfsmittel 16: Rollen und Verantwortungsbereiche der Teammitglieder

Problem: Unwille gegenüber Veränderungen

Tip 22. Entwickeln Sie zusammen mit dem Team „Argumente für Veränderungen", indem Sie bei den folgenden Fragen Einstimmigkeit erzielen:

- Warum muß sich unser Unternehmen ändern?
- Was passiert, wenn wir es nicht tun?
- Was springt für uns alle dabei heraus, wenn wir es tun?

Diskutieren Sie diese Punkte gründlich, hängen Sie die Ergebnisse gut sichtbar aus, damit andere Kollegen in Ihrem Unternehmen an ihnen teilhaben können.

Tip 23. Überprüfen Sie Ihre Teamsatzung als Gruppe. Dies kann dazu beitragen, daß Energien wieder auf Veränderungen konzentriert und alle daran erinnert werden, warum sie überhaupt ein Team sind. Beleuchten Sie das Gesamtziel des Teams, Ihre wichtigen Kunden und warum das, was Sie tun, für sie wichtig ist. Betonen Sie die wichtigsten Ergebnisse, die Richtlinien und Zeitrahmen, die Ihr Team erfüllen soll.

Siehe Hilfsmittel 1: Eine Teamsatzung aufstellen

Tip 24. Gehen Sie mit dem Team Ihr allgemeines Ziel durch. Teams, die ein gemeinsames Ziel haben, verstehen den Bedarf an Veränderungen in bezug auf Team als Mission. Diskutieren Sie, warum Ihr Team existiert und warum es wichtig ist, daß Sie Erfolg haben. Gestatten Sie es jedem Teammitglied, seine Verpflichtung auszudrücken. Setzen Sie Ihr allgemeines Ziel ein, um Teamaktionen Priorität zu verleihen.

Siehe Hilfsmittel 14: Eine Atmosphäre für Teamarbeit aufbauen

Tip 25. Sorgen Sie für gute geschäftliche Informationen. Bisweilen ist das mangelnde Bedürfnis nach Veränderungen auf fehlende Informationen zurückzuführen. Teammitglieder und Teamleiter sehen den Bedarf an ständiger Veränderung eher, wenn sie die sich wandelnden Bedürfnisse der Kunden, die Situation der Konkurrenz und andere Markteinflüsse verstehen. Schaffen Sie einen Kommunikationsprozeß, so daß Informationen, die regelmäßig auf den neuesten Stand gebracht werden, allen Teams zugänglich sind. Die besten Informationen stammen aus erster Hand. So könnten Sie beispielsweise Ihre Kunden besuchen, statt nur in Marketingberichten über ihre Vorlieben zu lesen.

Problem: Dinge, die nicht verhandelt und verändert werden können

Tip 26. Rechtfertigen Sie Ihre Idee für Veränderung. Wenn eine Sache nicht gänzlich zu ändern ist, können Sie oder der Teamleiter möglicherweise eine Teiländerung bewirken. Ist dies der Fall, sollten Sie genau erklären, wie das größere Problem das Team blockiert und was Sie vom Management brauchen, damit Verbesserungen erzielt werden können. Eine gute Methode ist die Durchführung einer Kosten/ Vorteil-Analyse. Legen Sie die Kosten der Veränderung fest, erklären Sie die Menge der Vorteile in bezug auf Kosten- oder Zeitersparnis für Ihr Team, und zeigen Sie, wie die Investition aufgrund des Gewinns, den Sie durch die Änderung erzielen, gerechtfertigt wird.

Siehe Hilfsmittel 21: Barrieren überwinden

Tip 27. Halten Sie die negativen Auswirkungen von Dingen, die sich nicht verändern lassen, möglichst gering. Klären Sie zusammen mit dem Team genau, wo das Problem liegt und wie es die anstehenden Arbeiten negativ beeinflußt. Finden Sie in einer Brainstorming-Sitzung Möglichkeiten, wie das Team die Wirkung der Blockierung auf die Teamleistung möglichst gering halten kann. Versuchen Sie, außerhalb normaler Denkmodelle zu agieren und das Problem von vielen Seiten aus zu betrachten. Manchmal ergeben sich Lösungen, wenn man ein Problem aus verschiedenen Blickwinkeln betrachtet.

Tip 28. Lernen Sie mit Dingen, die sich nicht ändern lassen, umzugehen. Manchmal passieren auch in guten Teams Fehler, und es gibt keine andere Möglichkeit, als das Beste daraus zu machen. Suchen Sie nach Möglichkeiten, die zusammen dennoch Gutes hervorbringen. Führen Sie mit dem Team Brainstorming-Sitzungen durch, und vereinbaren Sie Möglichkeiten, um einander in schweren Zeiten zu helfen und sich gegenseitig zu unterstützen. Manchmal geben einem die Identifizierung der Dinge, die schlimmstenfalls passieren können, und die Planung zu ihrer Überwindung ein Gefühl von Stärke und größeres Selbstvertrauen. Wenn Sie eine Sache nicht ändern können, sollten Sie zusammenarbeiten, um zu lernen, mit ihr umzugehen.

Tip 29. Denken Sie daran, daß es immer Dinge gibt, die sich nicht ändern lassen. In Unternehmen, die auf Teambasis agieren, werden diese Dinge als *Grenzbedingungen* bezeichnet. Grenzen können z. B. Geld oder Zeit sein. Dinge außerhalb dieser Grenzen können nicht verändert werden, aber die Dinge innerhalb der Grenzen lassen sich ändern. Es ist besser, dies bereits zu wissen, bevor man sich in die Aufgabe stürzt. Wenn man diese Grenzen kennt, kann man seine Energie auf das konzentrieren, was sich innerhalb dieser Grenzen ändern läßt.

Problem: Unbekanntes ändern

Tip 30. Sagen Sie, daß etwas nicht in Ordnung ist, um die Sache in Gang zu bringen, selbst wenn Sie nicht genau wissen, was es eigentlich ist. Wenn Dinge falsch laufen, sind die ersten Zeichen möglicherweise nur für einige Menschen offensichtlich. Wenn Sie Ihre Sorge frühzeitig äußern, lassen sich vielleicht später größere Probleme vermeiden. Sie könnten beispielsweise sagen:

> *Ich habe das Gefühl, daß irgend etwas hier nicht in Ordnung ist. Haben andere auch dieses Gefühl? Ich würde gerne einige Schlüsselaspekte unseres Projektteams überprüfen, um zu sehen, ob uns irgend etwas auffällt. Werden Sie mir dabei helfen?*

Zu den Bereichen, die untersucht werden könnten, zählen Teamziel, Vertrauen, Rollen, Kommunikation, Vielfalt und das Gleichgewicht von Aufgaben und Beziehungen.

Siehe Hilfsmittel 14: Eine Atmosphäre für Teamarbeit aufbauen

Tip 31. Gehen Sie Konflikte an. Manchmal gerät die Teamarbeit ins Stocken, weil Konflikte nicht erkannt und bereinigt werden. Zu den Indikatoren zählen:

- Das Privatleben der Mitarbeiter scheint die Arbeit zu stören oder umgekehrt.
- Mitarbeiter meiden einander.
- Teammitglieder fühlen sich durch eine Person blockiert.
- Es bilden sich Untergruppen.
- Es sind negative Gefühle vorhanden.

Entscheiden Sie, ob versteckte Konflikte vorhanden sind und was dagegen unternommen werden kann.

Siehe Hilfsmittel 15: Teamkonflikte handhaben

Tip 32. Führen Sie eine Idealteam-Lückenanalyse durch. Sprechen Sie Ihre Sorgen aus, und teilen Sie Ihre Gefühle in bezug auf die aktuelle Operationsweise des Teams mit. Bitten Sie die anderen, dasselbe zu tun. Führen Sie in einer Liste auf, was passiert, und stellen Sie diese Punkte Ihren Wünschen gegenüber. Suchen Sie nach Lücken, die auf die Problemquelle hinweisen könnten. Gemeinsam diskutieren Sie, wie sich diese Lücken schließen lassen, und vereinbaren ein Durchführungsverfahren und Nachfaßaktionen. Sie könnten beispielsweise die Teammitglieder bitten, sich vorzustellen, wie Ihr Team im Idealfall aussähe. Schreiben Sie die Kommentare der anderen in eine große Tabelle. Gehen Sie dann jeden Kommentar einzeln durch, und bitten Sie das Team, eine Aussage niederzuschreiben, die den aktuellen Status in bezug auf dieses Attribut widerspiegelt. Wenn beispielsweise eine der idealen Aussagen lautet: „Wir behandeln alle mit Würde und Respekt“, erklärt das Team möglicherweise, daß „Techniker mit mehr Respekt als das nicht-technische Personal behandelt“ werden. Entscheiden Sie, was in diesem Fall zu tun ist.

2. Probleme der Teammitglieder

Probleme, die Auswirkungen auf die Fähigkeiten des einzelnen haben, ein effektives Teammitglied zu sein

2.1 Spezifische Teammitglieder-Probleme

Problem: Weigerung, in einem Team mitzumachen

Tip 33. Überlegen Sie zuerst, ob Sie das Verhalten des Betroffenen richtig sehen. Gehen Sie davon aus, daß der Betroffene gute Absichten hat und im Team mitarbeiten will, aber eine andere Auffassung von Mitarbeit hat als Sie. Sehen Sie in der Teamsatzung und anderen Aufzeichnungen nach, die vom Team zur Durchführung der Arbeit entwickelt wurden. Wenn das Teammitglied sich an die früheren Vereinbarungen hält, aber die Arbeit sich so verändert hat, daß eine Modifikation gerechtfertigt ist, ändern Sie die Satzung, die Richtlinien oder die Aufgabenverteilung entsprechend. Vielleicht möchten Sie auch vorschlagen, daß das Team die Verantwortungsbereiche, wie unter Hilfsmittel 16 (Rollen und Verantwortungsbereiche der Teammitglieder) erwähnt, überprüfen und auf den neuesten Stand bringen sollte.

Siehe Hilfsmittel 16: Rollen und Verantwortungsbereiche der Teammitglieder

Tip 34. Wenn Sie die Vorschläge unter Tip 33 ausprobieren, aber immer noch Probleme mit Ihrem Teamkollegen haben, sollten Sie ihn direkt darauf ansprechen. Gehen Sie der Versuchung aus dem Weg, mit anderen Teammitgliedern darüber zu sprechen, um festzustellen, ob sie einer Meinung mit Ihnen sind. Denken Sie an die goldene Regel: „Behandeln Sie andere so, wie Sie auch gerne behandelt werden wollen.“ Wenn irgend jemand der Meinung ist, daß Sie etwas falsch machen, würde es Ihnen behagen, wenn er darüber mit anderen diskutiert, statt zuerst zu Ihnen zu kommen? Wenn Sie mit anderen Teammitgliedern über einen anderen Kollegen sprechen, glauben diese Teammitglieder wahrscheinlich, daß Sie auch hinter ihrem Rücken über sie sprechen. Das unterhöhlt das Vertrauen des Teams. Machen Sie spezifische Aussagen, wenn Sie mit Ihrem Teamkollegen sprechen. Sagen Sie beispielsweise:

Bob, ich habe das Gefühl, daß wir nicht so gut als Team zusammenarbeiten, wie wir es tun könnten. Als beispielsweise in der letzten Woche der große Auftrag kam, sind alle außer Ihnen ins Lager gegangen, um mitzuhelfen. Wenn Sie in einem solchen Fall an Ihrem Schreibtisch sitzen bleiben, habe ich das Gefühl, daß es Ihnen nicht so wichtig ist wie mir, daß unser Team gute Ergebnisse erzielt.

Oder:

Bob, als wir heute morgen unsere Teambesprechung abgehalten haben, haben Sie sich wieder nicht freiwillig zu einem der Projektteams gemeldet. Ich weiß, daß Sie viel zu tun haben, aber ich habe das Gefühl, daß Sie sich nicht so stark an den Teamaktivitäten beteiligen, wie dies nötig wäre. Habe ich damit recht?

Sagen Sie Ihrem Teamkollegen, wie Sie sich fühlen. Versuchen Sie nicht zu erklären, wie die anderen sich fühlen, und werden Sie nicht zum Sprecher für das ganze Team. Jeder, der etwas zu sagen hat, sollte sich direkt an den Betroffenen wenden. Sie können es später mit anderen Lösungen versuchen, falls diese nicht funktioniert, doch um eine Änderung zu bewirken, sollten Sie direkt mit dem Betroffenen unter vier Augen reden.

Tip 35. Wenn Sie mit einem Teamkollegen reden, soll er sich verstanden fühlen. Denken Sie daran, daß andere ihre Aufgaben vielleicht ganz anders sehen als Sie, und daß ihre Meinung genausoviel Gültigkeit hat. Sie können das Gespräch beispielsweise so beginnen:

Mary, bei unserer Teambesprechung in der letzten Woche haben wir ein neues Verfahren zur Teileauswahl diskutiert, das wir alle einsetzen wollen. Haben Sie das auch so verstanden?

Hören Sie sich die Antwort an, bevor Sie weiterreden. Es ist möglich, daß Ihre Kollegin ihre Aufgabe einfach mißverstanden hat. Wenn sie jedoch einer Meinung mit Ihnen ist, sollten Sie sie kurz auf das Verhalten, das das Problem verursacht, auf die Ergebnisse dieses Verhaltens auf die Arbeit und Ihre Gefühle ansprechen. Weitere Informationen finden Sie unter Hilfsmittel 8 (Feedback geben und empfangen). Zum Beispiel:

Mary, wenn Sie dieses Verfahren nicht abschließen, bevor Sie die Teileformulare an meinen Arbeitsplatz schicken, dann muß ich es tun, bevor ich weiterarbeiten kann. Das führt dazu, daß sich Arbeit an meinem Arbeitsplatz ansammelt, und dann mache ich mir Sorgen, daß das Team seinen täglichen Verpflichtungen nicht rechtzeitig nachkommen kann.

Siehe Hilfsmittel 8: Feedback geben und empfangen
Siehe Hilfsmittel 16: Rollen und Verantwortungsbereiche der Teammitglieder

Tip 36. Vermeiden Sie es, anderen Menschen die Schuld zuzuweisen, da sie defensiv reagieren könnten, so daß Problemlösungen schwieriger werden. Statt dessen sollten Sie herausfinden, welche Gründe einen Menschen dazu bringen, unerwünschtes Verhalten an den Tag zu legen. Stellen Sie in bezug auf die aktuellen Arbeitsmethoden, die Aufgaben des Betroffenen, die Art und Weise, wie sich die Arbeit mit der Zeit verändert hat usw. Fragen, die sich nicht mit „ja" oder „nein" beantworten lassen. Versuchen Sie, auf Teile der Systeme oder Verfahren hinzuweisen, die modifiziert werden müssen, um zu einer Problemlösung beizutragen. Der Grund, warum sich jemand eher wie ein Einzelgänger statt als Teammitglied verhält, könnte beispielsweise darin bestehen, daß sich Ihr Leistungsbewertungssystem auf Einzelleistungen konzentriert und nicht genug auf die Zusammenarbeit als Team. In diesem Fall ist es unwahrscheinlich, daß Ihr Teamkollege sich ändern wird, es sei denn, daß das Leistungsbewertungssystem entsprechend modifiziert wird. Hier sind einige Fragen zur Identifizierung von Dingen aufgeführt, die möglicherweise geändert werden müssen:

- Was hindert Sie daran, Ihre Aufgabe möglichst gut zu erledigen?
- Was hindert uns daran, möglichst effektiv als Team zu arbeiten?
- Wenn Sie etwas ändern könnten, damit wir die Bedürfnisse unserer Kunden besser erfüllen können, was würden Sie dann tun?

Zur Unterstützung dieser Analyse sollten Sie einige Werkzeuge für Problemlösungen unter Hilfsmittel 11 (Werkzeuge für Problemlösungen) in Betracht ziehen. In einer derartigen Situation könnten Sie die Stärkefeldanalyse einsetzen.

Siehe Hilfsmittel 11: Werkzeuge für Problemlösungen

Tip 37. Wenn das Problem, um das es geht, mit einem Teammitglied zu tun hat, das nicht gewillt ist, seinen angemessenen Anteil an der Arbeitslast zu tragen, und

Sie bereits die vorhergehenden Tips befolgt haben, handelt es sich möglicherweise um ein Leistungsproblem. Entscheiden Sie, ob ein Leistungsproblem vom Team oder vom Management angegangen werden sollte. Wenn es vom Team angegangen werden kann, sollte ein „Teamleistungs-Ausschuß", der aus vier bis sechs Teammitgliedern besteht, beauftragt werden, Leistungsprobleme zu überprüfen. Die Hauptaufgabe des Ausschusses besteht darin, zur Leistungsverbesserung der Teammitglieder beizutragen. Nach Überprüfung der Leistungsprobleme kann der Ausschuß den Betroffenen helfen, einen Plan zur Verbesserung spezifischer Verhaltensweisen aufzustellen. Wenn der vereinbarte Plan von dem Teammitglied nicht befolgt wird, sollte der Ausschuß dem höheren Management Disziplinarmaßnahmen empfehlen, die bei sehr schwerwiegenden Vergehen bis zur Kündigung reichen können. Dabei handelt es sich um ein förmliches, gut dokumentiertes Verfahren, das in Einklang mit den vereinbarten Vorgehensweisen oder Verträgen steht und genau eingehalten wird. Die Personalabteilung und Gewerkschaftsvertreter müssen beteiligt werden, um die Gesetzlichkeit und Integrität des Verfahrens zu gewährleisten. Falls gewünscht, kann der Betroffene beim höheren Management Einspruch einlegen.

Problem: Zu sehr beschäftigt, um Teamarbeit zu leisten

Tip 38. Sie wissen, daß die Mitarbeit in einem Team zeitaufwendig ist. Die Teammitglieder sollten dies von Anfang an wissen und sich von ihren Terminen her darauf einstellen.

Tip 39. Denken Sie daran, daß jedem Menschen genau dieselbe Zeitmenge (24 Stunden pro Tag) zur Verfügung steht. Wenn Mitarbeiter keine Zeit für die Teamarbeit haben, liegt das daran, daß sie den Wert der Teamarbeit nicht so hoch einschätzen wie ihre anderen Arbeiten. Versuchen Sie herauszufinden, warum das so ist. Nehmen Sie Anpassungen vor, so daß die Teamarbeit die entsprechende Priorität hat. Bitten Sie den Betroffenen, seine vorrangigen Aufgaben aufzulisten, und überprüfen Sie sie zusammen mit dem Team, um festzustellen, ob das Team die Prioritätenliste unterstützt oder in bezug auf die Befriedigung der Kundenbedürfnisse anderer Meinung ist.

Tip 40. Fragen Sie sich, warum der Betroffene so beschäftigt ist. Hier einige Möglichkeiten: Hat das Team einem Teammitglied mehr Arbeit übertragen als den anderen? Übernimmt der Betroffene freiwillig zu viele Aufgaben? Arbeitet das Team nach dem Grundsatz, daß jeder, der sieht, daß eine Sache erledigt werden

muß, sich verantwortlich fühlt, sie zu übernehmen – und handelt es sich bei dem Betroffenen um einen Menschen, der Dinge sieht, die erledigt werden müssen? Ist der Betroffene zu beschäftigt, weil er seine Aufgaben zu gründlich erledigt? Gibt der Betroffene vor, „zu beschäftigt" zu sein, damit er sich nicht an der Teamarbeit beteiligen muß? Ist die Interaktion im Team sicher, oder scheint sie dem Betroffenen aufgrund persönlicher Vorlieben oder seines kulturellen Hintergrunds zu riskant? Ist der Betroffene nicht gewillt zu interagieren, weil er der Meinung ist, daß seine Vorschläge ignoriert oder abschätzig behandelt werden? Hat der Betroffene Kritik an seiner Arbeit erlebt, so daß er nicht gewillt ist, die Bloßstellung oder Peinlichkeit vor Kollegen zu riskieren, die sich durch sein mögliches Versagen ergeben könnte?
Wenn Sie verstehen, warum der Betroffene zu beschäftigt ist, unternehmen Sie die entsprechenden Schritte.

Siehe Hilfsmittel 9: Gruppen leiten

Tip 41. Selbst in Teams, in denen die Mitglieder völlig unterschiedliche Aufgaben erfüllen, für die jeweils eine bestimmte Ausbildung erforderlich ist, weist jeder Auftrag Elemente auf, die sich mit einigen wenigen Erklärungen an andere übertragen lassen. Bieten Sie Ihre Hilfe an. Sie könnten beispielsweise sagen:

> *Sally, damit Sie zu der Teambesprechung kommen können, werde ich Ihnen später für eine halbe Stunde bei Ihrer Arbeit helfen.*

Wenn die Betroffene zu viele Aufgaben übernommen hat, sollten Sie in einer Teambesprechung darüber reden. Sie könnten sagen:

> *Sally, wir merken, daß Sie länger als die meisten anderen Teammitglieder arbeiten und daß Sie manchmal für Teambesprechungen zu beschäftigt sind. Unserer Meinung nach sollten Sie dieselbe Möglichkeit haben, mit dem Rest des Teams daran teilzunehmen, damit Sie informiert bleiben und das Team an Ihren Beiträgen teilhaben kann. Wir möchten mit Ihnen zusammenarbeiten, um einige der zusätzlichen Aufgaben zu identifizieren, die Sie übernommen haben, und zu sehen, ob das Team bei der Umverteilung der Arbeit helfen kann. Vielleicht ist es auch möglich, einige der Aufgaben zu verschieben oder sie vorübergehend nicht wahrzunehmen, damit Sie Zeit haben, sich stärker an der Teamarbeit zu beteiligen.*

Tip 42. Manchmal führen Arbeitssituationen, in denen ein Mitarbeiter kritisiert wird oder sich kritisiert fühlt, dazu, daß der Betroffene nach Perfektion strebt, um weiterer Kritik aus dem Weg zu gehen. Dies kann die für seine Aufgaben aufgewendete Zeit erhöhen. Erwünschtes Verhalten zu erkennen und zu loben bewirkt, daß solche Menschen sich entspannen können und stärker akzeptiert fühlen. Vielleicht könnten Sie festlegen, daß einige Aufgaben nicht über einen „akzeptablen Standard" hinaus erfüllt werden müssen. Dies schafft freie Zeit für andere Dinge.

Tip 43. Zeigen Sie Ihre Freude, wenn der Betroffene sich die Zeit nimmt, im Team mitzuwirken. Solch positive Verstärkung kann dazu führen, daß der Betroffene sich seine Arbeiten besser einteilt, um mehr Zeit für Teamaktivitäten zu gewinnen, die ihm Spaß machen.

Tip 44. Fragen Sie ihn direkt, ob etwas passiert ist, das es ihm erschwert, die notwendige Zeit für die Arbeit mit dem Team aufzubringen. Falls ja, sollten Sie mit zu einer Lösung beitragen. Sie könnten sagen:

> *Ted, mir ist aufgefallen, daß Sie in letzter Zeit sehr beschäftigt waren und nicht zu den täglichen Teamprojekten beitragen. Ist irgend etwas passiert, so daß Sie die Teamaktivitäten meiden?*

Bleiben Sie objektiv (ergreifen Sie nicht Partei und kritisieren Sie ein anderes Teammitglied nicht). Hören Sie zu und machen Sie ein Angebot:

> *Wenn Sie mit John reden wollen, um ihm Ihre Gefühle mitzuteilen, organisiere ich gerne ein Treffen zwischen Ihnen beiden. Sie können das Gespräch auch gerne vorher mit mir üben, wenn Ihnen das hilft.*

Erinnern Sie den Betroffenen daran, daß Ihnen seine Beiträge für den Teamerfolg wichtig sind.

Tip 45. Versuchen Sie, die Hauptursache für das Problem zu finden. Sehen Sie sich das fünfstufige Verfahren zur Lösung von Problemen im Team unter Hilfsmittel 10 an.

Siehe Hilfsmittel 10: Teamprobleme lösen

2.2 Persönlichkeitsbezogene Teamprobleme

Problem: Trödler und Ballast

Tip 46. Finden Sie heraus, was diesem Problem zugrunde liegt. Wenn Sie hart arbeiten und der Meinung sind, daß dies auf ein anderes Teammitglied nicht zutrifft, kann dies sehr entmutigend sein, speziell dann, wenn der Betroffene denselben Lohn wie das übrige Team erhält. Sie werden herausfinden wollen, wie es zu dieser Situation kam. Fragen Sie sich, ob der Betroffene vorher hart gearbeitet hat und ob sich etwas verändert hat. Wenn ja, wissen Sie, was sich verändert hat? Könnten Sie den Betroffenen danach fragen? Sie sollten jedoch bedenken, daß jeder einmal einen schlechten Tag hat. Bevor Sie weitere Schritte unternehmen, sollten Sie sichergehen, daß es sich um ein Verhaltensmuster handelt und nicht um etwas Ungewöhnliches, das beispielsweise auf aktuelle häusliche Probleme zurückzuführen ist.

Tip 47. Es ist immer das beste, ehrlich zu versuchen, anderen Teammitgliedern zu helfen, bevor auf andere Maßnahmen zurückgegriffen wird. Der erste Schritt bei diesem Verbesserungsprozeß ist Feedback. Vielleicht merkt der Betroffene nicht einmal, daß er Ihrer Meinung nach nicht seinen angemessenen Anteil an der Arbeitslast übernommen hat. Doch bevor Sie Feedback geben, sollten Sie sich unbedingt diese Frage stellen: „Will ich es meinem Teamkollegen sagen, um meinen Ärger loszuwerden, oder will ich ihm helfen, sich zu verbessern?“ Wenn Sie die Sache hauptsächlich nur loswerden wollen, damit Sie sich besser fühlen, helfen Sie dem anderen dadurch normalerweise nicht.
Als Teammitglied können Sie einem Teamkollegen Feedback darüber geben, wie die Arbeit vorangeht (oder nicht vorangeht). Damit dies dem anderen hilft, sollten Sie ein spezielles Format für Ihr Feedback wählen:

> *Wenn Sie ...... (Beschreibung des Verhaltens), führt dies zu ..... (das Ergebnis des Verhaltens – z. B. Teamergebnisse, persönliche Probleme usw.), und ich habe dann das Gefühl, daß ..... (Gefühle).*

Reden Sie immer über bestimmte Verhaltensweisen, nicht über Einstellungen oder die Persönlichkeit des Betroffenen. Dies führt im Gegensatz zu anderen Methoden nicht zu Abwehrhaltung oder Schuldzuweisung.

Tip 48. Befolgen Sie das Verfahren für das Leistungsmanagement. Werden die Leistungen des einzelnen in Ihrem Unternehmen vom Team oder vom Management geplant und beurteilt? Wenn sie vom Team bewältigt werden – gibt es ein Verfahren zur Überprüfung der Einzelleistung? Falls nicht, dann könnten Sie einen Überprüfungsausschuß, der sich aus zufällig ausgewählten Kollegen zusammensetzt, vorschlagen, der diese Leistungsprobleme überprüft. Fangen Sie mit der Überprüfung bei der Aufgabenverteilung an: Wurde dem Betroffenen eine Arbeit auferlegt, die sich mit der anderer Teammitglieder vergleichen läßt? Melden sich Teammitglieder freiwillig zu Aufgaben? Ist die Arbeitsverteilung unausgewogen, weil einige Kollegen sehen, was getan werden muß, während dies auf andere nicht zutrifft? Wird die Ausführung von Arbeiten abgekürzt, und – wenn ja – resultiert daraus ein nicht akzeptables Ergebnis? Werden die Mitarbeiter für die Ergebnisse nicht zur Rechenschaft gezogen? Wenn die Arbeitsmenge von der Unternehmensführung dirigiert wird, sollten Sie sich fragen, ob sich diese der Situation bewußt ist. Falls dies nicht der Fall ist, möchten Sie vielleicht mit Ihrem Teamleiter über Ihre Gefühle reden? Wenn sich das Management der Situation bewußt ist, sie aber nicht ändern will, akzeptieren Sie die Situation am besten so, wie sie ist, da Sie sie nicht ändern können.

Siehe Hilfsmittel 17: Die Teamleistung handhaben

Tip 49. Geben Sie dem Betroffenen das Gefühl, ein vollwertiges Teammitglied zu sein. Wenn er sich nicht um das Team zu kümmern scheint, fühlt er sich möglicherweise isoliert. Erklären Sie Ziele und Visionen des Teams erneut, und zeigen Sie, daß sich gemeinsam mehr bewirken läßt als allein. Tun Sie alles, damit der Betroffene sich stärker als Teil des Teams fühlt. Vielleicht „gefällt" es Ihnen nicht, daß er sich den Ruhm mit den anderen teilt, wenn ein Meilenstein erreicht wurde, aber er sollte beim Lohn für individuelle Leistungen und Teamleistungen als Anreiz für zukünftiges Engagement „auf den Geschmack kommen". Vielleicht zeigt er die gewünschte Reaktion, wenn er sich „als Teil des Teams fühlt". Ihre Gefühle werden Ihren Aktionen folgen – tun Sie so, als ob die Gefühle bereits vorhanden sind, möglicherweise werden Sie dann durch die Reaktion des Betroffenen belohnt.

Tip 50. Seien Sie verständnisvoll, wenn der Betroffene persönliche oder gesundheitliche Gründe hat, die seinen Leistungsfähigkeit beeinträchtigen. Ihre Fürsorge trägt möglicherweise dazu bei, daß er mehr leistet. Überlegen Sie, wie Sie gerne behandelt werden würden, wenn Sie ein persönliches oder gesundheitliches Problem hätten.

Tip 51. Der letzte Schritt ist die Entfernung des Betroffenen aus dem Team. Es ist möglich, daß jemand trotz all Ihrer Bemühungen einfach nicht in Ihr Team paßt. Nachdem Sie ihm jede Möglichkeit gegeben haben, eindeutig zu verstehen, was von ihm erwartet wird, und ihn über die Konsequenzen bei Nichterfüllung dieser Erwartungen aufgeklärt haben, muß er sich einem anderen Team anschließen oder seine Kündigung akzeptieren. Dies mag außerhalb Ihrer Möglichkeiten liegen und muß mit den entsprechenden Kollegen abgesprochen werden (normalerweise handelt es sich dabei um die Personalabteilung, den Teamleiter und das höhere Management), auch wenn dies Teil der Teamverantwortung ist. Versetzen Sie nur Mitarbeiter in ein anderes Team, bei denen gute Chancen bestehen, daß sie dort besser hineinpassen, aber geben Sie niemals wissentlich ein Leistungsproblem an jemand anders weiter. Bei manchen Teammitgliedern besteht die einzige Lösung darin, ihnen zu kündigen, doch dies wird nur selten vorkommen. Bevor Sie dem Management eine Kündigung empfehlen, müssen Sie sicher sein, daß Sie Ihrem Teamkollegen eine faire Chance gegeben haben, Leistung zu zeigen. Führen Sie die Kündigung auf menschliche und sensible Weise und in Übereinstimmung mit den Gesetzen, Verträgen oder anderen Richtlinien durch, die für derartige Situationen in Ihrem Unternehmen gelten.

Problem: Verletzte Gefühle

Tip 52. Suchen Sie als erstes nach einem Muster. Ist es immer derselbe, dessen Gefühle verletzt werden? Sind diese Gefühle gerechtfertigt (hätten die meisten Menschen in dieser Situation verletzt reagiert)? Was würden Sie ändern, wenn Sie es könnten? Vielleicht stellen Sie fest, daß das Problem verschwindet, wenn bestimmte Teammitglieder taktvoller sind oder wenn das Team lernt, mit Menschen aus anderen Kulturen sensibler umzugehen. Schulungen für effektives Feedback oder multikulturelles Bewußtsein können in derartigen Situationen helfen. Fragen Sie Ihren Schulungskoordinator, ob derartige Möglichkeiten zur Verfügung stehen.

Tip 53. Entscheiden Sie, ob es angebracht ist, das Problem als Team oder nur unter einzelnen Teammitgliedern zu lösen. Einige der Vorschläge unter Hilfsmittel 9 (Gruppen leiten) können hier angewendet werden. Es ist Aufgabe aller Teammitglieder, unerwünschte Verhaltensweisen, die zu verletzten Gefühlen führen, zu identifizieren und zu korrigieren. Denken Sie daran, daß verletzte Gefühle normalerweise durch Mißverständnisse entstehen. Offene Kommunikation mildert viele Probleme. Sie könnten sagen:

Hideo, es tut mir leid, daß ich oder andere Teammitglieder Ihre Gefühle verletzt haben. Ich würde gerne verstehen, was ich getan habe, damit es in Zukunft nicht wieder passiert. Sie sind wichtig für dieses Team, und ich möchte nicht dafür verantwortlich sein, daß bei Ihnen oder unserem Team Probleme entstehen.

Siehe Hilfsmittel 9: Gruppen leiten

Tip 54. Versuchen Sie, unerwünschte Verhaltensweisen für eine Weile zu ignorieren, und belohnen Sie nur die erwünschten (verstärken Sie das Gegenteil von dem, was Sie eliminieren wollen). Ändern Sie Verhaltensweisen, die verletzte Gefühle verursachen, oder helfen Sie den Betroffenen, sich durch das Verhalten anderer nicht verletzt zu fühlen.

Tip 55. Modifizieren Sie Ihre Betriebsrichtlinien, und nehmen Sie beispielsweise folgenden Satz auf: „Wir werden einander mit Würde und Respekt behandeln." Wenn die verletzenden Verhaltensweisen erneut auftreten, kann jedes Teammitglied darauf hinweisen, daß das Team die Vereinbarungen nicht einhält. Unter Hilfsmittel 2 (Grundsätze, Richtlinien und Grenzen einsetzen) finden Sie weitere Informationen.

Siehe Hilfsmittel 2: Grundsätze, Richtlinien und Grenzen einsetzen

Tip 56. Bitten Sie Ihren Teamleiter um Hilfe. Oft trägt der Teamleiter die Verantwortung für den Beitrag zu den Teamzielen und für Leistung. Wenn verletzte Gefühle dazu führen, daß ein Teammitglied Moral oder Teamleistung negativ beeinflußt, muß der Leiter sich mit der Situation auseinandersetzen.

Problem: Persönlichkeitskonflikte

Tip 57. Handhaben Sie Konflikte effektiv, denn Konflikte spielen eine wichtige Rolle in Teams. Bei ihrer effektiven Handhabung kann der Kampf eine Quelle für Stärke und Kreativität sein. Denken Sie daran, daß der Konflikt der Feind ist und nicht die betroffenen Menschen. Der erste Schritt besteht darin zuzugeben, daß ein Konflikt existiert. Schätzen Sie ein, wie Sie selbst die Situation wahrnehmen. Wenn der Konflikt zwischen Ihnen und einem anderen Kollegen besteht, sprechen Sie mit dem Betroffenen unter vier Augen, ohne das Team miteinzubeziehen.

Geben Sie Feedback in bezug auf das Verhalten des anderen, nicht in bezug auf seine Einstellung. Sie könnten beispielsweise sagen:

Klaus, ich habe das Gefühl, daß wir häufig aneinandergeraten. In unserer letzten Projektbesprechung beispielsweise gab es Unstimmigkeiten bei fast jedem Produktparameter der neuen Software-Generation, die wir einführen. Gesunde Meinungsverschiedenheiten sind gut, und ich weiß, daß sie normalerweise helfen, bessere Ideen zu finden, aber ich glaube, daß wir hier doch ein bißchen zu weit gehen. Neulich wurde mir bewußt, daß ich mit Ihnen nur um des Streitens willen streite. Ich habe von den anderen Ingenieuren gehört, daß darunter die gesamte Arbeit des Teams bei der Produkteinführung leidet. Ich glaube, daß der größte Teil unserer Meinungsverschiedenheiten vor den Produktbesprechnungen beigelegt werden könnte, wenn wir uns Zeit zum Reden nehmen. Wir können entweder so weitermachen wie bisher oder versuchen, eine Lösung zu finden. Wollen Sie es versuchen? Ich lade Sie zum Mittagessen ein.

Tip 58. Wenn mehrere Teammitglieder mit einem Kollegen in Konflikt stehen, muß jedes einzelne Teammitglied dem Betroffenen Feedback geben. Wenn dies nicht zur Lösung des Problems führt, wenden Sie sich an den Teamleiter. Zusammen wird dann beschlossen, wie man am besten auf den Betroffenen zugeht. Vielleicht muß das Problem in einer Teambesprechung zur Sprache gebracht werden. Wurde der Betroffene auf diese Weise angesprochen, trägt er ebenfalls einen Teil der Verantwortung für die Lösung des Problems. Um dies zu gewährleisten, sollten Sie eine gemeinsame Grundlage finden. So wünschen normalerweise alle Beteiligten den Teamerfolg, selbst wenn sie das eigene Verhalten nicht ändern wollen, um ein oder zwei einzelne Teammitglieder zufriedenzustellen. Wenn Sie aufzeigen können, welche Auswirkungen das Verhalten auf die Teamleistung (und nicht nur auf persönliche Launen oder Vorlieben) hat, ist die Chance für eine erfolgreiche Lösung am größten.

Siehe Hilfsmittel 8: Feedback geben und empfangen

Tip 59. Wenden Sie sich an einen neutralen Dritten, der bei den Problemen als Mittler auftreten kann. Sie könnten einen Repräsentanten aus der Personalabteilung oder einen anderen, von beiden Seiten respektierten Mitarbeiter einladen. Der neutrale Dritte hilft den Betroffenen auf folgende Weise:

- Er zeigt auf, wie beide einen Vorteil gewinnen, wenn das Problem gelöst wird, und was sie verlieren, wenn es nicht gelöst wird.
- Er demonstriert, daß die Betroffenen die Situation des jeweils anderen verstehen, indem sie die Ansicht des anderen mit eigenen Worten zusammenfassen. Der Prozeß ist erst dann vorbei, wenn beide Seiten die Situation des jeweils anderen zur Zufriedenheit des neutralen Dritten beschreiben können.
- Er entwickelt einen „Verbesserungsplan", der für beide Seiten spezifische Schritte zur Lösung der Situation aufführt.

Tip 60. Manchmal können Streitigkeiten nicht gelöst werden. In diesem Fall sollten Sie zugeben, daß Meinungsverschiedenheiten bestehen, und einfach weitermachen.

Siehe Hilfsmittel 15: Teamkonflikte handhaben

Problem: Tyrannen

Tip 61. Identifizieren Sie unannehmbares Verhalten, und bitten Sie den Betreffenden, sich zu ändern. Gestörte Verhaltensweisen umfassen Dinge wie übergroße Aggressivität (Demütigung anderer Teammitglieder, Beschimpfungen, Schuldzuweisungen, unnötige Streitigkeiten), Blockierung (Streitigkeiten ohne ersichtlichen Grund, Ablenkung durch irrelevante Punkte), die Suche nach Anerkennung (Angabe) und Dominanz (Kontrolle der Teamdiskussionen und Entscheidungsprozesse, angebliche Fachkenntnis). Es ist Aufgabe aller Teammitglieder, störendes Verhalten zu benennen und zu korrigieren. Identifizieren Sie das Verhalten, entscheiden Sie, ob es im Team oder unter vier Augen angegangen werden sollte, beschreiben Sie das beobachtete Verhalten, ohne die Betroffenen anzugreifen, erklären Sie, wie der Fortschritt des Teams gestört wird, und lassen Sie sich von den Betroffenen das Versprechen geben, daß sie diese Verhaltensformen zukünftig ändern werden.

Siehe Hilfsmittel 9: Gruppen leiten

Tip 62. Wenn Sie Feedback geben, sollten Sie keine Schuld zuweisen. Wenn jemand in diesem Fall defensiv reagiert, wird die Lösung des Problems nur noch schwieriger. Sie könnten eine Aussage wie die folgende machen:

Wenn Sie ...... (Beschreibung des Verhaltens), führt dies zu ..... (das Ergebnis des Verhaltens – z. B. Teamergebnisse, persönliche Probleme usw.) und ich habe dann das Gefühl, daß ..... (Gefühle).

Tip 63. Teammitglieder brauchen klare Rollen. Versteht das betroffene Teammitglied, was von ihm erwartet wird? Wenn es sich um ein Teamproblem handelt, sollte das Team die Teamsatzung überprüfen und aktualisieren. Bei einem persönlichen Problem identifizieren Sie die allgemeinen Risiken und Vorteile (welchen Vorteil beide Parteien bei der Lösung des Problems haben und welche Nachteile sich für beide Parteien ergeben, wenn das Problem nicht gelöst wird), und legen Sie ein allgemeines Verfahren zur Lösung dieses Problems fest.

Tip 64. Versuchen Sie zu verstehen, warum der Betroffene sich wie ein Tyrann aufführt. Gibt ihm das Team die Gelegenheit, sich Gehör zu verschaffen, und werden seine Vorschläge ausreichend in Betracht gezogen? Ist ein Vorschlag der Gegenseite zu bedrohlich für ihn? Beugt sich das Team den Wünschen des Teamleiters oder einer anderen Person? Durch Lösung der Hauptursache kann unerwünschtes Verhalten eliminiert werden.

Siehe Hilfsmittel 10: Teamprobleme lösen

Tip 65. Wenn das unpassende Verhalten fortgesetzt wird und Sie nicht in der Lage sind, die nötige Veränderung durch individuelle Gespräche oder Teamgespräche zu bewirken, können Sie die Bildung eines Ausschusses für Teamleistung in Betracht ziehen. Wählen Sie vier bis sechs Teammitglieder aus, die dann als Komitee die Leistungsfragen des Teams überprüfen. Dazu gehört ein förmliches Verfahren, das gut dokumentiert und befolgt wird. Bitten Sie um Hilfe aus der Personalabteilung, damit Gesetzlichkeit und Verfahrensintegrität gewährleistet sind.

Siehe Hilfsmittel 14: Eine Atmosphäre für Teamarbeit aufbauen
Siehe Hilfsmittel 15: Teamkonflikte handhaben

Problem: Persönliche Konflikte

Tip 66. Wenn Menschen zu Hause gerade eine sehr schmerzvolle Phase durchmachen, kann es für sie schwierig sein, ihrer Arbeit und den Kollegen die nötige Aufmerksamkeit und Energie zu widmen. Da wir so viele Wochenstunden an unserem Arbeitsplatz verbringen, werden unsere Kollegen gewissermaßen zu einer

Art Ersatzfamilie. Können Sie sich vorstellen, wieviel es Ihnen bedeuten würde, Mitgefühl und Unterstützung durch Ihre Kollegen zu erfahren, wenn Sie eine schmerzliche Zeit durchmachen? Wenn diese Situation nur vorübergehend ist, so daß man davon ausgehen kann, daß der Betroffene nach einer Zeit der Regeneration seine ganze Energie wieder auf die Arbeit konzentrieren kann, sollten die Mitglieder des Teams alles tun, um diesen Prozeß zu unterstützen. Doch wenn die Bedürfnisse des Betroffenen so groß sind, daß sie mit den Bedürfnissen des Unternehmens nicht in Einklang gebracht werden können (sein Bedürfnis, über seine Probleme zu sprechen, bedeutet beispielsweise, daß andere Teammitglieder ihre Arbeit nicht erledigen können), sollten Sie helfen, Alternativen zu finden, beispielsweise Hilfsprogramme für Arbeitnehmer oder private Beratung.

Tip 67. Reden Sie mit Mitarbeitern, die häusliche Probleme mit an den Arbeitsplatz bringen. Wenn dies Schwierigkeiten bereitet und ein oder mehrere Teammitglieder deshalb ihre Arbeit nicht vollenden können, muß diese Sache entweder in einem persönlichen Gespräch oder gemeinsam mit dem Team angegangen werden. Zuerst sollten Sie das persönliche Gespräch suchen. Sie könnten sagen:

> *Chong, jeden Morgen, wenn wir unsere Schicht beginnen, scheinen Sie mir viel darüber zu erzählen zu haben, was am Vorabend zwischen Ihnen und Ihrem Sohn vorgefallen ist. Ich habe viel Mitgefühl für Ihre Situation und bin überzeugt, daß es schwierig ist, mit ihm zu leben, aber ich kann nicht jeden Tag 20 oder 30 Minuten dafür aufwenden. Um die Teamziele und meine persönlichen Ziele zu erreichen, muß ich meiner Arbeit bei Schichtbeginn meine ganze Aufmerksamkeit widmen. Diese Situation macht mich traurig, weil ich weiß, daß Sie jemanden brauchen, mit dem Sie reden können. Vielleicht könnten wir über einige Alternativen nachdenken. Wir sollten uns beim Mittagessen darüber unterhalten.*

Tip 68. Wenn das Verhalten viele Teammitglieder betrifft, könnte es gemeinsam von diesen Mitarbeitern angegangen werden. Einige Vorschläge unter der Überschrift „Gestörtes Verhalten handhaben" unter Hilfsmittel 9 (Gruppen leiten) können hier angewendet werden. Es liegt in der Verantwortung aller Teammitglieder, unerwünschte Verhaltensweisen zu identifizieren und zu korrigieren.

Siehe Hilfsmittel 9: Gruppen leiten

Tip 69. Zeigen Sie Ihre Unterstützung, aber geben Sie keine Ratschläge, es sei denn, daß Sie darum gebeten werden. Es kann sehr frustrierend sein mitanzusehen, wie jemand, den man mag, etwas Schmerzliches durchmacht. Manchmal hat ein Außenseiter ein größeres Gespür für die Gefahren, die dies mit sich bringt, als der Betroffene in seiner Situation vielleicht zugeben will. Wenn Ihr Kollege nur über die Situation reden will, aber nicht um einen Rat oder Hilfe bittet, sollten Sie nur zuhören, es sei denn, daß dies negative Auswirkungen auf Ihre eigene Arbeit hat. Wenn der Betroffene um Rat oder Hilfe bittet, verwenden Sie „Ich"-Botschaften (anstelle zu sagen: „Sie sollten..."). Versuchen Sie, Ihren Kollegen auf Resultate aufmerksam zu machen, die Sie erfahren oder erlebt haben, wenn eine bestimmte Wahl getroffen wurde. Sie könnten versuchen, den Betroffenen mit Hilfsorganisationen in Kontakt zu bringen, die am Arbeitsplatz oder in der Gemeinde vorhanden sind. Zu Ihrer eigenen Beruhigung sollten Sie sich sagen, daß jeder erwachsene Mensch selbst festlegen kann, wie er sein Leben leben will. Akzeptieren Sie, daß andere Menschen andere Werte haben und daß sie eine eigene Wahl getroffen haben (auch wenn wir unserer Meinung nach einen besseren Weg für sie wissen). Eine solche Wahl hat normalerweise Konsequenzen. Akzeptieren Sie, daß Sie nicht helfen können, es sei denn, der Betroffene bittet Sie um Hilfe. Vielleicht kann der Frieden, den Sie in Ihrem eigenen Leben verspüren, den anderen dazu inspirieren, ebenfalls mehr Frieden für sich zu suchen (Lassen Sie es dabei bewenden. Es ist das Problem Ihres Kollegen, nicht das Ihre.).

Tip 70. Wenn Sie Feedback geben, sollten Sie es vermeiden, anderen Menschen Schuld zuzuweisen oder sie zu beurteilen. Gehen Sie davon aus, daß Menschen ihr Bestmögliches tun und sich dabei auf ihr Wissen und ihre Erfahrung, die sie zur Zeit besitzen, verlassen.

Siehe Hilfsmittel 8: Feedback geben und empfangen

Tip 71. Wenn Sie das Gefühl haben, daß ein Kollege ein Drogen- oder Alkoholproblem hat, könnten Sie den Besuch von Hilfsveranstaltungen in Betracht ziehen – nicht um zu erfahren, wie man das Leben oder Verhalten anderer manipulieren kann, sondern um zu lernen, wie man sich in seinem eigenen Leben Grenzen setzt, um in Frieden zu leben und nicht von den unangebrachten Verhaltensweisen anderer beeinflußt wird.

Problem: Wissen horten

Tip 72. Überprüfen Sie die Belohnungssysteme. Wenn einzelne Teammitglieder Anerkennung irgendeiner Art für persönliche Leistungen im Wettbewerb mit anderen Teammitgliedern erhalten (weil sie beispielsweise die meisten Einheiten produziert haben), ist das kein Anreiz, anderen Teamkollegen hilfreiche Hinweise mitzuteilen. Überprüfen Sie die Teamsatzung und achten Sie darauf, daß sich jeder verpflichtet fühlt, die Arbeit als Team zu leisten, und daß Belohnungen zum Teilen von Arbeit, Fähigkeiten und Techniken ermutigen.

Tip 73. Behandeln Sie das Problem und nicht die Symptome. Besteht auf seiten eines anderen Teammitglieds irgendeine Art von gestörtem Verhalten, das zu diesem Problem beiträgt? Wurde beispielsweise Wissen oder Hilfe geteilt, und hat ein Teammitglied, das Hilfe erhalten hatte, dies nicht ausreichend gewürdigt? Vielleicht ist der Unwille, Fähigkeiten oder Wissen zu teilen, nur ein Symptom für ein anderes Problem. Versuchen Sie denjenigen, der sein Wissen nicht mit anderen teilen will, zu fragen, welches der Grund dafür ist. Sie könnten sagen:

> *Nong, früher haben Sie andere Mitglieder des Verkaufsteams immer an Ihren Ideen teilhaben lassen. Doch während der letzten drei Teambesprechungen haben Sie keine einzige Idee beigetragen. Haben wir irgend etwas getan, so daß Sie sich unwohl fühlen und Ihre Vorschläge nicht aussprechen wollen?*

Tip 74. Entscheiden Sie, ob es sich um ein individuelles oder ein Teamproblem handelt (ist mehr als einer von dem Verhalten betroffen?). Wenn nur ein oder zwei Mitarbeiter betroffen sind, könnten Sie sagen:

> *Wendy, ich habe festgestellt, daß Sie mehr Apparate in einer Stunde montieren können als wir. Wenn Sie mir Ihre Methoden erklären, könnte ich vielleicht so produktiv sein wie Sie, und das Team hätte eine bessere Chance, sich seine Prämie zu verdienen.*

Siehe Hilfsmittel 14: Eine Atmosphäre für Teamarbeit aufbauen

Problem: Fehlendes Engagement

Tip 75. Überprüfen Sie die Rollen der Mitglieder und ihre Verantwortungsbereiche. Überprüfen Sie, falls nötig, die Teamsatzung, und aktualisieren Sie sie.

Siehe Hilfsmittel 16: Rollen und Verantwortungsbereiche der Teammitglieder

Tip 76. Vermeiden Sie es, anderen Schuld zuzuweisen. Suchen Sie nach dem Prozeß, der unerwünschtes Verhalten verursacht, und korrigieren Sie ihn. Vielleicht hat Ihr Team gute Leistungspläne und Verhaltensweisen in Besprechungen nicht effektiv eingesetzt. Legen Sie immer eindeutig fest, wer welche Aufgaben übernehmen wird, wenn Sie eine Teamentscheidung getroffen haben.

Siehe Hilfsmittel 6: Effektive Besprechungen abhalten
Siehe Hilfsmittel 7: Ziele setzen und Ergebnisse messen
Siehe Hilfsmittel 8: Feedback geben und empfangen
Siehe Hilfsmittel 12: Aktionsplanung
Siehe Hilfsmittel 17: Die Teamleistung handhaben

Tip 77. Wenn jemand weiß, daß eine Aufgabe in seinem Verantwortungsbereich liegt und sie nicht ausführt, sollten Sie sich fragen, wie Leistungsprobleme in Ihrem Unternehmen behandelt werden. Hat das Team die Macht, Leistungsprobleme zu handhaben? Wenn ja, könnten Sie einen Ausschuß für Teamleistung bilden. Beauftragen Sie das Team (oder einige Teammitglieder), bei Leistungsproblemen als Prüfungsausschuß zu agieren. Wenn das Team dazu nicht ermächtigt ist, müssen Sie sich ans Management wenden. Wenn sich das Management der Situation bewußt ist und sie nicht angehen will, sollten Sie akzeptieren, daß dieses Problem außerhalb Ihres Einflußbereichs liegt, und alles versuchen, daß es Sie nicht weiter stört.

Siehe Hilfsmittel 16: Rollen und Verantwortungsbereiche der Teammitglieder

Tip 78. Setzen Sie das „Gesetz der natürlichen Konsequenzen“ ein. Wenn ein Teammitglied keine Leistung zeigt, sollte dies natürliche Konsequenzen haben. Es könnte sich um eine Disziplinarmaßnahme handeln, wie sie in den vorhergehenden Tips erwähnt wurde, oder auch um etwas anderes. Wenn Ware nicht versandt wurde und ein Kunde sein Produkt nicht rechtzeitig erhält, könnte die natürliche Konsequenz beispielsweise ein verärgerter Kunde sein. Wenn das Teammitglied im Kundenumgang geschickt ist, sollte er derjenige sein, der den Kunden anrufen und sich bei ihm entschuldigen muß. Deartige Erfahrungen mit natürlichen Konsequenzen aus erster Hand können einen hohen erzieherischen Wert haben.

Problem: Mangelnde persönliche Verantwortung

Tip 79. Selbst in Teams ist jeder einzelne für die Ergebnisse verantwortlich. Überprüfen Sie die Teamsatzung, und achten Sie darauf, daß jeder die Arbeitsteilung versteht. Dieses Problem taucht häufig dann auf, wenn Mitarbeiter der Meinung sind, ein anderer sei für eine bestimmte Aktivität verantwortlich. Daher sollte das Team ein klares Verfahren anwenden, um festzulegen, wer was tut. Dies ist besonders wichtig, denn in den meisten Unternehmen, die auf Teambasis agieren, werden dieselben Aufgaben nicht immer denselben Mitarbeitern übertragen. In traditionellen Unternehmen beispielsweise werden alle Arbeiten in der Buchhaltung von einem Buchhalter erledigt. Doch in einem Team könnten diese Arbeiten vorübergehend von anderen Mitarbeitern übernommen werden, je nachdem, wie dies vom Team festgelegt wurde. Es könnte sich dabei um einen Rotationsplan handeln, eine Entscheidung, die von Fall zu Fall getroffen wird, oder eine Lostrommel, aus der jeder morgens einen Zettel mit seinen Aufgaben zieht.

Tip 80. Erklären Sie dem Teammitglied, daß seine Weigerung, bestimmte Aufgaben zu erledigen, negative Folgen für das ganze Team hat. Führen Sie Tatsachen und Zahlen auf. Richten Sie sich dabei nach dem unter Hilfsmittel 8 (Feedback geben und empfangen) umrissenen Verfahren. Sagen Sie nicht: „Sie sind kein gutes Teammitglied“ oder „Sie erledigen nicht Ihren Anteil der Aufgaben“ – werden Sie präzise. Sagen Sie:

> *Joe, da Sie Ihren Teil des Berichts nicht rechtzeitig fertiggestellt haben, wurde der Versand an den Kunden um drei Tage verzögert. Da wir mit ihm einen Vertrag mit einer Verzögerungsklausel abgeschlossen haben, gingen drei Prozent unseres Gewinns bei diesem Projekt verloren.*

Hilfsmittel 8: Feedback geben und empfangen

Tip 81. Entwickeln Sie bei einer Teambesprechung gemeinsam ein Verfahren, das angewendet werden soll, wenn sich ein Mitglied nicht verantwortungsbewußt verhält. Achten Sie darauf, daß alle Teammitglieder Vorschläge machen.

Siehe Hilfsmittel 16: Rollen und Verantwortungsbereiche der Teammitglieder

Tip 82. Wenn jemand eine bestimmte Aufgabe erledigen soll und dies nicht tut, sollten Sie sich fragen, wie mit Leistungsproblemen in Ihrem Unternehmen umgegangen wird. Hat das Team die Macht, Leistungsprobleme zu handhaben? Wenn ja, können Sie einen Ausschuß für Teamleistung gründen. Hat das Team diese Macht nicht, müssen Sie sich ans Management wenden. Wenn sich das Management der Situation bewußt ist und sich nicht mit ihr auseinandersetzen will, sollten Sie akzeptieren, daß das Problem außerhalb Ihres Einflußbereichs liegt, und sich nicht weiter daran stören. Ermutigen Sie den Betroffenen weiter, und geben Sie Feedback, wenn dies angebracht ist.

Siehe Hilfsmittel 16: Rollen und Verantwortungsbereiche der Teammitglieder

Problem: Die Aufgabe alter Gewohnheiten

Tip 83. Bieten Sie Anerkennung und Ermutigung, wenn andere eine neue Verhaltensweise anstelle der alten Gewohnheit wählen. Sagen Sie:

> *Shaun, ich weiß, daß Ihnen diese Idee mit der gegenseitigen Schulung schwergefallen ist, aber als Sie sich gerade freiwillig zur Schulung der Klasse in Sicherheitsfragen gemeldet haben, hatte ich das Gefühl, daß Sie ein echtes Teammitglied sind. Darüber freue ich mich, und ich freue mich auf den Unterricht.*

Tip 84. Üben Sie viel Geduld, und gehen Sie davon aus, daß die Mitarbeiter Ihr Bestes geben. Manchmal können wir eine Verhaltensweise nur für eine Stunde, einen Tag oder eine Woche ändern. Sorgen Sie für eine angenehme Atmosphäre, in der Ihre Mitarbeiter zur Ausübung der neuen Verhaltensweise ermutigt werden, bis die Betroffenen ihren persönlichen Kampf gewinnen.

Tip 85. Wenn Sie Probleme mit dem Verhalten eines Teamkollegen haben, könnten Sie eine Ihrer eigenen Verhaltensweisen ändern, damit Sie über etwas anderes nachdenken können. Dies hilft Ihnen wahrscheinlich, mehr Mitgefühl für die Probleme der anderen zu entwickeln!

Problem: Zurückhaltende Teammitglieder

Tip 86. Fragen Sie den Betroffenen bei Teambesprechungen nach seiner Meinung. Wenn es für Ihren Kollegen nicht zu peinlich ist, könnten Sie sagen:

Wir haben von fast allen Anwesenden etwas zu den Problemen mit dem Computernetz gehört. Mark, Sie haben die meiste Erfahrung am Computer. Was meinen Sie dazu?

Tip 87. Der Betroffene wird wahrscheinlich am besten auf Bestätigung und Ermutigung reagieren, so daß er Vertrauen in seine eigenen Ideen gewinnt. Viele Menschen sind zurückhaltend, weil sie Angst vor Lächerlichkeit oder Versagen in der Öffentlichkeit haben. Andererseits werden ihnen geringe Dosen an Feedback oder Kritik ungeheuer bedeutungsvoll erscheinen. Versuchen Sie, die vielfältigen Persönlichkeiten im Team positiv zu sehen. Achten Sie darauf, daß auch schüchterne Mitarbeiter ihre Meinung kundtun und ihren Beitrag leisten, doch gestehen Sie ihnen ihre Eigenheiten zu.

Tip 88. Nach einiger Zeit sollten Sie überprüfen, ob der Betroffene zur Steigerung seines Selbstbewußtseins bereit ist, eine leitende Position innerhalb des Teams zu übernehmen. Aufgaben mit festgelegtem Anfangs- und Endtermin wären ein günstiger Ausgangspunkt. Könnte der Betroffene beispielsweise einige Untersuchungen anstellen und dem Team dann Bericht erstatten? Oder könnte er während der Besprechung Protokoll führen und es beim nächsten Mal vorlesen? Könnte er – wenn Ihr Team Kundenbesuche durchführt – diesmal einen Kollegen begleiten und beim nächsten Mal selbst einen neuen Kollegen mitnehmen?

3. Teamprobleme

Probleme, die die Effektivität von Teams behindern

3.1 Ziel und Zweck des Teams

Problem: Unklare Rollenverteilung

Tip 89. Klären Sie die Rollenverteilung und Verantwortungsbereiche. Wenn Teammitglieder sich über ihre Rollen und Verantwortungsbereiche nicht im klaren sind, werden selbst gute Teams feststellen, daß sie aneinandergeraten und ihre Arbeit nicht erledigen können. Die fünf grundlegenden Schritte zur Klärung der Rollen von Teammitgliedern und ihrer Verantwortungsbereiche sind:

- Die Analyse der zu erledigenden Arbeit
- Die Definition der gemeinsamen Verantwortungsbereiche
- Die Definition der individuellen Verantwortungsbereiche
- Das gegenseitige Kennenlernen der Rollen der anderen
- Das regelmäßige Überprüfen von Rollen und Verantwortungsbereichen

Schlagen Sie vor, daß das Team die fünf Schritte gemeinsam durcharbeitet.
Unter Hilfsmittel 16 (Rollen und Verantwortungsbereiche der Teammitglieder) finden Sie weitere Informationen und einen Verfahrensvorschlag. Schreiben Sie die Rollen und Verantwortungsbereiche aller Mitglieder auf, oder erstellen Sie eine Matrix bzw. Tabelle, die Sie an alle Teammitglieder verteilen.

Siehe Hilfsmittel 16: Rollen und Verantwortungsbereiche der Teammitglieder

Tip 90. Klären Sie die Verantwortungsbereiche, wenn Sie Aktionen planen. Für jede Aktion schreiben Sie auf, wer was bis wann erledigen soll. Fragen Sie nach, ob alles verstanden wurde und ob die Betroffenen ihre jeweiligen Aufgaben akzeptieren. Achten Sie darauf, daß Rollen und Verantwortungsbereiche dokumentiert werden, und hängen Sie das Schriftstück auf und/oder geben Sie jedem Teammitglied eine Kopie.

Siehe Hilfsmittel 14: Eine Atmosphäre für Teamarbeit aufbauen
Siehe Hilfsmittel 16: Rollen und Verantwortungsbereiche der Teammitglieder

Tip 91. Suchen Sie nach Möglichkeiten, sich gegenseitig zu helfen. Bitten Sie jedes Teammitglied, folgende Frage zu beantworten:

Bei welcher Sache brauche ich Hilfe?
Stellen Sie dann fest, wie viele dieser Dinge erledigt werden können, wenn man einander hilft. Dabei werden Sie erfahren, wer was tut, und gleichzeitig den Prozeß verbessern.

Problem: Unklare Anweisungen

Tip 92. Erstellen Sie Pläne. Es gibt mindestens drei grundsätzliche Pläne, die jedes Team braucht:

1. Einen Übergangsplan, der zeigt, wie das gesamte Unternehmen sich verändert und wie das Team in diese Änderung hineinpaßt.

2. Einen Ergebnisplan, den das Team zur Lenkung seiner Bemühungen, zur Bildung von Schwerpunkten bei den Ressourcen und zum Messen des Fortschritts einsetzt.

3. Einen Team-Lehrplan, der die Ausbildung und die ständig zu verbessernden Erfahrungen der Teammitglieder umreißt.

Überprüfen Sie die einzelnen Pläne zusammen mit dem Team, und legen Sie fest, wer was bis wann erledigen sollte. Schreiben Sie dies auf und geben Sie jedem Teammitglied eine Auflistung. Wiederholen Sie diesen Prozeß jeden Monat oder häufiger, falls erforderlich.

Siehe Hilfsmittel 12: Aktionsplanung
Siehe Hilfsmittel 17: Die Teamleistung handhaben

Tip 93. Überprüfen Sie Ihre Satzung, die Grenzbedingungen und die Matrix der Rollen und Verantwortungsbereiche Ihrer Teammitglieder. Achten Sie auf Dinge, die noch erledigt werden müssen oder nicht häufig und gut genug erledigt werden. Verteilen Sie die Arbeiten, falls nötig, neu. Identifizieren und diskutieren Sie die Rollen und Verantwortungsbereiche, bis sich alle darüber im klaren sind, was sie zu tun haben, glauben, daß sie es schaffen können, und sich verpflichtet haben, die Aufgaben durchzuführen. Wenn Sie noch keine Satzung, Grenzbedingungen und Rollen festgelegt haben, stellen Sie diese Richtlinien für Ihr Team auf. Achten Sie darauf, daß Sie die entsprechenden Mitarbeiter in dieses Verfahren mit einbeziehen. So sollte beispielsweise das Management bei der Entwicklung der Satzung beteiligt sein, um zu gewährleisten, daß alle ähnliche Erwartungen in das Team setzen.

Siehe Hilfsmittel 1: Eine Teamsatzung aufstellen
Siehe Hilfsmittel 2: Grundsätze, Richtlinien und Grenzen einsetzen
Siehe Hilfsmittel 12: Aktionsplanung

Tip 94. Besprechen Sie das Zeitmanagement. Manchmal werden einige Teammitglieder mit ihrem Teil der Aufgabe als erste fertig, haben eine Weile nicht viel zu tun und wissen möglicherweise nicht, wie die Prioritäten bei der Arbeit aussehen. Stellen Sie dem Team folgende Frage:

> *Wie sollte unsere Zeit auf der Grundlage all unserer Pläne und Ziele jetzt am besten eingesetzt werden?*

Stellen Sie in einer Brainstorming-Sitzung eine Liste auf, und ordnen Sie sie basierend auf den Kundenbedürfnissen und Gesamtvorteilen für das Unternehmen. Befreien Sie sich von vorgefaßten Meinungen, und seien Sie kreativ. Vielleicht kann die Zeit der Mitarbeiter sogar am besten genutzt werden, wenn sie außerhalb des Teams arbeiten.

Problem: Verwirrung zwischen Team und Teamleiter

Tip 95. Beziehen Sie Ihren Teamleiter mit ein, wenn Grenzbedingungen festgelegt werden, innerhalb deren das Team operieren soll. Sie könnten beispielsweise sagen:

Wir sind uns nicht ganz im klaren darüber, was wir tun sollen und wie es mit Ihren Aufgaben zu vereinbaren ist. Wir sind der Meinung, daß es dem Team und Ihnen helfen wird, wenn wir darüber reden und gemeinsam daran arbeiten können. Sind Sie bereit, uns zu helfen?

Siehe Hilfsmittel 2: Grundsätze, Richtlinien und Grenzen einsetzen
Siehe Hilfsmittel 20: Ein lebendes Beispiel sein

Tip 96. Klären Sie während der Aktionsplanung den Verantwortungsbereich des Teams im Gegensatz zum Verantwortungsbereich des Teamleiters. Immer wenn ein Team ein neues Projekt beginnt, umorganisiert, individuelle Aufgaben umschichtet oder sich seinen Zielen erneut verpflichten muß, können sich die Rollen des Leiters und des Teams ändern. Dies ist ein ganz natürlicher Teil des Prozesses. Sorgen Sie dafür, daß die Neuverhandlung von Rollen und Grenzen zu etwas ganz Normalem wird, und überprüfen Sie sie oft.

Siehe Hilfsmittel 16: Rollen und Verantwortungsbereiche der Teammitglieder
Siehe Hilfsmittel 19: Rollen und Verantwortungsbereiche des Teamleiters

Tip 97. Unter Einbeziehung von Team und Management erstellen Sie eine Karte, auf der der Arbeitsablauf Schritt für Schritt sichtbar wird. Klären Sie bei jedem einzelnen Schritt folgende Dinge:

- Wer nimmt an welchem Entscheidungsprozeß teil?
- Welches Teammitglied entscheidet was?
- Welche Entscheidungen werden vom Teamleiter gefällt?

Tip 98. Stellen Sie einen Übergangsplan auf, der klärt, welche Aufgaben von dem Team in welchem Zeitrahmen übernommen werden. Der Plan sollte leicht verständlich sein und möglichst graphisch dargestellt werden. Das Management sollte in der Lage sein, Verantwortungsbereiche neu zu gestalten, wenn sich im Team Dinge verändern oder wenn sich die Aufgabe ändert. Gehen Sie einfach davon aus, daß das Management dem Team die Verantwortungsbereiche, die es effektiv handhaben kann, übertragen will und sich dann zu gegebener Zeit zurückzieht. So können Sie das Management bei der Übernahme von neuer Verantwortung unterstützen.

Problem: Unklare oder falsche Grenzen

Tip 99. Klären Sie Ihre Grenzen, denn manchmal sind Grenzen verschwommen. Vielleicht waren sie zu Beginn fest umrissen, aber im Verlauf der Zeit haben sich Verantwortungsbereiche und Befugnisse verschoben. Laden Sie Ihren Teamleiter zu einer Besprechung ein, um die Grenzen Ihres Teams zu klären. Erklären Sie ganz eindeutig, welche Bereiche unklar sind, und beschreiben Sie möglichst die Grenzbedingungen, die Ihrer Meinung nach für das Team und seine jetzige Aufgabe zutreffen. Es ist wichtig, bei den Grenzbedingungen wirklich einer Meinung zu sein.

Siehe Hilfsmittel 3: Gruppenentscheidungen treffen

Tip 100. Ziehen Sie die richtigen Grenzen. Bisweilen sind die Grenzbedingungen zu locker oder zu eng. Zu lockere Bedingungen lähmen das Team normalerweise, da sie ihm nicht genug Struktur für seine Operationen bieten. Zu enge Grenzen sind im Grunde Richtlinien des Managements, die nur als Grenzen verkleidet sind. Beide Probleme geht man auf dieselbe Weise an. Im Gespräch mit Ihrem Teamleiter könnten Sie sagen:

> *Wir haben das Gefühl, daß die aktuellen Grenzbedinungen für unser Team nicht richtig sind und würden sie gerne mit Ihnen neu aushandeln. Werden Sie sich mit uns zusammensetzen, damit wir alles klären und die Grenzen entsprechend anpassen können? Wir möchten uns unserer Arbeit zuwenden und dafür sorgen, daß Sie Ihre Aufgaben erledigen können.*

Bei der Besprechung sollten Sie das Problem direkt angehen und erklären, wie es Sie an der Ausführung Ihrer Arbeit hindert. Schlagen Sie einen Satz an Bedingungen vor, die Ihrer Meinung nach besser funktionieren würden. Seien Sie bereit, offen in die Verhandlungen zu gehen.
Anmerkung: Es ist besser, davon auszugehen, daß das Management wirklich Interesse am Erfolg Ihres Teams hat, und so sollten Sie sich bei allen Verhandlungen auch verhalten, speziell wenn es um Grenzbedingungen geht. Dies verbessert die Stimmung, und das Management wird lernen, daß man Ihnen vertrauen kann.

Tip 101. Stellen Sie Fragen zu veränderten Grenzen. Bisweilen werden Grenzbedingungen ohne erkenntlichen Grund geändert. Es gibt nur wenige Dinge, die Teams noch wütender machen. Wenn das Team wütend wird, warten Sie, bis sich die Wogen ein wenig geglättet haben. Sie könnten zu Ihrem Teamleiter oder demjenigen, der die Grenzen geändert hat, etwa folgendes sagen:

Wir sind über diese Änderung der Grenzen nicht glücklich. Wir wissen, daß es dafür einen Grund geben muß, aber wir wissen nicht, wie er aussieht. Können Sie uns helfen, diese Situation besser zu verstehen, als es zur Zeit der Fall ist?

Anschließend könnten Sie folgendes sagen:

Wie können wir so mit Ihnen zusammenarbeiten, daß wir nicht noch einmal in eine solche Situation geraten? Es hilft uns, wenn wir mitarbeiten können oder zumindest vorher über derartige Dinge informiert werden. Werden Sie uns dabei helfen?

Problem: Keine Teamrichtlinien

Tip 102. Richtlinien oder Regeln für das interne Management von Teams lassen sich während einer Brainstorming-Sitzung schnell aufstellen, indem eine Liste von Verhaltensweisen erstellt wird, die in dem Team gern gesehen beziehungsweise nicht gerne gesehen sind. Anschließend dienen diese Listen zur Erstellung von Regeln oder Betriebsrichtlinien. Arbeiten Sie so lange daran, bis sich das Team auf eine Liste einigt und verspricht, sich daran zu halten.

Siehe Hilfsmittel 2: Grundsätze, Richtlinien und Grenzen einsetzen

Tip 103. Bei der Aufstellung der Richtlinien sollten Sie nicht in der Vergangenheit verweilen. Suchen Sie nach positiven Möglichkeiten, die beschreiben, wie sich das Team in seiner Bestform verhält. Wenn Teammitglieder sich negativ über die Vergangenheit äußern wollen, könnten Sie sagen:

Wir können Dinge, die uns in der Vergangenheit mißfallen haben, ändern. Wir werden negative Sachverhalte benennen und sie in positive umwandeln. Statt zu sagen: „Sie kommt immer zu spät", könnten wir als Teammitglieder sagen: „Wir wollen unsere zeitlichen Verpflichtungen einhalten."

Tip 104. Bei der Arbeit mit Richtlinien sollten Sie es vermeiden, die Richtlinien so einzusetzen, daß anderen Teammitgliedern Schuld zugewiesen wird oder daß mit ihnen die Leistungsprobleme einzelner korrigiert werden. Seien Sie ein Trainer, kein Polizist. Die Richtlinien sollten auf positives Verhalten hinweisen. Wenn ein Teammitglied Richtlinien verletzt, erinnen Sie den Betroffenen daran, warum diese Regel besteht und wie wichtig sie für das ganze Team ist. Wenn die Richtlinien weiterhin verletzt werden, wenden Sie Hilfsmittel 14 (Eine Atmosphäre für Teamarbeit aufbauen) an.

Siehe Hilfsmittel 14: Eine Atmosphäre für Teamarbeit aufbauen

Problem: Kein Teamplan

Tip 105. Legen Sie Ihre Hauptaufgaben fest. Die Planung ist ein wichtiger Teil der Arbeit fast jeden Teams. Ohne sie sind Sie genauso verloren wie ein Seemann ohne Karte oder Sterne. Zumindest müssen Sie vereinbaren, wie die Hauptaufgaben Ihres Teams aussehen und wer welche Arbeiten übernimmt, damit sie auch tatsächlich erledigt werden.

Tip 106. Erstellen Sie einen Plan. Ein einfaches, fünfstufiges Planungsverfahren umfaßt folgende Phasen:

1. Planen Sie, was getan werden muß.
2. Planen Sie, wer was übernimmt.
3. Planen Sie die notwendigen Hilfsmittel.
4. Treten Sie in Aktion.
5. Überprüfen Sie den Ablauf.

Siehe Hilfsmittel 12: Aktionsplanung

Tip 107. Identifizieren Sie die notwendigen Ressourcen. Häufig übersehen Teams die erforderlichen Ressourcen oder planen sie schlecht. Die erforderlichen Ressourcen können folgendermaßen definiert werden:

- Mitarbeiter - wen brauchen wir wann?
- Zeit - wieviel brauchen wir?
- Materialien - was brauchen wir?
- Budget - welche Geldmittel brauchen wir und wann?
- Externe Dienstleistungen - welche Hilfe von außen brauchen wir?

- Ausrüstung - was brauchen wir?
- Unterstützung - welche Art praktischer Hilfe brauchen wir von der Unternehmensleitung?

Tip 108. Führen Sie eine ergebnisorientierte Planung durch. Eine solche Planung ermöglicht es dem Team zusammenzuarbeiten. Sie umfaßt eine Leistungsplanung, die wichtige Ergebnisbereiche spezifiziert, einen Projektplan mit meßbaren Zielen und einen Aktionsplan, der detailliert darlegt, was getan werden muß und wer diese Aufgaben bis zu welchem Zeitpunkt erledigt.

Bei der Entwicklung eines Ergebnisplans sollten Sie spezifizieren, was zur Erfüllung der Erwartungen des Teams getan werden muß. Tun Sie dies, indem Sie meßbare Ziele und Aktionspläne für jeden wichtigen Ergebnisbereich aufstellen. Lassen Sie dem Ganzen einen Lehrplan folgen, der sich auf die Fähigkeiten und Kenntnisse bezieht, die zur Erzielung der gewünschten Resultate vorhanden sein müssen.

Siehe Hilfsmittel 17: Die Teamleistung handhaben

Problem: Unklare Satzung

Tip 109. Erstellen Sie eine Satzung. Eine klare und gemeinsame Zielrichtung ist für den erfolgreichen Start der Teamarbeit unerläßlich. Etablierte Teams, die ihre Zielrichtung verlieren, geraten in Schwierigkeiten und stehen vor Problemen, bis sie sich wieder auf ihr Ziel konzentrieren. Bei der Erstellung einer Teamsatzung oder der Änderung einer vorhandenen sollten Sie das Gesamtziel des Teams, Ihre wichtigsten Kunden, die wichtigsten Ergebnisbereiche, Ihre Richtlinien und den vorhandenen Zeitrahmen aufnehmen.

Siehe Hilfsmittel 1: Eine Teamsatzung aufstellen

Tip 110. Aktualisieren Sie Ihre Satzung regelmäßig. Satzungen veralten sehr schnell. Häufige Aktualisierungen erinnert das Team daran, warum es überhaupt zusammenarbeitet und konzentriert die Aufmerksamkeit der Mitarbeiter auf ein positives Ziel. Auf diese Weise kann Ihre Satzung bei einer Veränderung der Aufgaben oder Umstände ebenfalls verändert werden. Beziehen Sie Ihre Kunden, Lieferanten, Teamleiter und andere Personen, die nicht zum Team gehören, mit ein. Auch die Einbeziehung von Personen, die Unternehmensanteile besitzen, ist für die Betroffenen und für Sie von Vorteil.

Tip 111. Bei der Vorbereitung einer Teamsatzung sollten Sie zuerst Ihre eigenen Gedanken und Ideen organsieren. Denken Sie vor der ersten Besprechung mindestens einen Tag lang darüber nach. Dann gehen Sie gemeinsam alle Gedanken und Ideen durch. Anschließend entwickeln Sie einen Grobentwurf der Satzung.

Bedenken Sie, daß es sich um einen Grobentwurf handelt – das heißt, es müssen zuerst nur die Hauptpunkte aufgeführt werden. Lassen Sie den Entwurf ein paar Tage liegen, damit die Betroffenen tatsächlich Zeit haben, sich mit ihm zu befassen. Dann geben Sie der Satzung ihre endgültige Form und verteilen sie. Dieser Prozeß sollte nicht zu lange dauern. Streben Sie nach Dingen, die funktionieren, nicht nach der perfekten Formulierung.

Siehe Hilfsmittel 1: Eine Teamsatzung aufstellen
Siehe Hilfsmittel 14: Eine Atmosphäre für Teamarbeit aufbauen

Problem: Mangelhafte Befolgung des Plans

Tip 112. Wenn Sie feststellen, daß die Arbeit des Teams ständig vom Plan abweicht, könnte dies daran liegen, daß der Plan für die sich verändernde Umgebung zu eingehend und detailliert ist. Versuchen Sie, nicht so sehr an den Details zur Arbeitsdurchführung festzuhalten, sondern sich statt dessen auf die Aufgaben des Teams zu konzentrieren, auf die Verhaltensweisen, die Sie erwarten, ja sogar auf die für den Erfolg nötige Einstellung. In Umgebungen, die sich schnell verändern, ist ein lockerer, sehr oft diskutierter Plan (selbst wenn es pro Tag nur ein paar Minuten sind) häufig besser als ein bis in die Einzelheiten festgelegter Plan.

Tip 113. Manchmal ist die ständige Abweichung vom Plan auf einen schlecht gestalteten oder ausgeführten Planungsprozeß zurückzuführen. Teamplanung und individuelle Planung können Hand in Hand gehen und sollten es in den meisten Fällen auch tun. Die Teamplanung umfaßt die Aufstellung einer Teamsatzung, eines Ergebnisplans und eines Lehrplans. Die individuelle Planung umfaßt die Rollenbeschreibung der Teammitglieder, einen individuellen Ergebnisplan und einen individuellen Lehrplan. Dies hört sich nach einer Menge Arbeit an, doch sie muß nicht besonders detailliert sein, um effektiv zu sein. Wenn Sie das Verfahren erst einmal erlernen, dauert es auch nicht sehr lange. Auf jeden Fall lohnt die vorher notwendige Zeitinvestition.

Siehe Hilfsmittel 17: Die Teamleistung handhaben

Tip 114. Die ständige Abweichung vom Plan kann auch ein Problem der Teamleistung sein. Teams haben genau wie einzelne Personen Leistungsprobleme. Manchmal verpflichten sie sich, einen Plan einzuhalten oder auf ein Ergebnis hinzuarbeiten, und ignorieren dies dann einfach.

Es ist jedoch besser, davon auszugehen, daß über 90 Prozent der Störungen bei Teams auf System- und Organisationsproblemen beruhen, nicht auf fehlendem Engagement oder auf Faulheit. Wenn Sie sich dies vor Augen halten, sind Sie eher dazu geneigt, die Probleme anzugehen, statt die Symptome zu behandeln. Suchen Sie nach den zugrundeliegenden Systemproblemen und den organisatorischen Problemen, die Menschen dazu bringen, den Plan zu ignorieren, bevor Sie nach individuellen Leistungsproblemen suchen.

Siehe Hilfsmittel 17: Die Teamleistung handhaben

Problem: Die Verletzung der Richtlinien

Tip 115. Prüfen Sie, welche Richtlinien verletzt werden. Richtlinien sind Regeln, denen das ganze Team zum Nutzen des Teams und der Kunden, denen das Team dient, zugestimmt hat. Menschen, die ständig die Richtlinien verletzen, stören das Team und sollten darauf aufmerksam gemacht werden, daß ihr Verhalten das Team behindert. Wenn die Betroffenen ihr Verhalten nicht ändern, versuchen Sie herauszufinden, warum dies so ist. Wenn es sich um ein Systemproblem handelt, stellen Sie es ab. Handelt es sich um fehlendes Engagement oder Interesse auf seiten des einzelnen, kümmern Sie sich schnell darum. Reife Teams gehen derartige Probleme offen an, sprechen über ihre Gefühle und überlegen sich, falls nötig, auch die entsprechenden Sanktionsmaßnahmen. Sie könnten zu dem Betroffenen sagen:

> *Bob, wenn Sie die Regeln verletzen, die wir gemeinsam vereinbart haben, stört dies uns alle. In der letzten Woche haben Sie unsere Regeln über den respektvollen Umgang miteinander verletzt, als Sie Kathy beschimpft haben. Außerdem haben Sie unsere Vereinbarungen in bezug auf unsere Verpflichtungen*

verletzt, als Sie die neuen Versicherungsstatistiken nicht rechtzeitig fertiggestellt haben. Das erschwert unsere Arbeit, und wir können nicht zulassen, daß es so weitergeht. Wir brauchen Ihre Hilfe. Können Sie uns erklären, warum Sie sich so verhalten? Vielleicht können Sie uns auch erklären, wie sich das Problem korrigieren läßt. Wir müssen einen Weg finden, wie wir dies gemeinsam tun können. Werden Sie uns dabei helfen?

Dies leitet den Prozeß ein, den das Team fortsetzen sollte, bis sich das Verhalten oder die Richtlinien ändern oder bis der Betroffene aufgefordert wird, das Team zu verlassen.

Tip 116. Vielleicht ist es an der Zeit, daß das Team seine Richtlinien überprüft. Der Grund für ihre Nichtbefolgung mag sein, daß sie keinen Sinn mehr ergeben. Vielleicht waren einige von Anfang an wenig sinnvoll, die Teammitglieder haben sie trotzdem für eine Weile befolgt, wurden ihrer dann aber überdrüssig und haben folglich getan, was sie wollten. Um vorhandene Richtlinien zu überprüfen, sollten Sie herausfinden, welche gut zu funktionieren scheinen, welche nicht mehr hilfreich oder wichtig scheinen, welche neuen Probleme oder Schwierigkeiten aufgetaucht sind und vor welchen neuen Herausforderungen das Team steht.

Die Richtlinien müssen von dem Team klar vereinbart werden. Die endgültige Version sollte für alle sichtbar aufgehängt werden, und jedes Teammitglied sollte eine Kopie erhalten.

Tip 117. Entscheiden Sie, ob es sich bei dem Problem um Symptom oder Ursache handelt. Wenn Richtlinien, die gerade unter Ihrer Mitwirkung aufgestellt worden sind, ignoriert werden, ist dies nicht Zeichen einer gesunden Atmosphäre oder von Zusammenarbeit im Team. Es mag ein Zeichen für schwerwiegendere und größere Probleme und für die schlechte Ausrichtung persönlicher Ziele und der Teamziele sein. Die Schlüsselelemente einer guten Atmosphäre für Teamarbeit umfassen ein gemeinsames Ziel, Vertrauen, eine klare Rollenverteilung, offene Kommunikation, Vielfalt und Ausgewogenheit bei der Erfüllung von Aufgaben und dem Aufbau starker und gesunder Beziehungen zwischen den Teammitgliedern.

Siehe Hilfsmittel 14: Eine Atmosphäre für Teamarbeit aufbauen

3.2 Teamleistung

Problem: Nicht erreichte Ziele

Tip 118. Klären Sie, welche Ziele Sie haben, halten Sie Brainstorming-Sitzungen zu bestimmten Aktionen zur Erreichung der Ziele ab, und führen Sie die entsprechenden Aktionen aus. Ein Verfahren zur Klärung der Ziele wird unter Hilfsmittel 7 (Ziele setzen und Ergebnisse messen) umrissen. Sie könnten sagen:

> *Unsere Ziele sind wirklich wichtig, aber wir erreichen sie nicht. Aus diesem Grund wollen wir uns bei unserer nächsten Besprechung mit Möglichkeiten befassen, wie wir sie erfolgreich umsetzen können.*

Siehe Hilfsmittel 7: Ziele setzen und Ergebnisse messen

Tip 119. Beauftragen Sie mehrere Teammitglieder damit, die Fortschritte regelmäßig zu überwachen und bei den Teambesprechungen darüber zu berichten. Eine der besten Möglichkeiten, um nach dem Erreichen von Zielen wieder auf den rechten Weg zu kommen, besteht darin, daß man sie durch häufige Diskussionen zu einer vorrangigen Sache macht.

Tip 120. Setzen Sie optische Hilfsmittel ein, die die Leistung des Teams darstellen. Tabellen, die schlechte Leistungen widerspiegeln, helfen dem Team, sich auf die Verbesserung der Resultate zu konzentrieren. Hilfsmittel 10 (Teamprobleme lösen) und Hilfsmittel 11 (Werkzeuge für Problemlösungen) stellen eine Reihe von Techniken zur Überwachung vor, die das Team gegebenenfalls einsetzen kann.

Siehe Hilfsmittel 10: Teamprobleme lösen
Siehe Hilfsmittel 11: Werkzeuge für Problemlösungen

Tip 121. Fragen Sie sich, ob Sie das Ziel wirklich verstehen und wie es sich am besten erreichen läßt. Es ist sehr wahrscheinlich, daß andere Teammitglieder das Ziel ebenfalls nicht verstehen, wenn dies für Sie zutrifft. Sie könnten beispielsweise sagen:

> *Einer unserer Grundsätze lautet, daß es keine dummen Fragen gibt. Also, ich verstehe im Grunde unser wichtigstes Leistungsziel nicht. Hat jemand dasselbe Problem?*

Wenn ein anderes Teammitglied Ihnen nicht helfen kann, das Ziel zu verstehen, fragen Sie einen anderen Mitarbeiter des Unternehmens, der es Ihnen auf verständliche Weise erklären kann.

Tip 122. Überprüfen Sie die Ziele und die entsprechende Leistung Ihres Teams bei jeder Besprechung. Das Erreichen des Ziels sollte das erste und letzte sein, woran Sie jeden Arbeitstag denken. Die Überwachung der Ziele sollte ein regelmäßiger Planungspunkt jeder Teambesprechung sein oder zumindest monatlich in einer speziellen Besprechung überprüft werden.

Tip 123. Setzen Sie Informationen ein, die Sie mit Hilfsmittel 4 (Kundenbeziehungen aufbauen) gesammelt haben, um zu verstehen, was ein Nichterreichen des Ziels bedeutet. So könnten Sie sagen:

> *Wir haben dieses Ziel aufgrund der Informationen von unseren Kunden aufgestellt. Wenn wir dieses Ziel nicht erreichen, werden unsere Kunden das Produkt eines anderen Herstellers kaufen.*

Siehe Hilfsmittel 4: Kundenbeziehungen aufbauen

Problem: Die Unfähigkeit, nein zu sagen

Tip 124. Überlegen Sie, ob die Übernahme von zuviel Verantwortung wirklich das Problem ist. Dann diskutieren Sie mit dem Team über eine angemessene Lösung. Setzen Sie eine der unter Hilfsmittel 11 (Werkzeuge für Problemlösungen) aufgeführten Techniken ein. Sie könnten beispielsweise die Kräftefeld-Analysetechnik einsetzen:

> *Wir haben Schwierigkeiten gehabt, das ABC-Projekt zu starten. Welche Kräfte arbeiten gegen die Erfüllung der Aufgabe und welche dafür?*

Nachdem einige Kräfte dafür (z. B. Budget, Unterstützung durchs Management, gute Teammitglieder) und Kräfte dagegen (z. B. unklare Verantwortungsbereiche, mehrere Prioritäten, schlechte technische Unterstützung, zu viele Verantwortungsbereiche) aufgeführt wurden, legen Sie die relative Stärke der einzelnen Punkte fest. Dabei merken Sie möglicherweise, daß eine andere Kraft maßgeblich für die Projektverzögerung verantwortlich ist.

Wenn das Problem tatsächlich durch ein Übermaß an Verantwortung verursacht wird, sollten Sie mit Ihrem Teamleiter so bald wie möglich darüber sprechen. So könnten Sie sagen:

> *Wir wissen, daß das ABC-Projekt wichtig ist, aber nach sorgfältiger Analyse sind wir zu dem Schluß gekommen, daß wir die Verantwortung für den Abschluß nicht weiter übernehmen können. Wir brauchen Ihre Hilfe, um die Arbeiten neu zu verteilen oder ein neues Abschlußdatum auszuhandeln.*

Siehe Hilfsmittel 11: Werkzeuge für Problemlösungen

Tip 125. Oft können Teams die übernommene Verantwortung nicht bewältigen, weil den Teammitgliedern die dafür notwendige Qualifikation fehlt. Bei Anwendung einer guten Technik zur Problemlösung wird dieses Problem möglicherweise offengelegt. In diesem Fall entwickeln Sie einen Plan, um für die notwendige Schulung zu sorgen, indem Sie das unter Hilfsmittel 12 (Aktionsplanung) aufgeführte Verfahren einsetzen. Ihr Teamleiter oder Schulungskoordinator sollte in der Lage sein, interne und/oder externe Ressourcen zu finden, damit diese Schulung tatsächlich stattfindet und das entsprechend hohe Niveau hat.

Siehe Hilfsmittel 12: Aktionsplanung

Problem: Kein Leistungs-Feedback

Tip 126. Bitten Sie um Feedback. Es ist wichtig, daß die Teammitglieder den eigenen Informationsbedarf in bezug auf ihre Leistung handhaben. Selbst ein Team mit den besten Absichten weiß nicht immer, wann einzelne Mitglieder Feedback zu ihrer Leistung wünschen. Widmen Sie speziell dem Abschnitt zum Empfang von Feedback unter Hilfsmittel 8 (Feedback geben und empfangen) Ihre Aufmerksamkeit. Sagen Sie:

> *Sara, wir haben bei der Installierung der neuen Software sehr eng zusammengearbeitet. Könnten Sie mir sagen, wie Sie meine Bemühungen einschätzen?*

Siehe Hilfsmittel 8: Feedback geben und empfangen

Tip 127. Legen Sie eine Richtlinie für Leistungs-Feedback fest. Wenn die Teammitglieder die Bedeutung und den Zweck ihres Teams verstehen und daran glauben, werden sie erwarten, daß alle Teammitglieder regelmäßig die Leistung des Teams und einzelner Mitglieder diskutieren. Wenn die Teamrichtlinien nicht speziell auf die Notwendigkeit regelmäßigen Leistungs-Feedbacks hinweisen, sollten Sie sich mit dem Verfahren zur Festlegung von Richtlinien unter Hilfsmittel 2 (Grundsätze, Richtlinien und Grenzen einsetzen) befassen.

Siehe Hilfsmittel 2: Grundsätze, Richtlinien und Grenzen einsetzen

Tip 128. Beauftragen Sie die Teammitglieder mit der Entwicklung eines Verfahrens für Feedback in bezug auf die Teamleistung. Hilfsmittel 17 (Die Teamleistung handhaben) befaßt sich ausführlich mit einer Methode, die Teams hilft, von ihrem Teamleiter die Verantwortung für Leistungs-Feedback zu übernehmen.

Siehe Hilfsmittel 17: Die Teamleistung handhaben

Problem: Nicht wissen, wie man sich verbessern kann

Tip 129. Bitten Sie andere Personen und/oder Gruppen um Vorschläge zur Verbesserung. Manchmal braucht man nur eine neue Perspektive, um einem Team bei der Überwindung eines solchen Hindernisses zu helfen.

Tip 130. Bitten Sie Ihren Teamleiter um ein neues, herausforderndes oder anspruchsvolles Leistungsziel. Ziele, die schwer zu erreichen sind, verleihen Teams Energien und beflügeln sie, selbst wenn sie vorher Schwierigkeiten hatten festzulegen, wie sie sich verbessern können.

Unterteilen Sie die Leistungsziele mit den Werkzeugen von Hilfsmittel 7 (Ziele setzen und Ergebnisse messen) und Hilfsmittel 12 (Aktionsplanung) in realisierbare Abschnitte.

Siehe Hilfsmittel 7: Ziele setzen und Ergebnisse messen
Siehe Hilfsmittel 12: Aktionsplanung

Tip 131. Sprechen Sie mit Ihren Kunden über ihre Erwartungen. Kunden können Ihnen oftmals interessante Anregungen geben und Ihnen helfen, sich auf die wirklich wichtigen Dinge zu konzentrieren.

Siehe Hilfsmittel 4: Kundenbeziehungen aufbauen

Tip 132. Überprüfen Sie Ihre Satzung und Ihre Pläne. Haben Sie alles erreicht? Wenn ja, kreieren Sie neue Pläne aufgrund der Beiträge von Personen, die ein Interesse an Ihrem Unternehmen haben (Mitarbeiter, Kunden und Verkäufer). Wenn nein, führen Sie eine Brainstorming-Sitzung durch, um Ideen zur Erreichung Ihrer Vision für Ihr Team zu finden.

Siehe Hilfsmittel 1: Eine Teamsatzung aufstellen
Siehe Hilfsmittel 12: Aktionsplanung

Problem: In traditionellen Denkmustern verfangen sein

Tip 133. Stellen Sie im gesamten Arbeitsbereich des Teams Tafeln auf, auf denen Ideen, Probleme, Alternativen aufgeführt werden. Wenn ein Teammitglied einen Vorschlag zur Bewältigung eines Problems hat, kann der Betroffene dies auf die Tafel schreiben. Auf diese Weise werden beim übrigen Team und möglicherweise bei anderen Personen, die die Tafeln sehen, innovative Ideen ausgelöst. So könnte beispielsweise auf der Tafel stehen:

Eine Gelegenheit... das ABC-Verfahren muß verbessert werden.

Wenn Teammitglieder diese Aussage gelegentlich sehen, werden sie sie im Kopf behalten und dazu herausgefordert, sich neue Lösungsmöglichkeiten zu überlegen.

Tip 134. Suchen Sie ständig nach neuen Ideen aus anderen Unternehmen. Lassen Sie sich nicht davon beirren, daß diese Ideen nicht aus der eigenen Firma stammen. Hilfsmittel 4 (Kundenbeziehungen aufbauen) und Hilfsmittel 5 (Mit Lieferanten arbeiten) umreißen beide ein Verfahren, das darauf abgestellt ist, Daten aus anderen Unternehmen zu erhalten. Passen Sie diese Verfahren so an, daß auch Ihr Team Informationen zu neuen Ideen aus anderen Unternehmen erhält.

Siehe Hilfsmittel 4: Kundenbeziehungen aufbauen
Siehe Hilfsmittel 5: Mit Lieferanten arbeiten

Tip 135. Fordern Sie Teammitglieder immer heraus, wenn diese behaupten, daß Dinge nicht geändert werden können oder wenn sie sagen: „Wir haben es immer so gemacht und werden es immer so tun." Teamerfolg hängt von der ständigen Neuentwicklung von Ideen und ihrer Durchführung ab. Entwickeln Sie eine Teamrichtlinie, die die Teammitglieder dazu auffordert, alte Methoden und Verfahren ständig zu überdenken. Das Verfahren ist unter Hilfsmittel 2 (Grundsätze, Richtlinien und Grenzen einsetzen) umrissen. Die Richtlinie könnte etwa folgendermaßen aussehen:

> *Unser Team verpflichtet sich, Verfahrensweisen ständig neu zu überdenken. Wenn wir das Gefühl haben, an alten Denkmustern zu kleben, fühlen wir uns zu Änderungen herausgefordert.*

Siehe Hilfsmittel 2: Grundsätze, Richtlinien und Grenzen einsetzen

3.3 Fertigkeiten und Schulung

Problem: Mangelnde berufliche Fähigkeiten

Tip 136. Lassen Sie von dem Team in einer Besprechung eine Liste aufstellen, die alle technischen Fähigkeiten und die Voraussetzungen im Umgang mit Menschen enthält, die für die Durchführung aller Aufgaben des Teams erforderlich sind. Oft sind sich Teammitglieder der notwendigen Fähigkeiten für beruflichen Erfolg nicht bewußt. Entwickeln Sie einen Plan zur Erlangung der nötigen Fähigkeiten. Hilfsmittel 16 (Rollen und Verantwortungsbereiche der Teammitglieder) umreißt ein Verfahren, das zu einer Liste von Fähigkeiten und einem Plan zur gegenseitigen Schulung der Teammitglieder in allen Fähigkeiten führt.

Siehe Hilfsmittel 16: Rollen und Verantwortungsbereiche der Teammitglieder

Tip 137. Machen Sie das Erlernen und die Verbesserung von Fähigkeiten zu einem ständigen Prozeß. Die Teammitglieder werden besser lernen und mehr Informationen behalten, wenn sie sehen, daß Schulung ein wichtiger Teil ihrer Arbeit ist und nicht ein einmaliges Ereignis.

Erstellen Sie eine Matrix, die alle wichtigen Fähigkeiten in einer Zeile oben aufführt und die Namen aller Teammitglieder links in einer Spalte. Unter Mithilfe der Teammitglieder und Zustimmung des gesamten Teams legen Sie Daten fest, wann Teammitglieder an einer Schulung für die entsprechenden Fähigkeiten teilnehmen sollen.

Tip 138. Überlegen Sie, ob der Grund für die Nachfrage nach Schulung mangelnde Fähigkeiten sind (die Betroffenen wissen nicht, wie eine bestimmte Aufgabe erfüllt wird) oder auf mangelndem Willen beruht (die Betroffenen wollen bestimmte Aufgaben nicht übernehmen), bevor Sie beschließen, Zeit und Geld für Schulungen auszugeben. Folgende Aktionen werden Ihnen helfen, diese Entscheidung zu treffen:

- Erinnern Sie die Teammitglieder in Besprechungen immer daran, daß Schulungen, was Zeit und Kosten betrifft, teuer sind. Dann bitten Sie sie, sich zu überlegen, warum sie an einer Schulung teilnehmen wollen. Liegt es daran, daß sie eine Aufgabe nicht übernehmen wollen, oder daran, daß sie die Schulung tatsächlich brauchen?

- Oft gehen Teammitglieder unangenehmen Aufgaben aus dem Weg, indem sie um weitere Schulungsmaßnahmen bitten. So lassen sich beispielsweise zwischenmenschliche Konflikte leicht vermeiden. Häufig ist dies auf den mangelnden Willen, sich mit anderen Menschen auseinanderzusetzen, zurückzuführen und nicht auf mangelnde Kenntnis. Um herauszufinden, woran es liegt, stellen Sie folgende Frage: Wenn Ihr Leben von einer Sache abhinge (beispielsweise von der Auseinandersetzung mit einer anderen Person), könnten Sie die Aufgabe dann übernehmen? Wenn Sie diese Frage mit nein beantworten müßten, handelt es sich um ein *Fähigkeits*problem, das durch Schulung behoben wird. Im anderen Fall handelt es sich um ein *Willens*problem. Willensprobleme machen normalerweise eine Änderung der Unternehmenssysteme erforderlich, beispielsweise die Art und Weise, wie Menschen belohnt werden.

Tip 139. Oft findet man Schulungsmöglichkeiten am besten im eigenen Team. Wenn jemand um eine Schulung bittet, sollten Sie zuerst versuchen, ein anderes Teammitglied zu finden und es darum bitten, diese Aufgabe zu übernehmen.

Tip 140. Stellen Sie eine Liste aller Teammitglieder auf, die an einem Training teilgenommen haben. Die Liste soll außerdem die Art des Trainings enthalten. Plazieren Sie die Liste dort, wo sie jeder sehen kann. So kann jeder leicht feststellen, woher er Trainingshilfe bekommen kann.

Problem: Mangelnde technische Fähigkeiten

Tip 141. Entwickeln Sie ein System, um technische Fähigkeiten weiterzugeben. Dabei tun sich immer zwei Teammitglieder aufgrund ihrer technischen Stärken und Schwächen zusammen. Wenn ein Teammitglied Stärken in den Fähigkeiten

A, B und C zeigt und Schwächen in den Fähigkeiten X, Y und Z, suchen Sie ein anderes Teammitglied, das Stärken in den Fähigkeiten X, Y und Z hat und Schwächen in den Fertigkeiten A, B und C.

Tip 142. Wenn Sie die Lieferanten von Schulungsmaterial bestimmen, achten Sie darauf, daß diese auf qualitativ hochwertige Schulungsprogramme zurückgreifen können. Setzen Sie diese Programme als Grundlage für Ihr technisches Schulungsprogramm ein. Hilfsmittel 4 (Kundenbeziehungen aufbauen) und Hilfsmittel 5 (Mit Lieferanten arbeiten) umreißen den Prozeß zur Entwicklung von Beziehungen zu Lieferanten. Machen Sie die Qualität der Schulung, die die Lieferanten zur Verfügung stellen können, zum wichtigsten Kriterium bei ihrer Wahl.

Siehe Hilfsmittel 4: Kundenbeziehungen aufbauen
Siehe Hilfsmittel 5: Mit Lieferanten arbeiten

Tip 143. Ziehen Sie Schulungsmöglichkeiten in Volkshochschulen oder spezielle Schulungsangebote in Betracht. Viele dieser Einrichtungen verfügen über ausgezeichnete Programme für den Beruf und für zwischenmenschliche Beziehungen. In einigen Fällen sind sie sogar gewillt, Programme direkt auf Ihre Bedürfnisse abzustellen, wenn das Interesse groß genug ist (z. B. Löttechniken, Konfliktlösung usw.).

Problem: Mangelnde Fähigkeiten im Umgang mit Menschen

Tip 144. Viele Probleme im Umgang mit Menschen treten auf, weil Teammitglieder die grundlegenden Kommunikationsfertigkeiten nicht kennen und/oder sie nicht geübt haben. Sie können sich beispielsweise kein Gehör verschaffen und selbst nicht richtig zuhören. Hilfsmittel 13 (Grundlagen der Teamkommunikation) umreißt diese Fähigkeiten und stellt einen Rahmen zur Verfügung, um die Kommunikation Ihres Teams einzuschätzen. Wenn Ihnen bei Ihrem Team ein Kommunikationsproblem auffällt, könnten Sie sagen:

> *Ich glaube, wir müssen alle unsere Kommunikationsfähigkeiten noch ein wenig verfeinern. Ich weiß, daß ich nicht besonders gut zuhören kann. Wir sollten bei unserer nächsten Besprechung die Fähigkeiten für effektive Kommunikation überprüfen, damit wir uns besser mitteilen und besser zuhören können.*

Siehe Hilfsmittel 13: Grundlagen der Teamkommunikation

Tip 145. Oft sind Schulungen allein nicht die Antwort auf die Lösung von Problemen, die Menschen im Umgang miteinander haben. Einige Teams berichten, daß bestimmte Probleme sich nicht ändern, nachdem die entsprechenden Schulungen besucht wurden. Ziehen Sie folgende Dinge in Betracht, wenn Sie diese Klage hören:

- Der Besuch von Schulungen für besseren Umgang miteinander ist einfach, doch der Einsatz des Gelernten im Beruf ist schwierig. Manche Menschen betrachten derartige Fähigkeiten als nutzlos und überflüssig. Anderen erscheinen sie als zu schwierig und mühsam. Teams müssen sich ständig dazu herausfordern, die in solchen Schulungen erlernten Fähigkeiten einzusetzen, und dann alle Mitglieder dazu auffordern, sie auch tatsächlich zu benutzen.
- Das Problem im Umgang miteinander mag Symptom für ein anderes Problem sein. Hilfsmittel 14 (Eine Atmosphäre für Teamarbeit aufbauen) zeigt Ihnen einen Ansatzpunkt, wo Sie die eine Ursache des Problems finden können. Erfolgreiche Teams haben ein gemeinsames Ziel, starkes Vertrauen zueinander, eine klare Rollenverteilung, offene Kommunikation, Mannigfaltigkeit und ein Gleichgewicht zwischen Aufgabenbewältigung und Beziehungen. Wenn es an einem dieser Punkte mangelt, sind Sie auf dem besten Weg, die Ursache für die Probleme im Umgang miteinander zu finden.

Siehe Hilfsmittel 14: Eine Atmosphäre für Teamarbeit aufbauen

Tip 146. Bitten Sie Ihren Teamleiter, Sie zu unterstützen, wenn Sie das, was Sie während der Schulung gelernt haben, anwenden wollen. Sie könnten Ihren Teamleiter folgendermaßen ansprechen:

> *Die Schulung für besseres Zuhören hat mir wirklich Spaß gemacht, aber ich weiß, daß es mir schwerfallen wird, das Gelernte umzusetzen. Könnten wir uns nach unserer nächsten Teambesprechnung kurz unterhalten, damit Sie mir sagen können, wie gut ich während der Besprechnung zugehört habe?*

Tip 147. Legen Sie eine Bibliothek mit Lern- und Hilfsmitteln an, die Ihre Mitarbeiter zur Entwicklung von persönlichen Fähigkeiten und Teamfähigkeiten einsetzen können. Sammeln Sie Bücher, Leitfäden, Kassetten, Software und Proben von Schulungsmaterialien, die als Referenzmaterial genutzt werden können. Prüfen Sie

Angebote von Schulungsmaterialien, die bestellt werden können, wenn Ihr Team sie braucht.

Problem: Widerstand gegen interne Schulung und Rotation

Tip 148. Bestehen Sie darauf, daß die gegenseitige Schulung angemessen durchgeführt wird. Für den Erfolg vieler Teams sind Rotation und gegenseitige Schulung nötig. In einer idealen Teamwelt will jeder teilnehmen. Doch in der Realität reagieren einige Teammitglieder nur langsam und widersetzen sich dem Rotations- und gegenseitigen Schulungsprogramm. Wenn Rotation und gegenseitige Schulung für den Erfolg Ihres Teams wichtig sind, mag es nötig sein, die Teilnahme daran zu einer Leistungsforderung zu erheben. Der Teamleiter könnte sagen:

> *Langfristig hängt unser Erfolg von Rotation und gegenseitigem Training ab. Ich erwarte, daß alle Teammitglieder an diesem Programm teilnehmen, da es sich um eine Leistungsforderung handelt.*

Tip 149. Entscheiden Sie, was Ihr Team braucht. Einige Aufgaben eignen sich nicht für Rotationsverfahren und gegenseitige Schulung. Oft widersetzen sich Mitarbeiter der Rotation, weil sie wissen, daß dieses Verfahren in diesem Fall nicht angebracht ist. Teamleiter und Teammitglieder sollten folgende Punkte in Betracht ziehen, wenn sie entscheiden, ob eine Aufgabe Teil eines Rotationsprogramms sein soll:

- Sind die technischen Anforderungen an die Aufgabe so hoch, daß es zu lange dauert, die Kenntnisse auf einen Mitarbeiter zu übertragen, damit er erfolgreich arbeiten kann?
- Beruhen die technischen Anforderungen auf einem Schulungsprogramm, für das Unterricht im Klassenzimmer anstelle von Schulung vor Ort erforderlich ist?

Wenn diese Fragen mit ja beantwortet werden müssen, kann die betroffene Position nicht Teil eines regelmäßigen gegenseitigen Schulungsprogramms sein.

Viele widerstrebende Arbeitnehmer werden alle möglichen Gründe finden, warum ihre Position nicht Teil des gegenseitigen Schulungsprogramms sein kann. Teams sollten äußerst kritisch sein, wenn es um die Frage geht, welche Positionen nicht für das Rotations- und gegenseitige Schulungsprogramm geeignet sind. Wenn Positionen zu schnell ausgeschlossen werden, wird der langfristige Erfolg des Programms gefährdet.

Tip 150. Rotationsverfahren und gegenseitige Trainingsprogramme eignen sich gut für Entlohnungssysteme, die auf den Fähigkeiten der Mitarbeiter basieren. Arbeiten Sie mit Ihrer Personalabteilung zusammen, um ein Entlohnungssystem zu schaffen, in dem die Mitarbeiter die Möglichkeit haben, mehr zu verdienen, wenn sie weitere Fähigkeiten erlernen. Dies überwindet möglicherweise den anfänglichen Widerstand der Mitarbeiter gegen die Einführung von Rotationsprogrammen. Denken Sie an folgende Dinge:

- Schaffen Sie kein auf Fähigkeiten beruhendes Entlohnungssystem, um Arbeitnehmer zur Mitarbeit in Teams zu bewegen. Sie werden sich dann auf das Entlohnungssystem konzentrieren statt auf die Entwicklung des Teams.
- Schaffen Sie ein Team, und lassen Sie es eine Weile zusammenarbeiten, bevor Sie ein auf Fähigkeiten beruhendes Entlohnungssystem in die Tat umsetzen. Dies ermöglicht es Ihnen, die richtigen Fähigkeiten für das Programm zu identifizieren.
- Änderungen an Entlohnungssystemen brauchen lange. Seien Sie beharrlich und geduldig, was Veränderungen betrifft, die Sie vornehmen wollen.

Problem: Die Verteilung gering angesehener Arbeiten

Tip 151. Versuchen Sie, nicht angesehene Arbeiten zu eliminieren. Wenn immer dieselben Mitarbeiter diese Arbeiten leisten, werden Spannung und Ungleichheit im Team erzeugt. Wenn Sie diese Arbeiten nicht eliminieren können, vergeben Sie sie an Fremdfirmen.

Tip 152. Wenn gering angesehene Arbeiten aus dem Aufgabenbereich des Teams nicht entfernt werden können, lassen Sie sie rotieren. Erstellen Sie eine Arbeitsrotationstabelle, die für alle Teammitglieder sichtbar aufgehängt wird. Sie sollte die Namen aller Teammitglieder und die Arbeiten, die sie durchführen können, umfassen. Die Aufgaben werden dann einzig und allein auf der Grundlage, welche Teammitglieder welche Arbeiten durchführen können, rotiert. Dies gibt allen die Chance, die Arbeiten zu tun, auf die sie vorbereitet sind, und hilft ihnen, ihre persönlichen Lernziele für Arbeiten zu planen, für die ihnen zur Zeit noch die entsprechende Schulung fehlt.

Tip 153. Sprechen Sie mit den anderen Teammitgliedern, wenn Sie das Gefühl haben, daß Sie immer die unangenehmen Arbeiten übernehmen sollen. Bereiten Sie sich mit Hilfsmittel 15 (Teamkonflikte handhaben) und Hilfsmittel 13 (Grundlagen der Teamkommunikation) vor. Sie könnten sagen:

Ich habe das Gefühl, daß ich während der letzten drei Wochen alle unangenehmen Arbeiten übernommen habe. Ich bin in der Lage, auch andere Aufgaben zu übernehmen und möchte dies in der nächsten Woche auch tun.

Siehe Hilfsmittel 13: Teamkonflikte handhaben
Siehe Hilfsmittel 15: Grundlagen der Teamkommunikation

Problem: Teilwissen in vielen Bereichen, aber kein Vollwissen in einem bestimmten Bereich

Tip 154. Nehmen Sie die gegenseitige Schulung sehr ernst. Sie ermöglicht es den Teammitgliedern, Einfühlungsvermögen füreinander zu zeigen und flexibler und effektiver zu operieren. Doch diese Schulung muß richtig durchgeführt werden, da sie sonst mehr Probleme schafft als löst. Gestatten Sie es den Teammitgliedern nicht, Aufgaben zu übernehmen, für die sie nicht ausreichend qualifiziert sind. Die Qualifikation sollte sowohl Sicherheitsbestimmungen als auch technisches Wissen umfassen. Hilfsmittel 16 (Rollen und Verantwortungsbereiche der Teammitglieder) erläutert ein Verfahren, anhand dessen Ihr Team verstehen kann, wer für welche Aufgabe qualifiziert ist. Wenn Sie sehen, daß ein Teammitglied eine Arbeit übernommen hat, für die der Betroffene nicht qualifiziert ist, könnten Sie sagen:

Alex, ich weiß, daß Sie die Schulung an der XYZ-Maschine fast abgeschlossen haben und es kaum abwarten können, diese Aufgabe zu übernehmen, aber Sie sollten sie nicht bedienen, bis Mary Ihre Schulung zu Ende geführt hat.

Siehe Hilfsmittel 16: Rollen und Verantwortungsbereiche der Teammitglieder

Tip 155. Schaffen Sie realistische Erwartungen, wie lange es dauert, eine neue Fähigkeit zu erlernen, und achten Sie darauf, daß die Teammitglieder den

Zeitrahmen unterstützen. Wenn Sie sich darauf vorbereiten, ein Teammitglied zu schulen, könnten Sie sagen:

Sally, ich freue mich darauf, Sie in dem ABC-Verfahren zu schulen. Wenn Sie jede Woche zwei Stunden für die Schulung erübrigen können, wird es zwölf Wochen dauern, bis Sie mit diesem Verfahren ganz vertraut sind.

Tip 156. Die Teammitglieder sollten sich jeweils nur auf das Erlernen von einer Fähigkeit oder höchstens zwei konzentrieren. Eine Fähigkeit wird effektiver erlernt, wenn alle Energien ganz darauf konzentriert werden können. Teammitglieder melden sich häufig für möglichst viele Schulungsmöglichkeiten in der guten Absicht, in allen Fähigkeiten bewandert zu sein. Leider führt dies oft zu einer Situation, in der sie über zu viele Dinge zu wenig wissen.

Tip 157. Legen Sie genau fest, welche Aufgaben für die gegenseitige Schulung geeignet sind. In vielen Teams gibt es bestimmte Fähigkeiten, in denen nur ein paar technische Fachleute bewandert sein können. Wenn in Ihrem Team derartige Positionen vorhanden sind, können sie von der normalen Rotationsplanung ausgenommen werden.

Tip 158. Denken Sie daran, daß eine Fähigkeit im Beruf am besten beherrscht wird, wenn man sie eine bestimmte Zeitlang durchführt. Wenn es in Ihrem Team Mitarbeiter gibt, die mehrere Fähigkeiten haben, diese aber nicht gut anwenden können, sollte das Rotationsverfahren oder das gegenseitige Schulungsverfahren so abgeändert werden, daß eine Mindestzeit für die Durchführung der Aufgabe gefordert wird (diese kann, abhängig von der Komplexität der Aufgabe, von einigen Wochen bis zu einigen Jahren reichen). Es sollte auch eine Mindestanwendung in bestimmten Abständen gefordert werden, damit der Betroffene immer auf dem neuesten Stand ist (Durchführung wichtiger Aufgaben während einer bestimmten Anzahl von Tagen/Wochen pro Jahr, damit die Qualifikation nicht verlorengeht). Piloten beispielsweise müssen eine strenge Ausbildung durchlaufen, um ihren Flugschein zu erhalten, aber sie müssen auch jedes Jahr eine Mindestzahl an Stunden fliegen, um diesen Flugschein zu behalten.

Problem: Die Entwicklung von Fähigkeiten

Tip 159. Seien Sie sich bewußt, daß Menschen auf unterschiedliche Weise lernen. Etwa 60 Prozent der Menschen lernen am besten, indem sie die Dinge tun, für die sie ausgebildet werden. Die übrigen 40 Prozent lernen, gleichmäßig verteilt, nach folgenden Lernmethoden: Lesen, Sehen und Hören. Sie sollten bei der Schulung der Teammitglieder all diese Strategien (Anwenden, Lesen, Sehen und Hören) einsetzen. Sie könnten die erste Unterrichtsstunde mit einem Teamkollegen mit folgenden Worten einleiten:

Ich lerne am besten, wenn mir jemand eine Fertigkeit erklärt und dann die Gelegenheit gibt, sie selbst zu praktizieren. Wie lernen Sie am liebsten?

Tip 160. Ein wichtiger Faktor beim Lernen ist die Möglichkeit, Fehler zu machen, aus ihnen zu lernen und sie beim nächsten Versuch zu korrigieren. Ausbilder brauchen eine gehörige Portion Geduld. Oft ist es leichter, selbst einzuspringen und den Fehler zu korrigieren, statt dem Betroffenen die Möglichkeit zum Lernen zu geben. Widerstehen Sie dieser Versuchung. Zeigen Sie den Menschen, die Sie ausbilden, daß es in Ordnung ist, Fehler zu machen, indem Sie sagen:

Als ich den Umgang mit dieser Software erlernt habe, habe ich ständig Fehler gemacht. Ich möchte, daß Sie genauso vorgehen. Wenn Sie eine Frage haben, sollten Sie sie stellen, aber haben Sie keine Angst davor, etwas auszuprobieren, auch wenn es nicht gleich beim ersten Mal klappt. Ich werde dabeisein und darauf achten, daß nichts kaputt geht.

Tip 161. Melden Sie sich nicht als Ausbilder, wenn Sie die Fähigkeit, die Sie weitergeben wollen, nicht vollständig beherrschen. Ausbilder, die ihren Auftrag nicht verstehen, erzeugen nur Verwirrung.

Tip 162. Stellen Sie einen Entwicklungsplan für Fähigkeiten auf. So wissen Sie immer, welche Fähigkeiten Menschen entwickeln müssen, und gleichzeitig steht Ihnen ein Plan zur Ausbildung Ihres Teams zur Verfügung. Denken Sie daran, verschiedene Schulungsformen in Ihren Plan aufzunehmen. Der Unterricht im Klassenzimmer beispielsweise sollte nur einen Teil der Aktivität ausmachen. Schulung für die Arbeit mit dem Kunden könnte beispielsweise Unterricht im Klassenzimmer, Kundenbesuche usw. umfassen.

3.4 Kommunikation

Problem: Sich Gehör verschaffen

Tip 163. Menschen, die keine besonders hohe Position oder Stellung haben, können eine Kombination aus drei Strategien einsetzen, um sich für ihre Ideen Gehör zu verschaffen. Als erstes definieren Sie die Idee klar. Dazu gehören eine wohldurchdachte Beschreibung der Vorteile, die das Team mit der die Durchführung der Idee gewinnt, die Frage, wie sie zur Unternehmensstrategie paßt, die Nebenkosten sowie potentielle Risiken und Vorteile. Als zweites führen Sie aus, welche Unterstützung nötig ist, um die Idee zu verwirklichen. Wenn es sich dabei um Ihr Team handelt, lassen Sie dies auf die Tagesordnung einer zukünftigen Besprechung setzen. Schließlich sollten Sie Ihre Idee nicht aufgeben, wenn sie anfänglich ignoriert, umgangen oder verändert wird. Hören Sie sich die Kommentare und Anmerkungen gut an, und überlegen Sie, wie Sie diese zur Verbesserung Ihrer Idee einsetzen können. Setzen Sie sich mit Ihren Versuchen, sich für Ihre Idee Gehör zu verschaffen, durch.

Tip 164. Präsentieren Sie Ideen auf die richtige Weise. Manchmal hat die Art der Präsentation Auswirkungen darauf, wie groß die Akzeptanz durch das Team ist. Wenn Sie einen Verbesserungsvorschlag machen, vermeiden Sie es, jemandem oder irgendeinem Team Schuld für Fehler oder Versagen in der Vergangenheit zuzuweisen. Konzentrieren Sie sich auf bekannte Tatsachen, indem Sie erklären, worum es bei Ihrem Vorschlag geht und wie er das Problem lösen wird, vor dem das Team steht. Sagen Sie beispielsweise:

> *Ich habe eine Idee, die uns etwa eine Stunde pro Woche an Schreibarbeiten einsparen könnte. Möchten Sie sie hören?*

Das klingt besser, als wenn Sie sagen:

> *Ich mag diesen ganzen Schreibkram nicht. Welcher Idiot hat uns überhaupt all diese Formulare beschert?*

Tip 165. Wenn ein Verbesserungsvorschlag besonders kontrovers ist oder wahrscheinlich von mehreren Teammitgliedern bekämpft wird, ist es hilfreich, ihn vorher mit den Betroffenen zu diskutieren, bevor er dem gesamten Team vorgestellt wird. Hören Sie sich die Sorgen und Vorschläge der anderen sorgfältig an, indem Sie die unter Hilfsmittel 8 (Feedback geben und empfangen) beschriebenen

Methoden einsetzen. Versuchen Sie herauszufinden, was nötig ist, um die Unterstützung und das Engagement der Betroffenen zu erhalten. Überlegen Sie, ob Sie ihre Vorschläge in Ihre Idee einarbeiten können. Menschen unterstützen normalerweise Ideen, an deren Entwicklung sie beteiligt waren.

Siehe Hilfsmittel 8: Feedback geben und empfangen

Problem: Schlechte Kommunikation

Tip 166. Die Ursache für schlechte Kommunikation kann der Sender oder der Empfänger der Kommunikation oder eine Kombination aus beidem sein. (Normalerweise setzen sowohl Sender als auch Empfänger keine effektiven Kommunikationsfähigkeiten ein, wenn es sich um ein anhaltendes Problem handelt.) Versuchen Sie, die Quelle der schlechten Kommunikation auszumachen, und gehen Sie mit den Betroffenen gute Kommunikationsfähigkeiten durch, wie sie unter Hilfsmittel 13 (Grundlagen der Teamkommunikation) beschrieben sind.

Siehe Hilfsmittel 13: Grundlagen der Teamkommunikation

Tip 167. Wenn ein Teamkollege nicht gut mit Ihnen kommuniziert (er hört beispielsweise nicht zu, urteilt in Gesprächen zu schnell, lehnt Ihre Vorschläge schnell ab), geben Sie dem Betroffenen Feedback in bezug auf seine Kommunikation. Setzen Sie dazu effektive Feedbacktechniken ein, und konzentrieren Sie sich auf das spezifische beobachtete Verhalten und seine Auswirkungen auf Sie.

Tip 168. Stellen Sie Operationsrichtlinien auf, in denen die Kommunikationsart und die Interaktionen der Teammitglieder, so wie das Team sie sich wünscht, enthalten sind. Beziehen Sie sich auf diese Operationsrichtlinien, wenn die Kommunikation im Team nicht effektiv ist, damit die Betroffenen wieder zurück auf den richtigen Weg finden.

Tip 169. Wenn Sie mit einem anderen Menschen interagieren, ist es hilfreich, die wichtigsten Punkte aus seinen Bemerkungen neu zu formulieren. Dies bewirkt zwei wichtige Dinge:

- Auf diese Weise wird überprüft, ob Sie das Gesagte verstanden haben.
- Es zeigt dem anderen, daß Sie ihm aktiv zuhören.

Tip 170. Achten Sie darauf, daß Ihr Forum groß genug ist, damit es überhaupt zur Kommunikation kommen kann. Jedes Team sollte regelmäßig geplante Besprechungen durchführen und dafür einen entsprechenden Raum haben. Schaffen Sie gute Besprechungsbedingungen wie die unter Hilfsmittel 6 (Effektive Besprechungen abhalten) aufgeführten ein.

Siehe Hilfsmittel 6: Effektive Besprechungen abhalten

Tip 171. Stellen Sie die richtigen Fragen. Fragen, die in Gesprächen oder Interviews eingesetzt werden, können entweder dazu beitragen, zusätzliche Informationen zu gewinnen oder zum Abbruch der Interaktion führen. Wenn Sie zu einem Thema viele Informationen gewinnen wollen, ist es nützlich, offene Fragen einzusetzen. Ein Beispiel für eine offene Frage wäre: „Was gefällt Ihnen an unserem Planungssystem? Was gefällt Ihnen nicht?"

Eine offene Frage zielt auf das Warum, Wie, Was, Wann und Wer ab. Eine Frage hingegen, die mit „ja" oder „nein" beantwortet werden kann, gibt Ihnen Informationen von begrenztem Wert. Zum Beispiel: „Mögen Sie unser Planungssystem?"

Problem: Die Kontrolle von Gerüchten

Tip 172. Treten Sie Gerüchten mutig entgegen, denn Gerüchte in einem Unternehmen und/oder in einem Team können zerstörerisch sein. Wenn Sie etwas hören, das Sie für ein Gerücht halten, sollten Sie sich auf die bekannten Tatsachen konzentrieren. Stellen Sie demjenigen, der Ihnen das Gerücht erzählt, Fragen wie diese: „Woher wissen Sie, daß das stimmt?" oder „Welche für Beweise oder Sachinformationen haben Sie?"

Sie wollen verhindern, daß unwahre Gerüchte sich im ganzen Unternehmen ausbreiten, wo sie negative Auswirkungen auf die Moral haben. Stellen Sie deshalb schnell die Tatsachen klar.

Tip 173. Wenn Gerüchte ein hartnäckiges Problem sind, stellen Sie eine Operationsrichtlinie für das Team auf, in der die Teammitglieder sich verpflichten, nur Tatsachen, niemals Gerüchte zu diskutieren.

Tip 174. Wenn ein destruktives Gerücht über einen bestimmten Mitarbeiter verbreitet wird, sagen Sie es nicht weiter.

Tip 175. Wenn das Gerücht eine Angelegenheit betrifft, die für das Team äußerst wichtig ist (z. B. eine bevorstehende Neuordnung), finden Sie heraus, welcher Mitarbeiter des Unternehmens das Gerücht klären kann, und bitten ein Teammitglied, ihn direkt anzurufen. Sie können den Betroffenen auch zu Ihrer nächsten Teambesprechung einladen. Erklären Sie diesem Mitarbeiter das Gerücht, das im Umlauf ist, und bitten Sie ihn, Tatsachen zu nennen, damit die Wahrheit ans Licht kommt. Sie könnten sagen:

> *Jack, wir haben ein Problem, das uns daran hindert, unsere Aufgaben zu erledigen. Wir haben gehört, daß eine Neuordnung in Betracht gezogen wird. Würden Sie unsere Teambesprechung am Donnerstag besuchen und uns sagen, was an diesem Gerücht dran ist? Selbst wenn Sie nichts Näheres wissen, wäre es für das Team hilfreich, dies direkt von Ihnen zu hören. Wir möchten diese Angelegenheit klären, damit wir uns wieder ganz auf unsere Kunden konzentrieren können.*

Problem: Verletzte Erwartungen

Tip 176. Wenn ein Teammitglied eine Verpflichtung gegenüber dem Team gebrochen hat, ist es wichtig, als erstes zu verstehen, warum diese Verpflichtung nicht eingehalten wurde. Wenn man sich zuerst um Verständnis bemüht, wird der Wunsch, den Betroffenen zu bestrafen, verringert. Vielleicht entdeckt das Team sogar, daß es gute Gründe für das Nichteinhalten der Verpflichtung gab. Das Ziel besteht darin, die schwierige Situation, die durch das Nichteinhalten der Verpflichtung entstanden ist, zu überwinden, indem Sie positiv reagieren, statt den Betroffenen zu bestrafen.

Tip 177. Wenn Sie eine Teamverpflichtung nicht eingehalten haben, sagen Sie dies dem Team sofort. Erklären Sie genau, welche Verpflichtung Sie nicht eingehalten haben, welche Wirkung dies auf das Team haben wird und welche spezifischen Aktionen Sie durchführen werden, um die Situation zu verbessern oder zu korrigieren. Zum Beispiel:

> *Ich möchte, daß alle wissen, daß ich meine Verkaufsvorhersage nicht, wie versprochen, abgeschlossen habe. Ich weiß, daß dadurch unser Marketingplan aufgehalten wird. Ich hatte ein Problem mit meiner Software, und im Moment hilft Jim mir, meinen Computer wieder in Gang zu bringen. Ich werde die Vorhersage spätestens bis morgen früh um zehn fertiggestellt haben.*

Tip 178. Fragen Sie das Teammitglied, wie Sie helfen können. Falls nötig, ziehen Sie Mitarbeiter von weniger wichtigen Projekten ab, damit der Plan erfüllt werden kann.

3.5 Zwischenmenschliche Probleme

Problem: Ungelöste Probleme

Tip 179. Legen Sie ein klares Verfahren zur Lösung von Problemen fest. Manchmal werden Probleme einfach deshalb nicht gelöst, weil die Menschen nicht wissen, was zu tun ist, wenn Probleme auftreten. Ziehen Sie das folgende fünfstufige Verfahren für Ihr Team in Betracht:

1. Beschreiben Sie das Problem klar und präzise.

2. Suchen Sie gemeinsam nach Ursachen, die den Symptomen zugrunde liegen.

3. Suchen Sie nach möglichen Lösungen für die Hauptursachen, indem Sie das Problem aus verschiedenen Blickwinkeln betrachten. Das Brainstorming, ein Verfahren, bei dem viele Ideen genannt werden, ohne sie zu bewerten oder ihren Nutzen zu diskutieren, bis der Prozeß abgeschlossen ist, ist eine gute Möglichkeit, um mannigfaltige und kreative Methoden zu finden.

4. Wählen Sie eine praktikable Lösung und einen Aktionsplan, den alle verstehen und einhalten können.

5. Erstellen Sie als Gruppe einen Durchführungsplan, in dem aufgeführt wird, was getan werden muß, wer was tut, wann jeder Schritt durchgeführt werden muß, und der eine Liste der erforderlichen Sachmittel enthält.

Siehe Hilfsmittel 10: Teamprobleme lösen

Tip 180. Springen Sie ein und unternehmen Sie etwas. Denken Sie daran, daß alles, was Ihre Fähigkeit zur Erfüllung Ihrer Satzung behindert, ein Problem ist. Bisweilen besteht der schwerste Teil bei der Problemlösung darin, einen Ansatzpunkt zu finden. Es ist einfach, der Situation aus dem Weg zu gehen, statt als erster zu sagen, daß etwas nicht in Ordnung ist. Gehen Sie Problemen nicht aus dem Weg in der Hoffnung, daß sie von allein verschwinden. Die meisten lassen sich nicht ohne irgendeinen aktiven Prozeß lösen. Eine Möglichkeit, diesen Prozeß in Gang zu setzen, besteht in der Überprüfung der Auswirkungen, die das Problem auf die Fähigkeiten des Teams bei der Erfüllung seiner Satzung hat. Durch eine Diskussion der Satzungselemente können die Teammitglieder Gründe für Probleme erkennen und mögliche Verbesserungsbereiche spezifizieren, ohne Schuld zuzuweisen. Sie könnten sagen:

> *Ich weiß, daß einige von uns bemerkt haben, daß unser Team nicht immer mit unserem Kundendienst einer Meinung ist. Wir brauchen ihn, um unsere Satzung zu erfüllen, denn die Mitarbeiter dort geben unseren Kunden das Gefühl, geschätzt und willkommen zu sein, wenn sie uns besuchen. Ich glaube, es ist an der Zeit, über dieses Problem zu reden, um festzustellen, wie alle Betroffenen die Sache sehen, und zu entscheiden, ob deswegen etwas unternommen werden sollte.*

Tip 181. Das Lösen von Problemen sollte ein normaler Teil der Arbeit sein, nicht ein gelegentliches Ereignis. Bisweilen setzen sich Teams nicht mit Problemen auseinander, weil es schwierig ist zuzugeben, daß nicht alles nach Plan verläuft. Teammitgliedern kann es peinlich sein, Verbesserungsbedarf zuzugeben, so daß sie zögern. Dies wird noch problematischer, wenn Aktivitäten zur Lösung von Problemen selten sind oder wenn sie nur dann durchgeführt werden, wenn es sich um sehr große Probleme handelt. Statt dessen sollte diese Vorgehensweise regelmäßiger Teil Ihrer Arbeitswoche sein. Setzen Sie sie auf die Standardtagesordnung für Teambesprechungen. Stellen Sie sich den Problemen, und bitten Sie andere um Hilfe. Dies können Sie effektiv auf folgende Weise bewerkstelligen:

- Erklären Sie, wie das ursprüngliche Ziel aussah.
- Umreißen Sie die Situation für Ihre Teammitglieder kurz, und identifizieren Sie Problembereiche.
- Bitten Sie um ihre Ideen und Kommentare zur Lösung des Problems.
- Entwickeln Sie einen neuen Aktionsplan zur Korrektur der Situation, oder legen Sie fest, mit wem Sie sonst noch reden müssen, um die erforderlichen Daten oder Mittel zu erhalten.

Problem: Konflikte und Konfrontationen

Tip 182. Erkennen Sie die Anzeichen für ungelöste Probleme, und unternehmen Sie etwas. Konflikte lassen sich nicht lösen, wenn Splittergruppen vorhanden sind, wenn es Grund gibt zu glauben, daß Teammitglieder nicht ehrlich miteinander sind, wenn „Parkplatzgespräche“ oder Unterhaltungen im Betrieb häufig auftreten, aber keine offene Diskussion während der Teambesprechungen stattfindet, und wenn Teammitglieder zu wütend oder emotional reagieren. Wenn eins oder mehrere dieser Symptome auftreten, sollten Sie die Zähne zusammenbeißen und sich mit dem Konflikt auseinandersetzen, bevor er sich verschlimmert. Diskutieren Sie offen, warum dieses Problem Ihrer Meinung nach bisher noch nicht behandelt wurde, entschuldigen Sie sich, und versuchen Sie, das Team am Lösungsprozeß zu beteiligen.

Tip 183. Beginnen Sie mit einer klaren Schilderung der Situation. Es ist überraschend, wie mehrere Menschen, die in denselben Streit verwickelt sind, völlig verschiedene Sichtweisen des Geschehens und der Probleme haben. Wenn bei dem betreffenden Problem Übereinstimmung erzielt wurde, müssen die Betroffenen (oder das ganze Team) die Verantwortung für die Lösungsfindung übernehmen.

Tip 184. Setzen Sie ein geeignetes Verfahren zur Konfliktlösung ein. Auf diese Weise werden weniger Emotionen hervorgerufen. Die Handhabung von Konflikten und Konfrontationen ist für fast alle unangenehm. Menschen tun meistens alles, damit es den Anschein hat, es seien keine Konflikte vorhanden, und wir alle neigen dazu, Unstimmigkeiten, Wut und störendes Verhalten unter den Teppich zu kehren. Obwohl es fast unmöglich ist, eine solche Situation schmerzlos und angenehm zu gestalten, gibt es Werkzeuge zur Konfliktlösung, die diesen Schmerz minimieren können. Wenn der Konflikt das ganze Team betrifft, tun Sie folgendes:

- Sehen Sie den Konflikt im Verhältnis zum Gesamtzweck und zu den Zielen des Teams.
- Identifizieren Sie häufige Risiken und Vorteile.
- Legen Sie einen allgemeinen Prozeß zur Konfliktlösung fest.
- Geben Sie allen die Möglichkeit, ihre Ansichten zu Problemen, die sie betreffen, kundzutun.
- Stellen Sie Fragen, um Bedürfnisse und Erwartungen zu klären.

- Konzentrieren Sie sich auf Ursache und Wirkung – und nicht ausschließlich auf die Wirkung.
- Erhalten Sie gegenseitigen Respekt und Engagement aufrecht.
- Arbeiten Sie an den Dingen, die für das Team das Beste sind.
- Stellen Sie gemeinsam einen Verbesserungsplan auf.

Dieser gemeinsame Versuch, Verantwortung zu tragen, Verständnis zu zeigen, Lösungen zu wählen und einen Plan zu erstellen, ist der Schlüssel für den Erfolg dieses Prozesses.

Siehe Hilfsmittel 15: Teamkonflikte handhaben

Tip 185. Ändern Sie Ihre Einstellung zu Konflikten. Konfrontationen werden normalerweise mit unangenehmen Dingen und Zorn in Zusammenhang gebracht, Dingen, die auf jeden Fall vermieden werden sollten. Menschen, die erzogen wurden, Konflikten und Konfrontationen aus dem Weg zu gehen, haben gelernt, Ideen oder Einstellungen, die zu unangenehmen Dingen führen könnten, „unter den Teppich zu kehren". Doch eine solche Einstellung zögert die Klärung der Situation nur hinaus, während der zugrundeliegende Konflikt noch immer vorhanden ist und normalerweise zu späterer Zeit wieder an die Oberfläche kommt. Schließlich werden der Konflikt und der daraus resultierende Zorn wachsen und dem Team möglicherweise ernsthaft schaden, indem es in Splittergruppen zerfällt und sich Desillusionierung und Unzufriedenheit ausbreiten. Wenn man sich mit dem Konflikt nicht auseinandersetzt, hat dies viele negative Folgen und fügt dem Unternehmen vielleicht permanent Schaden zu.

Man muß diese Denkweise über Bord werfen, wenn man ein Optimum erreichen will. Konflikte können gehandhabt werden, so daß sie produktiv und nicht unangenehm sind. Normalerweise handelt es sich um einen Kampf zwischen zwei oder mehreren Menschen, die einfach unterschiedliche Ideen und Erwartungen haben, im seltensten Fall ist es ein Kampf zwischen Richtig und Falsch. Wenn wir uns über die Nützlichkeit von Konflikten klarwerden, indem wir die allerbesten Ideen finden (die ja häufig ein Produkt verschiedener Ansichten sind), lernen wir, dieses wertvolle Werkzeug im besten Interesse unseres Teams und Unternehmens einzusetzen.

Problem: Vielfalt nutzen

Tip 186. Schaffen Sie Vielfalt (z. B. Rasse, Geschlecht, Kultur, Alter, Ausbildung, körperliche Fähigkeiten, berufliche Funktion usw.) in Ihrem Team. Es ist natürlich, daß wir uns am wohlsten in der Gegenwart von Menschen fühlen, die so sind wie wir, denn sie bestätigen unsere Ansichten. Wir wissen, wie wir uns zu verhalten und was wir zu erwarten haben, und normalerweise beleidigen wir die anderen damit nicht. Daher ist es nur natürlich, Teams mit gleichgesinnten Menschen zu schaffen. Doch Teams, die sich aus Menschen mit demselben Hintergrund zusammensetzen, sind nach einiger Zeit meistens nicht mehr effektiv. Sie betrachten Probleme auf dieselbe Weise und bringen normalerweise auch dieselben Vorschläge vor. Vielfalt schafft neue Perspektiven und fördert Kreativität und Innovation in einem Team. Doch dazu ist es erforderlich, daß wir Menschen, die anders sind als wir, respektieren.

Tip 187. Respektieren Sie Ideen, die sich von Ihren Vorstellungen unterscheiden. Eine produktive und kreative Möglichkeit, auf Vielfalt zu reagieren, besteht darin, sich persönlich dazu zu verpflichten, neue Ideen nicht sofort zu bewerten, sondern sich zu bemühen, diese Ideen zu verstehen und auf ihnen aufzubauen. Es hat sich gezeigt, daß wir uns bewußt dagegen entscheiden können, Ideen sofort zu bewerten, und unsere Reaktionen auf neue Konzepte ändern können. Durch Sorgfalt in diesem Bereich werden Sie gegenüber neuen Gedanken und Perspektiven nicht nur offener und zugänglicher sein, sondern auch ein wunderbares Beispiel für andere Teammitglieder abgeben.

Tip 188. Unternehmen Sie Dinge, durch die sich das Team seiner Vielfalt bewußt wird. Manchmal fällt es Menschen schwer, Vielfalt zu schätzen, da sie nie zuvor andere Kulturen, Traditionen, Werte und Methoden kennengelernt haben. Wenn Sie beispielsweise nie mit einem Menschen anderen Glaubens oder aus einer anderen Kultur befreundet waren, wird es Ihnen schwerfallen, seine Traditionen, Verhaltensweisen und seinen Lebensstil zu verstehen.

Der Teamleiter könnte jemanden einladen, der dem Team von anderen Kulturen, Sprachen und Religionen sowie von den Glaubensvorstellungen und Vorurteilen erzählt, die man in ihnen findet. Dieser Redner kann ein Gesamtbild zum Leben erwecken und erklären, wie sich diese Vorstellungen vor langer Zeit entwickelt haben. Er kann den Teammitgliedern helfen, die Vielfalt des Teams und den Reichtum, der sich in dieser Vielfalt verbirgt, schätzen zu lernen. Schließlich kann das Team lernen, daß es wirklich nur sehr wenige „richtige und falsche" Situationen gibt und daß wir das Team durch Vielfalt stärken. Es gibt auch ausgezeichnete Schulungsaktivitäten, durch die andere Aspekte von Vielfalt verständlich werden, zu denen auch unsere eigenen unabsichtlichen Vorurteile zählen. Lassen Sie sich von Ihrem Schulungskoordinator oder einem Repräsentanten der Personalabteilung weitere Informationen geben.

Tip 189. Setzen Sie sich mit Problemen, die durch die Teamvielfalt entstehen, sofort auseinander. Selbst wenn es das Beste scheint, eine gelegentliche Bemerkung zuzulassen („wir wollen aus einer Mücke keinen Elefanten machen"), sendet jegliche Tolerierung engstirniger Denkweisen ein starkes Signal an das Team, daß es zulässig ist, andere aufgrund von Vorurteilen auszuschließen. Es ist immer angebracht, neue und andere Ideen zu unterstützen oder sich mit subtilen Vorurteilen auseinanderzusetzen. Witze über Rasse, Geschlecht, Alter, Religion oder Kultur sind in einem Team nie angebracht, selbst wenn kein Teammitglied davon direkt betroffen ist. Um gegen unqualifizierte Verhaltensweisen und Vorurteile vorzugehen, könnten Sie sagen:

Simon, ich weiß, daß Ihr Kommentar über Dana wegen Ihres Fehlens am Sabbat sie nicht verletzen sollte, aber meiner Meinung nach müssen wir anerkennen, daß ihre religiösen Verpflichtungen für sie genauso wichtig sind wie die Ihren für Sie. Wir müssen unsere verschiedenen Kulturen und Werte untereinander anerkennen, und wir sollten uns bewußt werden, daß es diese Dinge sind, die unser Team stark und erfolgreich machen.

Tip 190. Finden Sie eine gemeiname Grundlage. Das Team sollte sich aus möglichst unterschiedlichen Menschen zusammensetzen, doch sorgen Sie auch für gemeinsame Teamwerte zur Lösung von Konflikten und zur Konzentration auf dieselben Gesamtziele. Jedes Teammitglied muß in der Lage sein, die Werte des Unternehmens und des Teams zu unterstützen, und sich zu ihrer Einhaltung verpflichten, da es sich um grundlegende Dinge handelt, die allen Entscheidungen und Aktionen des Unternehmens zugrunde liegen. Ein Beispiel für Teamwerte, wie wir sie bei BFR einsetzen, sieht folgendermaßen aus:

- Tun Sie das Richtige.
- Tun Sie Dinge, die anderen helfen.
- Tun Sie diese Dinge gemeinsam.
- Tun Sie Dinge, die Sinn ergeben.

Diese Punkte und die Worte, die wir zu ihrer Erklärung und Diskussion einsetzen, sind das Wesen unseres Teams. Sie verbinden uns in jeder Situation, der wir begegnen, miteinander. Ihr Team sollte Ihre eigenen Teamwerte ebenfalls unterstützen. Satzungen, Operationsrichtlinien, Ziele und Grenzbedingungen, die an anderer Stelle erwähnt wurden, sind ebenfalls nützliche Dinge, die Ihrem Team helfen, eine gemeinsame Grundlage zu finden, auf der sich Ihre Kreativität kanalisieren und lenken läßt.

Problem: Mit Fehlern umgehen

Tip 191. Erklären Sie, daß es zulässig ist, Fehler zu machen. Die meisten Menschen, die eine Zeitlang in Unternehmen gearbeitet haben, glauben, daß sie keine Fehler machen dürfen. Sie zögern möglicherweise, neue Aufgaben zu übernehmen, eine neue Idee vorzuschlagen oder ihre Meinung zu äußern, wenn sie sich nicht sicher sind, was passiert, wenn sie ein Risiko eingehen. Obwohl uns diese Art von Verhalten allen ein Gefühl von Sicherheit und Behaglichkeit gibt, hat es in Wirklichkeit negative Auswirkungen auf die langfristige Gesundheit des Unternehmens. Dies führt dazu, daß Entscheidungen ohne das nötige Pro und Kontra getroffen werden und Vorschläge für bessere Verfahren nie auf den Tisch kommen. Neue Ideen werden aufgrund der Unterstützung durch die Teammitglieder akzeptiert und nicht aufgrund ihres Werts an sich.

Das Team kann (und sollte) sich darum bemühen, diese Denkweise zu ändern. Hier sind einige Vorschläge für Teammitglieder aufgeführt, die vor einer solchen Situation stehen:

- Eröffnen Sie eine Diskussion während einer Teambesprechung zu diesem Thema. Zitieren Sie einige Beispiele aus der jüngsten Vergangenheit, als Teammitglieder in Entscheidungsprozessen potentiell hilfreiche Ideen zurückgehalten oder nicht ihre wahren Gefühle geäußert haben (es ist eine gute Idee, dies am eigenen Beispiel zu veranschaulichen). Diskutieren Sie darüber, welche Auswirkungen dies auf die Teamleistung hat.

- Vereinbaren Sie miteinander, die eigenen Einstellungen zu überdenken, so daß Fehler nicht nur akzeptabel sind, sondern auch wichtiger Teil des Lernprozesses des Teams. Fügen Sie diese Vereinbarung den Richtlinien hinzu.

- Diskutieren Sie, welche Reaktionen und Konsequenzen Fehler zur Zeit normalerweise nach sich ziehen. Dann definieren Sie, wie Sie in der Zukunft auf Fehler reagieren wollen.
- Die Änderung von Einstellungen ist schwierig und nimmt Zeit in Anspruch. Seien Sie sich bewußt, daß Sie sich oft an diese Vereinbarungen erinnern und einander bestärken müssen.

Tip 192. Teamleiter sollten ein Beispiel setzen. Wenn Teammitglieder Angst haben, Fehler zu machen, haben sie wahrscheinlich gute Gründe dafür. Vielleicht war der Manager oder Teamleiter gegenüber Teammitgliedern, die Fehler machen, nicht besonders positiv eingestellt. Vielleicht wurden die Betroffenen in Teambesprechungen zu Negativbeispielen aufgebaut oder erhielten keine Möglichkeit, neue Dinge zu tun, bis sie „das Problem korrigiert" hatten. Wahrscheinlich ist der Teamleiter sich selbst gegenüber genauso streng, wenn er einen Fehler macht. All dies führt zu versteckten Fehlern (und sicherlich nicht zur offenen Diskussion) und schließlich zu einem Arbeitsplatz, an dem Schuldzuweisungen an der Tagesordnung sind.

Der Teamleiter kann effektiv zur Korrektur dieser Situation beitragen. Als „lebendes Beispiel" sollte er nicht nur darüber sprechen, wie es sein sollte, sondern auch durch Aktionen zeigen, daß es nicht schlimm ist, Fehler zu machen, und daß wir alle aus ihnen lernen können. Dies kann folgendermaßen geschehen:

- Sprechen Sie offen und ohne Peinlichkeit mit der ganzen Gruppe über eigene Fehler.
- Reagieren Sie freundlich und ohne negative Gefühle, wenn Fehler auftreten.
- Erinnern Sie daran, daß niemand der Meinung ist, daß die Betroffenen Fehler machen, weil sie dumm und faul sind oder dem Team schaden wollen.
- Zeigen Sie dem Betroffenen, daß er trotzdem die Möglichkeit hat, im Unternehmen weiterzukommen, und daß ein einzelner Vorfall nicht überbewertet wird.
- Helfen Sie bei der Planung zur Fehlerbehebung, damit die Teammitglieder bei der Schaffung von Lösungen einen Verbündeten haben.

Siehe Hilfsmittel 20: Ein lebendes Beispiel sein

Tip 193. Bieten Sie Coaching und Informationshilfsmittel an, damit unnötige Fehler vermieden werden und um richtig zu reagieren, wenn Fehler auftreten. Unternehmensinformationen bieten dem Team den größtmöglichen Kontext, und beim Coaching erhalten die Teammitglieder die Gelegenheit, offen mit jemandem zu sprechen, während sie Optionen prüfen und Aktionspläne entwickeln. In einer Situation, in der ein Teammitglied Unterstützung bei der Handhabung einer schwierigen Situation braucht, könnte der Teamleiter sagen:

> *Wir wollen uns die einzelnen Elemente dieser Situation ansehen. Unser Verkaufsteam hat beschlossen, daß wöchentliche anstelle der monatlichen Berichte zum Versand von Produkten von Vorteil wären. Ich glaube, Sie haben Ausgezeichnetes geleistet, als Sie Ihre Bedürfnisse überprüft und umrissen haben, wie diese Veränderung für uns alle von Vorteil ist. Außerdem haben Sie gut daran getan, eine offene und hilfreiche Beziehung zu unserer Finanzierungsgruppe aufrechtzuerhalten. Ich denke, wir könnten eine Besprechung zwischen unserem Team und dem ihren anregen und ihnen im voraus die Tagesordnung schicken, damit sie eigene Vorschläge machen können. Wir sollten darauf achten, daß auch ihre Bedürfnisse überprüft werden, und uns von ihrer Seite Vorschläge zur Lösung dieses Problems machen lassen.*

Tip 194. Setzen Sie Just-in-time-Schulung ein. Es ist normal und natürlich, daß Teams Fehler machen. Manchmal deutet dies darauf hin, daß weitere Informationen erforderlich sind. Manchmal bedeutet es auch, daß weitere Schulung nötig ist, in der Teams neue Fähigkeiten und den Einsatz neuer Werkzeuge erlernen.

Just-in-time-Schulung hat sich in Situationen, in denen das Team schnell auf einen Fehler reagieren muß, als außergewöhnlich effektiv erwiesen. Sobald also ein Mängelbereich identifiziert wird, findet man die entsprechende Schulung und setzt sie ein, um dem Team zu helfen. (Dieses Verfahren unterscheidet sich von Situationen, in denen verschiedene Schulungsprogramme als Teil eines normalen Ausbildungslehrplans geplant sind, wobei die Teammitglieder sich die erforderlichen Informationen und Fähigkeiten später ins Gedächtnis rufen müssen, wenn sie bei der Arbeit gebraucht werden.)

Um Teammitgliedern Schulungsmöglichkeiten zur Verfügung zu stellen, befassen Sie sich zuerst mit den Bereichen, in denen Fähigkeiten, Erfahrung oder Wissen gebraucht werden. Als nächstes wählen Sie das passendste Schulungsprogramm für Ihr Team aus (ein praktikables, preiswertes, leicht einzusetzendes Programm, das auf seine spezifischen Bedürfnisse ausgerichtet ist). Schließlich planen Sie die

Schulung so, daß sie die anderen Teamaktivitäten nicht stört und schnell angewandt werden kann, um Ihnen in Ihrer Situation zu helfen.

Tip 195. Unterstreichen Sie richtiges Fehlermanagement. Hier sind einige Vorschläge aufgeführt, die Sie einsetzen können, um das Team positiv zu bestärken, wenn Teammitglieder das Risiko eingehen, Fehler zu machen:

- Setzen Sie die Überprüfung von Fehlern, die gemacht wurden, regelmäßig auf die Tagesordnung, damit die Betroffenen die anderen an ihren Erfahrungen teilhaben lassen können.
- Bitten Sie den Teamleiter, über eigene Fehler zu reden und aufzuzeigen, was er durch sie gelernt hat.
- Bei den Mitarbeiterbesprechnungen des Teamleiters mit seinem Vorgesetzten sollte Zeit eingeplant werden, in der die Gründe dargelegt werden können, warum gelegentliche Fehler zulässig sind. Sie führen zu Lernerfahrungen und ermutigen, Meinungsverschiedenheiten auszutragen, die schließlich zu den besten Lösungen für das Unternehmen führen.
- Setzen Sie eine Belohnung für Teammitglieder aus, deren Fehlerlösungen dem Team eine besondere Lernerfahrung geboten haben.

Problem: Hygieneprobleme

Tip 196. Gehen Sie feinfühlig auf die Situation des Betroffenen ein. Fälle, in denen Teammitglieder ein Hygieneproblem haben, sind äußerst selten. Doch wenn sie vorhanden sind, handelt es sich wahrscheinlich um eins der schwierigsten Probleme überhaupt. Uns allen fällt es zu einem gewissen Grad schwer, die Hygieneprobleme eines Menschen zu erwähnen. Wir können der Sache aus dem Weg gehen, indem wir sie nicht weiter erwähnen und so die Gefühle des anderen nicht verletzen, aber auf diese Weise könnte sich das Ganze zu einem größeren Problem aufbauen, was schließlich zu Störungen im Team führen könnte. Jedesmal, wenn eine Situation dazu führt, daß ein Teammitglied gemieden oder lächerlich gemacht wird oder daß hinter seinem Rücken geredet wird, kann das Ganze zu einem Unternehmensproblem werden. Aus diesem Grund sind positive Aktionen erforderlich. Es folgen einige Richtlinien zur Handhabung der Situation.

- Natürlich ist es verständlich, daß Ihnen die Situation peinlich ist und daß es Ihnen nicht behagt, über die persönlichen Dinge eines anderen Menschen zu sprechen.
- Wir müssen auch daran denken, daß wir nicht qualifiziert sind, Annahmen zu äußern, warum dieses Problem besteht. So kann Mundgeruch das Ergebnis schlechter Zahnpflege sein, aber auch durch einen vereiterten Zahn, Verdauungsprobleme, Medikamente oder Ernährung hervorgerufen werden.
- Es ist wichtig, die Situation aus Sorge um den Betroffenen und Achtung für ihn zu erwähnen.
- Denken Sie daran, die Situation im Unternehmenskontext zu sehen.

Tip 197. Äußern Sie sich klar und diskret. Bei der Bewältigung eines Hygieneproblems ist Diskretion von allergrößter Bedeutung. Es gibt einige grundlegende Schritte zur Handhabung der Situation. Auf diese Weise werden die richtigen Leute informiert, und die Privatsphäre bleibt gewahrt.

- Erklären Sie eindeutig, was Sie bemerkt haben und warum Sie sich Sorgen machen, ohne mögliche Ursachen zu nennen.
- Erklären Sie, wie wichtig der Betroffene für die Gruppe ist und warum Sie der Überzeugung sind, daß Offenheit die einzig ehrliche und fürsorgliche Methode ist.
- Versichern Sie dem Betroffenen, daß die ganze Situation völlig privat ist und daß die nächsten Schritte dem Betroffenen überlassen bleiben.
- Erinnern Sie den Betroffenen an Hilfen, die ihm zur Verfügung stehen, beispielsweise eine Schwester des Krankendienstes des Unternehmens, die eine vertrauenswürdige und preiswerte Alternative sein könnte.
- Zeigen Sie, daß die Beziehung zwischen dem Betroffenen und Ihnen auf viel mehr als diesem kleinen Problem basiert. Diskutieren Sie auch andere Unternehmensfragen und verharren Sie nicht auf diesem einen Punkt. Sie könnten sagen:

  Margaret, ich muß mit Ihnen über eine Sache sprechen, die in der letzten Zeit Auswirkungen auf Ihren Umgang mit Kunden und Teammitgliedern gehabt hat, und es fällt mir wirklich nicht leicht. Ich habe festgestellt, daß Sie Mundgeruch haben, und ich möchte alles tun, um Ihnen bei diesem Problem zu helfen. Sie sind ein wirklich wichtiges Teammitglied für uns, und wir brauchen

Sie heute genau wie in der Vergangenheit. Ich übernehme gerne Ihre Telefonanrufe und helfe Ihnen bei Ihrer Kundenarbeit, wenn Sie Zeit brauchen, um das Büro zu verlassen oder den Krankendienst aufzusuchen. Sie wissen, wie wichtig Sie mir sind und wie sehr ich Sie respektiere. Natürlich bleibt dieses Gespräch unter uns. Wir können alle einmal in eine solche Situation geraten. Bitte fühlen Sie sich nicht schlecht, und machen Sie sich keine Sorgen. Ich bin mir sicher, daß es sich um eine Sache handelt, die sich korrigieren läßt.

Tip 198. Klatschen Sie nicht. Da Sie den Menschen, der das Hygieneproblem hat, respektieren, ist es wichtig, möglichst wenig über den Betroffenen oder das Problem zu sprechen. Spekulationen, Klatsch oder Absprachen sind unproduktive Verhaltensweisen, die schließlich dazu führen können, daß der Betroffene verletzt reagiert. Gehen Sie davon aus, daß das Problem gelöst wird und die Situation sich schnell normalisiert. Helfen Sie allen, sich reif und würdevoll zu verhalten.

Tip 199. Wenn auch nach Erwähnung des Problems gegenüber dem betroffenen Teammitglied keine Verbesserung eintritt und es immer noch negative Auswirkungen auf die Arbeit hat, müssen Sie die Situation möglicherweise gegenüber Ihrem Manager oder Teamleiter erwähnen (d. h. gegenüber dem, der normalerweise für die Handhabung vertraulicher Personalfragen verantwortlich ist). Er kann dann den nächsten Schritt festlegen und sich beispielsweise selbst mit dem Betroffenen unter vier Augen unterhalten. Jedes Hygieneproblem, das die Fähigkeit des Teams, seine Arbeit zu tun, negativ beeinflußt, muß korrigiert werden.

Problem: Belästigungen wegen Geschlecht oder Rasse

Tip 200. Führen Sie unannehmbare Verhaltensweisen auf, und hängen Sie die Liste auf. Begründen Sie die Unannehmbarkeit auch durch die Angabe der entsprechenden rechtlichen Grundlagen – vor allem der Rechte auf die Unantastbarkeit der Würde (GG, Art. 1) und auf Gleichbehandlung (GG, Art. 3). Dieses Denken läßt sich auf die sogenannte goldene Regel zurückführen, die da lautet: „Behandeln Sie andere so, wie Sie selbst gerne behandelt werden möchten." Sprechen Sie in Teambesprechungen offen darüber, und entscheiden Sie als Team, welche Verhaltensweisen in Ihrem Team annehmbar oder unannehmbar sind. Hängen Sie diese Liste in Ihrem Teamzimmer auf.

Tip 201. Machen Sie Antidiskriminierung für alle Teammitglieder zu einer Aufgabe. Manchmal zeigen Menschen in ihren Handlungen Vorurteile, ohne sich dessen bewußt zu sein. Helfen Sie ihnen, persönliche Verantwortung für Verhaltensweisen zur Unterstützung von Vielfalt zu verstehen und zu akzeptieren. Einige Aktionen zu diesem Zweck sind hier aufgeführt:

- Regelmäßige Diskussionen in Teambesprechungen über die Bedeutung von Vielfalt, das Bedürfnis nach individuellen Perspektiven bei der Überprüfung von Problemen und bei der Aufstellung von Plänen sowie Diskussion über den Grundwert des Teams, daß alle Menschen respektvoll behandelt werden sollten.
- Achten Sie darauf, daß alle die gleichen Chancen erhalten, neue Aufgaben zu übernehmen, mit den Kunden zu interagieren, für Gehaltserhöhungen und Beförderungen in Betracht zu kommen, zusammenzuarbeiten und Komitees zu leiten.
- Ignorieren Sie verletzte Gefühle oder anstößiges Verhalten nicht; derartige Dinge dürfen nicht auf die leichte Schulter genommen werden.
- Identifizieren Sie diskriminierende Handlungen, und schlagen Sie andere Verhaltensweisen vor (manchmal müssen diese auch mit Forderungen durchgesetzt werden). Helfen Sie den Teammitgliedern zu verstehen, daß diskriminierendes Verhalten, selbst wenn es unbeabsichtigt ist, nicht akzeptabel ist.
- Investieren Sie in Schulungen für das Team, damit die Mitglieder lernen, diskriminierendes Verhalten zu erkennen und zu ändern.
- Behandeln Sie diskriminierendes Verhalten genauso, wie Sie bei jedem anderen unannehmbaren Verhalten wie Diebstahl, Streit oder Gesetzesbruch vorgehen würden.
- Bitten Sie ein Teammitglied, darüber zu sprechen, wie es ist, wenn man diskriminiert wird. Wenn dies für den Betroffenen zu unangenehm ist, bitten Sie einen Außenstehenden, mit dem Team über solche Erfahrungen zu reden.

Tip 202. Stellen Sie eine Betriebsrichtlinie für gegenseitigen Respekt, Gleichheit und/oder Vielfalt auf. Bei der Festlegung von Richtlinien sollte Ihr Team über Ihre Auffassungen in diesem Bereich und Ihre Verpflichtung zur Nichtdiskriminierung diskutieren. Ihr Team wird nicht effektiv funktionieren, wenn Diskriminierung ein Mitglied daran hindert, dem Team seine Talente zur Verfügung zu stellen.

Siehe Hilfsmittel 2: Grundsätze, Richtlinien und Grenzen einsetzen

Tip 203. Setzen Sie sich für Ihre Rechte als Bürger und Teammitglied ein. Jedes Teammitglied muß sich bewußt sein, daß niemand Benachteiligungen aufgrund von Rasse, Geschlecht, Religion, Behinderung oder Alter tolerieren muß. Oft empfinden wir nach einiger Zeit echte Fürsorge gegenüber anderen Teammitgliedern und arbeiten hart daran, Kooperation zu fördern. Sie könnten versucht sein, diskriminierendes Verhalten, das auf Sie gerichtet ist, zu ignorieren. Doch Ihr Team wird sich nicht verbessern, wenn Sie derartige Probleme übersehen. Es bleibt zu hoffen, daß andere Teammitglieder sehen, was vor sich geht, und Ihnen zur Hilfe kommen. Leider passiert dies jedoch nicht immer. Wenn Sie das Gefühl haben, von einem Teammitglied oder einer anderen Person diskriminiert worden zu sein, sollten Sie Ihre persönlichen Gefühle nicht ignorieren. Belästigungen sollten gegenüber den entsprechenden Autoritäten angezeigt werden (normalerweise ist dies die Personalabteilung). Sie sollten folgendes wissen:

- Ihre Empfindungen sind wichtig. Es spielt keine Rolle, ob jemand „es nicht so gemeint hat“ oder „gemeint hat, daß Sie es nicht ernst nehmen würden“. Wenn das Verhalten eines anderen Sie beleidigt hat, sollten Sie auf eine Lösung der Situation drängen.

- Ein guter erster Schritt besteht darin, mit demjenigen, dessen Aussage oder Aktion Sie beleidigt hat, zu sprechen. Zeigen Sie ihm Ihre Gefühle und erklären Sie, daß Sie eine solche Situation nicht noch einmal erleben möchten. Sie können dies so ausdrücken, daß es weder verletzend noch bestrafend klingt. Sie könnten beispielsweise erklären:

  Sam, wenn Sie Witze über Frauen machen, tut mir das weh. Vielleicht merken Sie nicht einmal, daß diese Witze mich beleidigen, und deshalb sage ich es Ihnen. Bitte hören Sie auf damit.

- Sprechen Sie mit Ihrem Teamleiter über die Situation. Er ist für die Aufrechterhaltung eines Arbeitsplatzes, der frei ist von Diskriminierungen, verantwortlich. Er sollte Sie unterstützen und als Ihr Verbündeter handeln. Sie können auch die Personalabteilung um Hilfe bitten. Wenn der Teamleiter Ursache des Problems ist, sollten Sie zuerst mit der Personalabteilung reden. Läßt sich die Situation dadurch nicht lösen, sprechen Sie mit dem Chef der Personalabteilung.

- Sie müssen nicht erklären, warum Sie sich beleidigt fühlen, Sie müssen auch nicht beweisen, daß derjenige, der Sie beleidigt hat, dies absichtlich getan hat. Aber Sie müssen Ihre Gefühle kundtun.

Tip 204. Es ist für jeden Teamleiter äußerst wichtig, ein Vorbild in bezug auf Nichtdiskriminierung zu sein. Eine klare Auflistung der Werte, Verhaltensweisen, die dafür sorgen, daß alle gleich behandelt werden, und die konkrete Forderung, daß Diskriminierungen im Team nicht auftreten dürfen, sind von wesentlicher Bedeutung.

Siehe Hilfsmittel 19: Rollen und Verantwortungsbereiche des Teamleiters
Siehe Hilfsmittel 20: Ein lebendes Beispiel sein

Tip 205. Widersetzen Sie sich Diskriminierungen. Wenn Sie Zeuge einer Situation werden, in der Diskriminierung vorkommt, sollten Sie sich dazu äußern, selbst wenn Sie nicht persönlich davon betroffen sind. Wenn Sie die Situation ignorieren, werden Sie Teil des Problems. Manchmal ist es in der Tat unmöglich für denjenigen, der unfair behandelt wird, viel zu sagen, ohne als überempfindlich gebrandmarkt zu werden. Diese Menschen brauchen Ihre Hilfe. Sie könnten sagen:

> *Joe, Sie haben gerade ein paar sehr unfaire Dinge zu Fred gesagt. Er könne seine Arbeit nicht tun, weil er „die besten Jahre hinter sich hat" und „senil wird". Solche Dinge haben Sie auch schon früher zu ihm gesagt. Wahrscheinlich halten Sie das für komisch und sagen es nur aus Spaß, aber wenn ich an Freds Stelle wäre, würde es mich wirklich stören. Es ist nicht komisch, und ich möchte nicht, daß Sie ihn noch einmal so behandeln. Bitte hören Sie auf damit.*

Problem: Technische Probleme

Tip 206. Beziehen Sie technische Fachleute und andere betroffene Personen bei der Lösung technischer Probleme mit ein. Für bestimmte Probleme beispielsweise ist die Hilfe und enge Zusammenarbeit von Rechtsanwälten und juristischen Assistenten, Ärzten und Labortechnikern, Mitarbeitern des Marketings- und Verkaufsrepräsentanten oder Ingenieuren und Mitarbeitern aus der Fertigung erforderlich, selbst wenn sie nicht Mitglieder desselben natürlichen Werkgruppenteams sind. Wenn ein Problem als rein „technisch" bezeichnet und allein dem „technischen" Personal überlassen wird, bleiben viele Mitarbeiter, die über wichtige kritische Daten verfügen oder Verantwortung für die jeweilige Entscheidung tragen, außen vor. Eine Faustregel lautet, daß ein Repräsentant jeder Gruppe einbezogen werden sollte, die eine Rolle bei der Durchsetzung der während des Problemlösungsprozesses getroffenen Entscheidungen spielen. Dadurch treffen Sie bessere Entscheidungen, und die Betroffenen fühlen sich eher verpflichtet, die nötigen Verbesserungen durchzuführen.

Nehmen wir beispielsweise an, daß Ihr Unternehmen hochtechnische Instrumente herstellt. Sie entdecken, daß es bei einem Instrument, das sich bereits in den Händen der Kunden befindet, zum Versagen einer kritischen Komponente gekommen ist. Jetzt muß sich ein Team zusammensetzen, um die Situation und ihre Folgen zu diskutieren. Dieses Team würde wahrscheinlich folgende Personen umfassen:

- Zulieferer, die Materialien herstellen, die in den fehlerhaften Komponenten enthalten sind.
- Techniker aus dem Labor und aus der Fertigung, die die Komponenten gebaut haben.
- Ingenieure, die das Instrument entworfen haben.
- Mitarbeiter aus dem Verkauf, die die Instrumente an die Kunden verkauft haben.
- Planer, die die korrigierten Teile einplanen müssen, damit keine weiteren Instrumente mit diesem Problem produziert werden.
- Mitarbeiter aus dem Kundendienst, die die Kunden aufsuchen und die fehlerhaften Komponenten durch störungsfreie ersetzen müssen.
- Mitarbeiter aus der Marketingabteilung, die eine Ankündigung an die Kunden schicken und ein Ersatzprogramm entwickeln müssen, damit der Prozeß so störungsfrei wie möglich verläuft.

Das Team sollte folgende Entscheidungen treffen:

- Wer wird was tun?
- Wie sieht eine annehmbare Frist aus?
- Ersetzen wir alle Komponenten in den Instrumenten, die verkauft wurden, oder warten wir darauf, daß die Kunden uns anrufen, um ein Problem zu melden?
- Müssen wir Fachleute von außerhalb des Unternehmens mit einbeziehen?
- Wie können wir aus dieser Situation mit einem stärkeren Produkt und Vertrauen in den Namen unseres Unternehmens herauskommen?

Nur wenn das gesamte Team mit einbezogen wird, werden alle Aspekte der Situation durchdacht, so daß die bestmögliche Lösung gefunden werden kann.

Siehe Hilfsmittel 12: Aktionsplanung

Tip 207. Setzen Sie die richtigen Werkzeuge zur Problemlösung ein. Lassen Sie sich Daten geben, bevor Sie Lösungen für ein technisches Problem vorschlagen. Der Einsatz bestimmter Werkzeuge zur Problemlösung hilft Ihnen, das Problem klar zu verstehen. Wenn Sie hier Sorgfalt walten lassen, sind die Lösungen für das Problem häufig offensichtlich. Doch ohne gute Daten können Sie viel Zeit, Geld und Energie verschwenden. Wenn beispielsweise ein Ausrüstungsstück nicht richtig funktioniert, hilft der Einsatz der richtigen Werkzeuge Ihnen, spezifische Variablen zu isolieren. Treten mehr Probleme innerhalb einer Gruppe von Anwendern (potentielles Schulungsproblem), bei der Durchführung bestimmter Programme (potentielle Software-Inkompatibilität) oder unter bestimmten Umweltbedingungen (z. B. potentielle Temperatur-, Feuchtigkeits- oder Staubprobleme) auf? Die richtige Lösung hängt von der korrekten Diagnose ab. Die richtigen Werkzeuge zur Problemlösung helfen Ihnen, Muster festzulegen, die als Grundlage für Lösungen dienen. Einige Beispiele für Werkzeuge zur Lösung technischer Probleme:

- Ursache-Wirkungs-Diagramme
- Abweichungsanalyse
- Pareto-Analyse
- Arbeitsblatt für gewichtete Kriterien

Zusätzlich kann ein technisches Problem einige Auswirkungen haben, die sehr wichtig, aber nichttechnischer Art sind. Manchmal werden beispielsweise die richtigen Lösungen für bestimmte technische Probleme aufgrund anderer, durch Menschen verursachter Faktoren nicht richtig durchgeführt (wenn es beispielsweise Schwierigkeiten bereitet, andere zur Durchführung der Lösung zu bewegen). In diesen Fällen ist es hilfreich, ein Werkzeug einzusetzen, das sich auf Beziehungsprobleme, Kräfteverhältnisse oder andere nichttechnische Probleme konzentriert. Dazu wird eine Stärkefeldanalyse durchgeführt.

Siehe Hilfsmittel 11: Werkzeuge für Problemlösungen

Tip 208. Bleiben Sie im technischen Bereich immer auf dem neuesten Stand. Die Technik entwickelt sich mit unglaublicher Geschwindigkeit weiter, und allein bei den neuesten Entdeckungen und Produkten immer aktuell zu sein, bedeutet eine ungeheure Aufgabe. Auf diese Weise werden Sie jedoch in die Lage versetzt, sich mehr Lösungen für technische Probleme zu überlegen. Sie werden auch in der Lage sein, bestimmte Probleme vorherzusehen und sie bereits vor ihrem Auftreten zu lösen. Beachten Sie folgendes:

- Lesen Sie die relevanten Fachzeitschriften für Ihren Beruf.
- Einige Teammitglieder sollten hin und wieder Fachmessen besuchen.
- Laden Sie technische Fachleute ein, Präsentationen durchzuführen. Suchen Sie sich dazu die besten Experten in Ihrem Bereich aus, berichten Sie ihnen soviel wie möglich über Art und Durchführung Ihrer Arbeit, und hören Sie sich genau an, was die Fachleute dazu zu sagen haben. In vielen Unternehmen herrscht die Einstellung vor, daß Dinge, die nicht im eigenen Unternehmen entwickelt oder speziell für das Unternehmen ausgelegt wurden, nicht respektiert werden. Man kann von anderen viel lernen. Vergessen Sie nicht, Potentiale Ihrer Kunden und Lieferanten einzusetzen.
- Besuchen Sie andere Menschen, die ähnliche Aufgaben haben. Besichtigungen anderer Bereiche verhindern, daß wir uns mit unseren aktuellen Denkweisen zufriedengeben, und führen dazu, daß wir danach streben, Dinge schneller, besser, preiswerter zu tun oder Möglichkeiten zur Eliminierung unwichtiger Arbeiten zu finden. Im Gegenzug können Sie Ihren Gastgebern den Besuch Ihres Arbeitsplatzes anbieten. Es ist in der heutigen Zeit dumm, Informationen zu horten, weil sie so schnell ihre Gültigkeit verlieren. Normalerweise verliert man mehr, wenn man nicht mit anderen redet, als daß man durch Geheimhaltung gewinnt.

Problem: Mangelnde Glaubwürdigkeit oder Ehrlichkeit

Tip 209. Schaffen Sie eine Teamumgebung, die Offenheit fördert. Eine Schlüsselkomponente beim Aufbau und bei der Aufrechterhaltung eines effektiven Teams ist Vertrauen. Dazu gehört nicht nur, daß wir Versprochenes halten, sondern auch, daß wir die Wahrheit sagen und ehrlich miteinander umgehen. Glaubwürdigkeit bedeutet die Aufrechterhaltung eines gewissen Maßes an Aufrichtigkeit gegenüber den Teammitgliedern. Zensieren Sie die eigenen Kommentare nicht, um sicherzustellen, daß Sie keine Fehler machen oder daß Sie sich bei den anderen beliebt machen, indem Sie mit Ihnen einer Meinung sind. Man bezeichnet dies als „Mut zur eigenen Überzeugung“, d. h., Sie sind stark genug, für die Dinge, an die Sie glauben, einzustehen. Dies führt zu gesunden Beziehungen und den besten Entscheidungen für Ihr Unternehmen.

Manchmal sind Menschen nicht ehrlich, weil sie zu nervös oder schüchtern sind, ihre Meinung kundzutun. Vielleicht glauben sie, daß sie nicht so klug oder kenntnisreich sind wie andere Teammitglieder oder daß sie nicht alt genug sind, eine eigene Meinung zu haben. Wir treffen derartige Einstellungen sehr häufig an. Sie verhindern, daß das Beste aus den Ideen aller Teammitglieder herausgeholt wird. Statt nach Lösungen für Unternehmensfragen zu suchen, machen die Mitarbeiter sich Gedanken, wie man ihre Kommentare aufnehmen wird.
Am besten ermutigt man die Betroffenen in dieser Situation, indem man offen über die Bedeutung der Ideen und Perspektiven aller spricht. Sie könnten beispielsweise sagen:

> *Roger, wir wissen, daß Sie neu hier sind und noch keine Gelegenheit gehabt haben, bei der Auswahl eines Lieferanten mitzuwirken. Sie haben gesagt, daß Ihnen unser Verfahren gefällt. Doch wir würden gerne von Ihnen hören, wie Sie die Situation wirklich sehen – Sie haben den Vorteil, daß Sie die Sache aus einem ganz neuen Blickwinkel betrachten können, weil Sie sie zum ersten Mal erleben. Könnten Sie uns Ihre Gedanken zu unseren Auswahlkriterien mitteilen?*

An dieser Stelle ist es außerdem sehr wichtig, daß Sie die Kommentare Ihres Teammitglieds nutzen und sie mit Respekt behandeln. Wenn Sie die Beobachtungen der Betroffenen lächerlich machen oder völlig ignorieren, können Sie sich darauf verlassen, daß Sie beim nächsten Mal keine ehrliche Antwort erhalten, wenn Sie um die Meinung der anderen bitten.

Tip 210. Kämpfen Sie gegen mangelnde Aufrichtigkeit an. Manchmal sind Teammitglieder in bestimmten Situationen nicht ehrlich, weil sie versuchen, das Verfahren oder das Ergebnis zu manipulieren. Die Motive dafür können persönlicher Gewinn sein (um beispielsweise den neuen Auftrag zu erhalten) oder echte Sorge um die Vorteile für das Team (z. B. die Auffassung, daß das Team nicht erkennt, daß sein Kandidat nicht der am besten geeignete für die Aufgabe ist). In beiden Fällen handelt es sich in einem Team um unangebrachtes Verhalten, das gehandhabt und nicht ignoriert werden sollte. Dazu gibt es mehrere Möglichkeiten:

1. Ein positives Verfahren besteht darin, jemanden damit zu beauftragen, die Teamprozesse bei allen Teambesprechungen zu beobachten (Sie können diese Aufgabe sogar in einem Rotationsverfahren vergeben). Der Betroffene unterbricht die jeweiligen Besprechungen und teilt seine Beobachtungen mit, wenn ein Gruppenprozeß ungesund oder unproduktiv war. Er merkt, wenn die Diskussion in der Gruppe nicht völlig offen ist und kann dann einen anderen Weg vorschlagen, um die Sache voranzutreiben.

2. Manchmal ist das direkte Ansprechen des unaufrichtigen Teammitglieds die einzige Möglichkeit, eine Sache voranzutreiben. Sie könnten etwa folgendes sagen:

   Olga, ich bin mir nicht sicher, ob Sie ganz aufrichtig sind und uns alles sagen, was Sie auf dem Herzen haben. Gibt es da noch einige Punkte, die Sie noch nicht erwähnt haben? Schließlich sind wir ein Team und können Ihre Position erst verstehen, wenn wir mehr hören.

   Anmerkung: Eine Anmerkung zu Mitarbeitern, die versuchen, den Gruppenprozeß oder das Ergebnis zu manipulieren: Obwohl diese Menschen meistens glauben, daß sie sehr klug und raffiniert verfahren, ist ihr Verhalten für die Gruppe normalerweise viel transparenter, als sie meinen.

3. Wenn Teammitglieder absichtlich die Wahrheit verzerren, muß dies unterbunden werden. Lügen dürfen in einer Teamumgebung nicht toleriert werden. Behandeln Sie dieses Problem als Leistungsproblem. Wenn Sie einem Teammitglied nicht vertrauen können, weil es nicht die Wahrheit sagt, kann Ihre Leistung – und in extremen Fällen Ihre Sicherheit – gefährdet werden. Tolerieren Sie dies nicht.

Tip 211. Stärken Sie Ihr Kommunikationsgeschick. Es gibt Zeiten, in denen ein Teammitglied bei der Erläuterung seiner Sichtweise nicht aufrichtig scheint. Vielleicht verfügt der Betroffene nicht über einige der grundsätzlichen Kommunikationsfähigkeiten, die für effektives Arbeiten im Team notwendig sind. Jedes Teammitglied sollte über ein gewisses Grundwissen in der Kommunikation verfügen. Neue Mitglieder sollten automatisch die Gelegenheit erhalten, Schulungen für Kernteams zu besuchen, die Kommunkationsgeschick und andere wichtige Fähigkeiten und Perspektiven umfassen, um ein voll funktionsfähiges Teammitglied zu werden.

Siehe Hilfsmittel 13: Grundlagen der Teamkommunikation

Problem: Splittergruppen und Cliquen

Tip 212. Suchen Sie nach Möglichkeiten, Mitglieder verschiedener Cliquen an Aktivitäten, die das ganze Team betreffen, zu beteiligen. Variieren Sie Einsatzteams, Projekte, Schichten usw., damit alle die Gelegenheit erhalten, mit allen anderen Teammitgliedern zusammenzuarbeiten. Diese persönliche Erfahrung trägt viel dazu bei, daß die Betroffenen zum Wohl aller kooperieren und daß einige der natürlichen Konflikte, die in den Gruppen (z. B. Schichten, Aufgaben, Erfahrung usw.) auftreten, reduziert werden.

Denken Sie daran, daß Splittergruppen und Cliquen zum Alltagsleben gehören. Wir fühlen uns alle zu Menschen hingezogen, die so sind wie wir, sei es nun aufgrund der Physis, Ausbildung, Kultur oder anderer Dinge. Es ist ganz natürlich, daß Menschen, die gut miteinander zurechtkommen, sich zueinander hingezogen fühlen und mit der Zeit angenehme und vertrauensvolle Beziehungen entwickeln.

Doch die Teammitglieder sollten wissen, daß Splittergruppen und Cliquen eine destruktive Wirkung haben, wenn ihnen beispielsweise die Treue gegenüber den Splittergruppen wichtiger ist als die Treue zum Team. Oft beenden sie eine lebhafte Debatte, indem sie unliebsame Ideen blockieren, und ihre eigenen Ideen konzentrieren sich möglicherweise nur auf den Vorteil für ihre Clique und nicht darauf, was für das ganze Team am besten ist.

Um einigen dieser Probleme aus dem Weg zu gehen, sollten Teammitglieder bewußt zusammen mit anderen, mit denen die Betroffenen normalerweise nichts zu tun haben, Projekten und Komitees zugeteilt werden. Mit der Zeit werden die meisten Arbeitserfahrungen mit vielen Teammitgliedern haben, so daß sich ihre Perspektive erweitert. Sie sind dann auch aufnahmebereiter, wenn neue oder gegensätzliche Meinungen geäußert werden, weil sie die Möglichkeit hatten, mit demjenigen, der den Vorschlag unterbreitet hat, zu interagieren.

Siehe Hilfsmittel 14: Eine Atmosphäre für Teamarbeit aufbauen

Tip 213. Konzentrieren Sie sich auf gemeinsame Grundlagen: Ziele, Ergebnisse und die Teamsatzung. Es ist nützlich, die Teamsatzung zu überprüfen und als Gruppe Alternativen zur Zusammenarbeit zu diskutieren, damit Ihre Fähigkeit bei der Aufgabenerfüllung nicht durch Splittergruppen behindert wird. Die Konzentration auf diese für alle wichtigen Dinge führt bisweilen dazu, daß sich die Betroffenen über ihre speziellen Interessen hinwegsetzen. Natürlich darf es den Splittergruppen nicht gestattet werden, solide zwischenmenschliche Beziehungen und laufende Prozesse zu behindern. Wenn die Konzentration auf gemeinsame Grundlagen allein nicht ausreicht, machen Sie sich an die Problemlösung. Nach einer Diskussion und der Vereinbarung, daß die Situation geändert werden muß, trägt der Teamleiter die Verantwortung dafür, daß die Teammitglieder ihren Verpflichtungen auch tatsächlich nachkommen. Ist dies nicht der Fall, wird diese Situation wie jedes andere Leistungsproblem gehandhabt.

Tip 214. Überprüfen Sie die Teamsatzung und die Betriebsrichtlinien, und handeln Sie entsprechend. Häufig wird mit der Bildung von Cliquen – Gruppen von Menschen, die einander normalerweise ohne Rücksicht auf das Problem unterstützen – auf den Druck von Kollegen reagiert. Obwohl es bisweilen gut sein kann zu wissen, daß bestimmte Teammitglieder Sie immer unterstützen werden, kann dies für die Bemühungen des Teams insgesamt sehr destruktiv sein. Egal, ob Sie Mitglied einer Clique sind oder nur beobachten, daß es zur Cliquenbildung kommt, ist es wichtig, diese Situation zu korrigieren. Hier sind einige Schritte zur Lösung des Problems aufgeführt:

- Erkennen Sie die Existenz von Cliquen an, und überlegen Sie, warum sie sich gebildet haben, welche Vorteile sie für die Gruppenmitglieder mit sich bringen und worin ihre Wirkung auf das Team insgesamt besteht.
- Überprüfen Sie die Teamsatzung und die Bedürfnisse Ihrer Kunden bei der nächsten Teambesprechung. Als Gruppe entscheiden Sie, ob das Erreichen dieser Ziele durch die Cliquenbildung erschwert wird. Ist dies der Fall, sollten die Teamrichtlinien überprüft werden, um festzustellen, ob Gruppenverpflichtungen eingegangen wurden, die bei ihrer Einlösung das Problem lösen würden. Ist dies nicht der Fall, dann ist es angebracht, gemeinsam neue Betriebsrichtlinien zu entwickeln und das Endprodukt sorgfältig zu testen, um sicherzustellen, daß es tatsächlich die Verpflichtungen der Teammitglieder repräsentiert. Ein Beispiel für eine solche Richtlinie könnte folgendermaßen aussehen:

  Wir werden immer als Team zusammenarbeiten und persönliche Probleme und Vorlieben handhaben, wenn sie auftreten, damit nichts die Gesamtleistung des Teams bei der Erfüllung der Kundenbedürfnisse stört.

- Suchen Sie nach Möglichkeiten, die Bedürfnisse der Mitglieder, die überhaupt erst zur Cliquenbildung geführt haben, herauszufinden und damit umzugehen.

Siehe Hilfsmittel 2: Grundsätze, Richtlinien und Grenzen einsetzen

Tip 215. Setzen Sie sich mit nicht gelösten Konflikten auseinander. Manchmal werden Splittergruppen als Reaktion auf verborgene, nicht gelöste Konflikte gebildet. Wenn Emotionen in solche Situationen hineingetragen werden, kann sich Unmut und Zorn aufbauen, der bisweilen in keinem Verhältnis zu der zugrundeliegenden Situation steht. In diesen Situationen ist es wichtig, Ursache und Wirkung dieses Teamkonflikts anzuerkennen und produktiv zu handhaben. Die Symptome können folgende Dinge umfassen:

- Erhitzte Debatten über bestimmte Themen.
- Untergruppen und Splittergruppen, die sich innerhalb des Teams bilden.
- Die Mitglieder fühlen sich zwischen der Treue zum Team und der Treue zu bestimmten Teammitgliedern hin und her gerissen.

Jetzt ist es für das Team an der Zeit, den Konflikt zuzugeben. Die Teammitglieder sollten Ort, Zeitpunkt und Verfahren zur Lösung des Konflikts festlegen. Ein Verfahren, das sich in derartigen Situationen als wirkungsvoll erwiesen hat, sieht folgendermaßen aus:

- Geben Sie zu, daß der Konflikt besteht.
- Identifizieren Sie Gemeinsamkeiten, die bei allen zu dem Wunsch führen, den Konflikt zu lösen.
- Versuchen Sie, alle Seiten des Problems zu verstehen.
- Gehen Sie das Problem Schritt für Schritt an.
- Legen Sie einen Aktionsplan fest.

Siehe Hilfsmittel 15: Teamkonflikte handhaben

Problem: Der Druck von Kollegen

Tip 216. Tun Sie Ihre eigene Meinung kund, auch wenn sie sich von der Auffassung anderer Mitarbeiter in Machtpositionen unterscheidet. Wenn Sie anderer Meinung sind und schweigen, schwächen Sie die Stärke des Teams, gute Entscheidungen zu treffen. Bisweilen ist ein Team so viel Druck von einem oder zwei Teammitgliedern ausgesetzt, sich ihrer Meinung anzuschließen, daß die Betroffenen zögern, ihren Widerspruch zu äußern oder eigene Ideen vorzustellen. Dies kann dazu führen, daß sie sich dem Teamleiter beugen oder Teamentscheidungen zustimmen, die nicht ideal sind, um Konflikte mit den durchsetzungsfähigen Mitgliedern zu vermeiden. Gehen Sie dieser Versuchung aus dem Weg. Stehen Sie zu Ihrer Meinung. Sie könnten beispielsweise sagen:

> *Wir wissen, daß Sie beide davon überzeugt sind, daß wir die Ingenieure beim Einkauf von Materialien für Designprojekte nicht einbeziehen sollten. Sie sind der Meinung, daß wir die Einkäufer sind und jahrelange Erfahrung darin haben, den niedrigsten Preis und die schnellstmögliche Lieferung auszuhandeln. Sie haben erklärt, daß dies unsere Aufgabe ist und nicht die der Ingenieure. Doch ich bin der Meinung, daß dies nicht im besten Interesse unseres Unternehmens ist. Angelica hat gesagt, daß Preis, Lieferung, Materialqualität und die Fähigkeit zur Flexibilität, langfristig gesehen, für die Ingenieure wichtig sind und daß sie deshalb gerne beim Einkauf ein Mitspracherecht hätten. Ich bin auch der Meinung, daß die Ingenieure mehr Einsicht in unsere Arbeit gewinnen und sehen sollten, wie die plötzliche Veränderung von Entwürfen Auswirkungen auf die Beziehungen zu den Lieferanten und auf die Kosten hat. Ich möchte, daß die Ingenieure beim Einkauf mitwirken.*

Siehe Hilfsmittel 15: Teamkonflikte handhaben

Tip 217. Wenn bestimmte Mitarbeiter ständig versuchen, die Meinungen anderer zu beeinflussen, sollten Sie probieren, den Entscheidungsprozeß für eine Weile zu verändern. Versuchen Sie es mit der *formellen Gruppentechnik.* Anstelle einer offenen Debatte zu einem Thema schreibt jeder anonym seine Meinung zu dem Thema auf ein Blatt Papier. Vor einer Diskussion liest der Besprechungsleiter alle Meinungen laut vor. Auf diese Weisen kommen manchmal Ideen an die Oberfläche, die normalerweise aufgrund des Drucks der Meinungsführer nicht kundgetan werden.

Tip 218. Setzen Sie sich mit dem Druck, der von Kollegen ausgeübt wird, auseinander. Wenn Ihr Team sich in ausgefahrenen Gleisen bewegt und sich ein oder zwei Mitarbeiter immer durchzusetzen scheinen, ist es möglicherweise an der Zeit, etwas zu unternehmen, damit alle Teammitglieder ihre Ideen einbringen. Sie könnten sagen:

> *Etwa die Hälfte der Teammitglieder scheint an dieser Diskussion überhaupt nicht teilzunehmen. Vielleicht ist Bills Lösung tatsächlich die beste, aber eigentlich sind wir es unserem Unternehmen schuldig, alle Alternativen zu überprüfen. Ich meine, wir sollten alle noch einen weiteren Vorschlag nennen, um die bereits vereinbarten Dinge noch zu verbessern.*

Oder:

> *Offenbar haben wir den leichtesten Ausweg gewählt und uns wieder ganz auf Jim und Ed verlassen. Ich wünsche mir, daß wir uns alle aktiver darum bemühen, Entscheidungen in unserem Team zu treffen. Dies sind wir unseren Kunden schuldig. Ich werde anfangen...*

Wenn der Druck durch einige Kollegen bestimmten Teammitgliedern weh tut, sollten Sie sich näher damit befassen. Druck durch Kollegen kann positiv sein, wenn er dazu führt, daß sich alle gegenseitig anregen, das Beste für die Kunden und das Unternehmen zu tun. Doch wenn der Druck dazu führt, daß Teammitglieder diskriminiert, schikaniert oder ignoriert werden, muß man sich stärker als in den obigen Beispielen mit diesem Druck auseinandersetzen. Behandeln Sie ihn in diesem Fall als Leistungsproblem. Erklären Sie deutlich, daß Sie die Einstellung dieses Verhaltens erwarten. Geschieht dies nicht, bitten Sie Ihren Teamleiter um Hilfe.

Problem: Gehorsamkeit

Tip 219. Bewerten Sie Kommentare und Empfehlungen dem wesentlichen Inhalt nach und nicht danach, wer sie ausspricht. Eins der gefährlichsten Probleme, dem Teams ausgesetzt sind, ist gedankenlose Gehorsamkeit gegenüber Menschen in Machtpositionen. Eine Grundvoraussetzung für die Effektivität von Teams besteht darin, daß eine Entscheidung, die von der Gruppe diskutiert und bestätigt wurde, normalerweise besser ist als die Entscheidung eines einzelnen. Das kombinierte Wissen und die Erfahrungen der Gruppe sind größer als die eines einzelnen (ausgenommen sind natürlich bestimmte, seltene, hochtechnische Situationen, die nur wenige Fachleute verstehen). Doch manchmal macht ein einzelnes Teammitglied den Fehler, eine Entscheidung als Wahl zwischen Menschen statt als Wahl zwischen Optionen zu betrachten. Vielleicht glaubt der Betroffene, daß Widerspruch gegenüber einem Freund, Unternehmensführer, Gewerkschaftsvertreter oder dem Teamleiter unloyal ist. („Wenn Sie mich wirklich respektieren, dann unterstützen Sie mich.") In einem Team ist es wichtig, das Beste zu tun, unabhängig davon, wer die anderen Alternativen zur Bewertung vorschlägt.

Tip 220. Schätzen Sie Vielfalt. Die Teammitglieder sollten daran denken, daß Vielfalt innerhalb des Teams zu seiner Stärkung führt, selbst wenn es bisweilen unangenehme Augenblicke gibt, in denen die Mitglieder untereinander nicht einer Meinung sind. Wenn viele Ansichten diskutiert werden, bevor eine Vereinbarung getroffen wird, erreichen Sie eine bessere Lösung, der sich das Team stärker verpflichtet fühlt.
Einige Indikatoren, die darauf hinweisen, daß Ihr Team Vielfalt stärker schätzen sollte, umfassen folgende Dinge:

- Splittergruppen oder Cliquen, die sich im Team aufgrund von Gemeinsamkeiten, Meinungen, Freundschaften oder kulturellem Hintergrund zu bilden beginnen.
- Bestimmte Mitglieder, die sich entfremdet fühlen, weil sie in der einen oder anderen Weise anders sind.
- Neue Ideen oder Ansichten, die häufig zurückgewiesen werden, weil sie nicht zu der etablierten Handlungsweise des Teams passen.
- Teammitglieder, die normalerweise denen folgen, die sich häufig äußern oder die größte Popularität genießen, und dabei diejenigen übersehen, die zurückhaltender sind oder die Ansichten haben, die schwerer verständlich sind.
- Teammitglieder, die – subtile oder offene – Witze machen, die Meinungen, Verhalten oder Merkmale von Minderheiten diskreditieren.

Siehe Hilfsmittel 14: Eine Atmosphäre für Teamarbeit aufbauen

Tip 221. Gehen Sie Konflikten nicht aus dem Weg. Viele Menschen betrachten Konflikte als etwas Negatives und bringen sie mit Streit, Kampf und Zorn in Verbindung. Doch wenn Konflikte richtig gehandhabt werden, sind sie eine produktive Möglichkeit, Ideen gegeneinander abzuwägen, so daß die bestmöglichen Entscheidungen für das Unternehmen getroffen werden. Ursachen für Konflikte:

- Bestimmte Dinge sind den Menschen wichtig.
- Menschen sind verschieden.
- Menschen hängen voneinander ab.
- Menschen haben Erwartungen.

Dieselben vier Punkte sind auch für die engagiertesten und innovativsten Teams charakteristisch. Damit Ihr Team Erfolg hat, sollten Sie Konflikte auf konstruktive und positive Weise zum Vorteil des Teams einsetzen. Hier sind einige Schritte aufgeführt, die Sie zur Handhabung von Konflikten innerhalb des Teams unternehmen können:

- Geben Sie zu, daß Sie innerhalb des Teams Konflikte erleben.
- Entwickeln Sie eine aus einem Satz bestehende Aussage, die das Problem beschreibt, so wie Sie es sehen.
- Verkünden Sie diese Aussage vor dem Team, und bitten Sie die Teammitglieder, die Aussage zu verfeinern, so daß sie die Situation so widerspiegelt, wie sie von allen wahrgenommen wird.
- Bitten Sie alle, gemeinsam einen Plan zur Korrektur der Situation zu entwickeln und bei der Lösung des Problems Verantwortung zu übernehmen.

Siehe Hilfsmittel 15: Teamkonflikte handhaben

Problem: Nachgiebigkeit

Tip 222. Vermeiden Sie es, immer gegenüber denselben Menschen nachzugeben. So kommt es beispielsweise vor, daß Teammitglieder dem Teamleiter eher Gehör schenken als den Kommentaren anderer. In diesem Fall können Sie den Teamleiter oder den Betroffenen bitten, seine Meinung erst gegen Ende der Teamdiskussion zu äußern. Wenn Sie derjenige sind, nach dem sich die anderen normalerweise richten, hören Sie sich die Ideen der anderen sorgfältig und aufmerksam an und suchen gute Punkte heraus, die Sie unterstützen können. Betonen Sie, daß Ihre Ideen nur eine weitere Meinung sind, die vom Team in Betracht gezogen werden kann. Mit der Zeit wird sich eine Atmosphäre von Respekt für Ideen und Gleichheit entwickeln. Um eine ausgewogenere Teilnahme zu erreichen, könnte der Teamleiter etwa folgendes sagen:

Janines Idee hat mir gut gefallen. Das Konzept, die Finanzabteilung um die Erstellung eines neuen und einfacheren Berichts zu bitten, der uns wöchentlich zur Verfügung gestellt wird, ist eine großartige Idee, an die ich selbst noch gar nicht gedacht habe. Vielleicht könnten wir Janine und Merle bitten, sich mit der Finanzabteilung in Verbindung zu setzen, um ihr diesen Vorschlag zu unterbreiten?

Oder:

Ich wollte ein funktionierendes Verfahren zur Planung der Arbeit in der Fertigung vorschlagen, damit wir unseren Zeitplan einhalten können. Ich hatte gehofft, daß wir zwei Techniker aus der Mikroplättchenfertigung als Springer einsetzen könnten und daß wir aufgrund der zusätzlichen Kapazität den Auftrag mit ein paar Überstunden erfüllen könnten. Jetzt habe ich erfahren, daß sie keinen Mitarbeiter freistellen können, und ich dachte mir, daß wir als Team über einige andere Alternativen diskutieren könnten. Betty, standen Sie nicht schon einmal früher vor einer solchen Situation?

Tip 223. Brainstorming sorgt dafür, daß eine Idee nicht mit einem bestimmten Teammitglied in Verbindung gebracht wird, und erzeugt ein Gefühl von Teamverantwortung für Vorschläge. Dieser Prozeß läßt Teammitglieder kreativ denken. Er minimiert auch das Problem, daß einzelne Mitglieder immer einer bestimmten Person nachgeben. In einer modifizierten Form des Brainstormings, die bei derartigen Problemen hilft, erklärt die Gruppe erneut, worum es bei dem Thema oder Problem geht und richtet sich dann nach folgenden Regeln:

- Wir werden der Reihe nach alle am Tisch Versammelten um Ideen bitten. Wenn einer keinen Vorschlag hat, sagt er „weiter“, und der nächste wird befragt. Wir werden dies so lange fortführen, bis wir keine Ideen oder keine Zeit mehr haben.
- Während des Brainstormings können nur Fragen gestellt werden, die klären, was mit einer bestimmten Idee gemeint ist. Es dürfen keine Kommentare dazu abgegeben werden, ob eine Idee gut oder schlecht ist. Selbst verrückte Ideen sind in Ordnung. Vielleicht bringen sie einen Beteiligten auf einen Gedanken, den er normalerweise nicht gehabt hätte. Jeder Beitrag ist wichtig und wird von

dem Diskussionsleiter in einer Tabelle festgehalten, damit die Ideen für alle jederzeit sichtbar sind.

- Jeder kann auf dem Beitrag des vorherigen Sprechers aufbauen und ihn erweitern oder modifizieren, so daß neue Ideen entstehen.
- Wenn schließlich bei der weiteren Befragung alle Beteiligten „weiter“ sagen oder wenn die festgelegte Zeit abgelaufen ist, beginnt die Diskussion der Ideen. Ideen können in drei Kategorien aufgeteilt werden: „durchführbar“, „vielleicht durchführbar“ und „wahrscheinlich nicht durchführbar“. Auf diese Weise ist niemand an eine bestimmte Idee gebunden, weil jedes Teammitglied mehrere genannt hat. Jede gefundene Lösung ist das Produkt gemeinsamen Nachdenkens.

Tip 224. Achten Sie darauf, daß es im Team keine Lieblinge gibt. Bisweilen bezieht sich ein Team ständig auf die Meinung eines einzelnen, weil der Betroffene normalerweise vom Teamleiter unterstützt wird. Da die anderen Teammitglieder das Gefühl haben, daß sich diese Person sowieso durchsetzen wird, lohnt es sich für sie nicht, noch andere Vorschläge zu machen. Solches Verhalten ist ungesund und muß korrigiert werden.

Vielleicht handelt es sich bei dem Betroffenen um das älteste Teammitglied, vielleicht hat er die höchste Position inne oder verfügt über eine wichtige und einzigartige Fähigkeit. Doch manchmal sind die Gründe für die Unterstützung durch den Teamleiter auch politischer Art (der Betroffene ist beispielsweise mit einer einflußreichen Person im Unternehmen, mit dem Manager oder Teamleiter befreundet oder hat die Rolle eines „Jasagers“ übernommen). Unabhängig von der spezifischen Situation ist es Aufgabe des Teamleiters, immer fair und unvoreingenommen zu sein. Wenn er Lieblinge hat, stört dies nicht nur die Aktivitäten des Teams, sondern führt schließlich dazu, daß die Teammitglieder weniger Respekt gegenüber ihrem Teamleiter haben. Wenn Sie feststellen, daß Sie sich in einer solchen Situation befinden, sollten Sie Ihrem Teamleiter offen und ehrlich gegenübertreten. Sie könnten beispielsweise sagen:

Maria, ich habe diesen Morgen festgestellt, daß Sie Alices Vorschlag zur Planung der Sitzung für Kunden-Feedback unterstützt haben. Ich weiß, daß Alice hin und wieder gute Ideen hat, aber ich habe das Gefühl, daß Sie sie viel mehr als andere unterstützen. Aus diesem Grund unterbreite ich in Besprechungen selbst nicht gerne Vorschläge. Ich glaube, daß es keinen Zweck hat, denn normalerweise unterstützen Sie immer das, was Alice sagt, egal ob es nun der beste Vorschlag ist oder nicht. Ich glaube, das schadet unserem Team. Ich brauche Ihre Hilfe, um die Situation zu verbessern. Ihr Verhalten ist nicht richtig und verletzt unsere Betriebsrichtlinien.

Problem: Ja-Teams

Tip 225. Seien Sie geduldig und lernen Sie aus Ihren Fehlern. Neue Teams übernehmen oft mehr Verantwortung, als sie eigentlich meistern können. Sie wollen gute Arbeit leisten. Wenn Teams anfänglich gebildet werden, versuchen sie, ihre neuen Rollen und ihre Teamsatzung zu verstehen, bei der Schaffung von Richtlinien mitzuwirken, sich die ihnen auferlegten Grenzbedingungen anzuhören und in Folge ein ausgezeichnetes Produkt zu produzieren oder eine Dienstleistung von hoher Qualität zur Verfügung zu stellen. Es ist so, als ob man versucht, Fahrrad zu fahren und gleichzeitig den Reifen zu wechseln.

In dieser Zeit neigen Teams oft dazu, zu allem „ja" zu sagen. Die einzelnen Teammitglieder sind daran gewöhnt, Befehle entgegenzunehmen. Sich statt dessen aktiv an Entscheidungen zu beteiligen, ist eine schwere persönliche Herausforderung. Denken Sie daran, daß es auch zur Mitwirkung in einem Team gehört zu wissen, wann man „nein" sagen muß. Es hilft niemandem, wenn sich das Team freiwillig für Projekte oder andere Aufgaben meldet, die es nicht wie erwartet abschließen kann. Mit der Zeit sind Sie in der Lage, die Arbeitskapazität Ihres Teams besser zu beurteilen, wenn Sie den vollen Umfang Ihrer neuen Verantwortungen einschätzen können. Teamleiter sollten bei der Arbeit mit neuen Teams nicht die Geduld verlieren, sondern dies als Gelegenheit zur Hilfe sehen, damit sie sich in ihrer Verantwortung wohlfühlen und ihre Rollen innerhalb eines vernünftigen Zeitrahmens übernehmen.

Tip 226. Sorgen Sie für bessere Informations- und Analysewerkzeuge. Manchmal sagen Teams zu allem „ja", weil sie bestimmte Verfahren überhaupt nicht kennen. So wissen sie beispielsweise nicht, welche Fragen sie stellen müssen, um zu entscheiden, ob ein bestimmter Auftrag angenommen werden kann, wo sie relevante Informationen erhalten oder welche erfahrenen Personen sie um Rat fragen können.

Teams, die nicht um diese Tatsachen wissen, haben im Grunde keine andere Wahl, als zu jeder Forderung, die sich gut anhört, „ja" zu sagen, egal ob diese Forderung vom Team selbst oder von Außenstehenden stammt. Wenn Teams zusätzliche

Verantwortung übernehmen wollen, sollten sie zumindest einige Grundinformationen zu den Auswirkungen dieser Entscheidung haben. Um diese Informationen zu erhalten, können sie beispielsweise folgende Fragen stellen:

- Was müssen wir tun, um diesen Auftrag erfolgreich abzuschließen?
- Wie sieht der wahrscheinliche Gewinn oder das gewünschte Ergebnis dieses Projekts aus?
- Wieviel Zeit, Geld, Ressourcen oder andere Investitionen sind dafür erforderlich?
- Stellt der Kunde diese Forderung?
- Wie lang brauchen wir, um diese Aufgaben (zeitweise, permanent) durchzuführen?
- Welche Auswirkungen hat die Übernahme dieser Verantwortung auf unsere anderen Prioritäten?

In dieser Situation spielt der Teamleiter eine wichtige Rolle als Coach beim Aufbau von Erfahrungen und Diskussionen, die helfen, Teammitglieder in Entscheidungsfragen, Problemlösungen und Analysewerkzeugen zu schulen.

Siehe Hilfsmittel 3: Gruppenentscheidungen treffen
Siehe Hilfsmittel 10: Teamprobleme lösen
Siehe Hilfsmittel 11: Werkzeuge für Problemlösungen

Tip 227. Lernen Sie, richtig „nein“ zu sagen. Manchmal sagen Teams zu allem „ja“, weil sie nicht wissen, wie man „nein“ sagt. Sie sorgen sich wegen der Konsequenzen, die durch einen Widerspruch gegenüber dem Teamleiter oder anderen mächtigen Personen innerhalb oder außerhalb des Teams verursacht werden könnten. Vielleicht sorgen sie sich wegen negativer Folgen für ihre Karriere, oder sie versuchen, andere Leute zu beeindrucken. Doch wenn Sie „ja“ zu einer Sache sagen, die Sie schließlich doch nicht tun können, wird dies schließlich genau die umgekehrte Folge haben: die anderen verlieren ihren Respekt und das Vertrauen, das sie in das Team setzen. Es gibt Möglichkeiten, höflich und vernünftig nein zu sagen. Sagen Sie nicht: „Nein, das wollen wir nicht tun“ oder „Nein, das ist eine schlechte (dumme, naive usw.) Idee“. Eine solche Haltung kann verletzend sein. Statt dessen sagen Sie beispielsweise:

Hans, leider verfügen wir nicht über die personelle Ausstattung, um das Gewünschte diesmal zu erledigen. Wenn Sie uns in diesem Punkt helfen, werden wir es uns natürlich noch einmal überlegen. Wir würden zwei weitere Mitarbeiter für sechs Wochen brauchen.

Oder:

Wenn wir diese Aufgabe übernehmen, müssen wir das XYZ-Projekt aufgeben. Wir sind der Meinung, daß dieses Projekt für unsere Kunden wichtiger ist als der neue Auftrag.

Wenn wir behaupten, daß Teammitglieder Teil des Entscheidungsprozesses sind und uns dann ärgern, wenn sie nicht all unsere Vorschläge oder Forderungen akzeptieren, sind wir unehrlich. Es ist Aufgabe des Teamleiters, die Diskussion um Problemlösungen in einer sicheren Umgebung ablaufen zu lassen. Durch sein Verhalten sollte er immer betonen, daß das Ziel die bestmögliche Entscheidung für das Unternehmen ist. Der Teamleiter ist verantwortlich für eine beständige und faire, ergebnisorientierte Umgebung, in der Ideen ihrem wesentlichen Inhalt nach diskutiert werden. Individuelle Loyalitäten und Vorurteile haben in einer solchen Diskussion keinen Platz.

Problem: Neue Teammitglieder

Tip 228. Sorgen Sie für ein gutes Einstellungsverfahren, an dem die anderen Teammitglieder beteiligt sind. Wenn Sie vor der Entscheidung stehen, ein neues Mitglied aufzunehmen, ist es wichtig, über ein klares und verständliches Verfahren zu verfügen, das alle Beteiligten verstehen. Zuallererst muß entschieden werden, wer an diesem Verfahren beteiligt wird und welche Fähigkeiten und Stärken das Team überhaupt braucht. Legen Sie fest, welche Gesetze oder politischen Richtlinien Entscheidungen zu Neuaufnahmen in Ihrem Unternehmen beeinflussen können (normalerweise verfügt der Repräsentant der Personalabteilung über das entsprechende Wissen). Oft ist es hilfreich, wenn ein Teammitglied dieses Projekt leitet und die Verantwortung dafür übernimmt, daß alle Aufgaben rechtzeitig erledigt werden. Der Betroffene könnte sagen:

Ich möchte, daß wir alle daran mitarbeiten, den Richtigen für unser Team auszuwählen. Ich weiß, daß das neue Mitglied in sechs Wochen bei uns anfangen muß. Daher habe ich einen groben Projektplan entworfen, um die Schritte, die bis dahin zu erledigen sind, aufzuzeigen. Wir wollen gleich darüber diskutieren, um festzustellen, ob alle mit diesem Verfahren einverstanden sind, und dann können wir Freiwillige für die einzelnen Bereiche finden. Wenn wir damit fertig sind, können wir unserem Teamleiter den Plan unterbreiten, um zu sehen, was er dazu zu sagen hat.

Bei einem derartigen Verfahren fällt es leichter zu entscheiden, wer eingestellt werden sollte. Außerdem kann sich das neue Mitglied dann leichter in das Team eingliedern. Der Betroffene hat bereits einige (oder alle) Teammitglieder kennengelernt, und die am Auswahlprozeß Beteiligten werden das neue Teammitglied eher unterstützen, wenn es seine Arbeit aufnimmt.

Siehe Hilfsmittel 18: Teammitglieder auswählen

Tip 229. Sorgen Sie für ein effektives Orientierungstreffen für das neue Mitglied. Wenn das neue Mitglied ausgewählt wurde, ist es wichtig, dafür zu sorgen, daß der Betroffene einen guten Start hat. Das Team sollte diskutieren, welche Informationen er braucht und welche Schulung ihm die nötigen Fähigkeiten verleiht, um Erfolg zu haben. Normalerweise umfassen derartige Bereiche folgende Dinge:

- Ein gutes Verständnis der Teamsatzung
- Die Rolle des Neuen innerhalb der Gruppe
- Gründliche Kenntnisse der Kunden, Mitbewerber und Lieferanten der Gruppe
- Die Grenzen und Richtlinien der Gruppe
- Die normalen Gruppenprozesse (beispielsweise wöchentliche Teambesprechungen zur Überprüfung des Arbeitsablaufs usw.)
- Die erforderlichen Fähigkeiten (technische, geschäftliche und zwischenmenschliche Fähigkeiten wie effektives Verhalten in Besprechungen, gemeinsame Entscheidungen, grundsätzliche Kommunkationsfähigkeiten und ähnliches)

Ordnen Sie dem neuen Mitglied einen „Mentor" zu, dem er alle Fragen stellen kann und der persönlich die Verantwortung übernimmt, das neue Mitglied herumzuführen und es den anderen vorzustellen. Der dazu ausgewählte Ausbilder sollte Zeit einplanen, um mit dem neuen Mitglied in bestimmten neuen Bereichen zu arbeiten. Denken Sie daran, daß die Grenzen und die Satzung für den Neuling nicht so starke Bedeutung haben wie für die anderen Teammitglieder, weil er nicht an ihrer Verfassung beteiligt war. Beteiligen Sie ihn so schnell wie möglich an anderen Gruppenentscheidungen, damit er ein Zugehörigkeitsgefühl entwickelt.

Siehe Hilfsmittel 3: Gruppenentscheidungen treffen
Siehe Hilfsmittel 6: Effektive Besprechungen abhalten
Siehe Hilfsmittel 13: Grundlagen der Teamkommunikation

Tip 230. Seien Sie geduldig und hilfreich. Denken Sie daran, daß jedes neue Mitglied Zeit braucht, um sich an die Arbeit im Team zu gewöhnen. Schließlich hat es ja auch viele Monate gedauert, das Team und seine entsprechenden Rollen zu entwickeln. Daher ist Zeit und Geduld aller Beteiligten erforderlich, um ein neues Mitglied in das Team zu integrieren. Eventuell ist der Betroffene daran gewöhnt, Befehle entgegenzunehmen, und zögert vielleicht, selbst Vorschläge zu machen, weil er dies nicht für seine Aufgabe hält. Die Teammitglieder können viel tun, um zu helfen, indem sie das neue Mitglied freundlich daran erinnern, wie Dinge im Team erledigt werden, indem sie gute Rollenmodelle sind und in den jeweiligen Situation konstruktives und hilfreiches Feedback geben.

Wenn Sie feststellen, daß das neue Mitglied in den Teambesprechungen keine Vorschläge macht, könnten Sie sagen:

> *Sue, wir haben einige Überlegungen angestellt, wie wir es unseren Kunden leichter machen können, mit uns zu arbeiten. Zur Zeit rufen sie einen Mitarbeiter für Bestellungen, einen anderen wegen Änderungen des Kundendienstvertrags und einen dritten wegen anfallender Reparaturen an. Sie haben einige Erfahrung als Kundenberater, und wir wüßten gerne, wie Sie über dieses Konzept denken. Wie stehen Sie zu dem Vorschlag, den Kunden jeweils nur einen Kontaktpunkt anzubieten?*

Problem: Änderungen in der Teamleitung

Tip 231. Beteiligen Sie das Team an den Entscheidungen, wenn ein neuer Teamleiter gewählt wird. Ein Teamleiter spielt in jedem Team eine wichtige und wesentliche Rolle. Wenn der Betroffene eine andere Aufgabe übernimmt, hat dies weitreichende Auswirkungen auf das Team. Wenn nicht der richtige Ersatz gefunden wird, könnte das Team zerstört werden. Jedes Team wird vom Stil seines Leiters beeinflußt, und wenn dieser Stil zu autoritär oder zu liberal ist, werden Produktivität, Moral und Effektivität des Teams ernsthaft gefährdet. Um diese

Gefahr zu minimieren, beteiligen Sie das Team an der Wahl des neuen Teamleiters.

Die Teammitglieder sollten festlegen, welche Führungseigenschaften ihnen besonders wichtig sind und welche Werte der Leiter braucht, um das Team zu unterstützen. Stellen Sie eine Liste der gewünschten Eigenschaften, Fähigkeiten und Werte auf. Diskutieren Sie diese gründlich, und versuchen Sie, die Anzahl der Kriterien auf eine überschaubare Menge zu reduzieren (es sollten nicht mehr als zehn sein). Normalerweise ist es nicht allzu schwierig, die zehn wichtigsten Bereiche zu finden.

Als nächstes sollte die Gruppe entscheiden, ob einige dieser Dinge ein absolutes „Muß" für den Kandidaten sind. Ein Beispiel wäre der „Glaube an eine Arbeitsumgebung auf Teambasis". Diese Kriterien sollten als erforderliche Mindestanforderungen betrachtet werden, und jeder Bewerber, der sie nicht erfüllt, kommt nicht für diese Position in Betracht. Dann sollte das Team die verbleibenden Kriterien überprüfen und sie nach ihrer Bedeutung für diese Position mit 1 bis 10 Punkten bewerten.

Wenn diese wenigen Elemente in Matrixform eingesetzt werden, kann jeder Kandidat für jedes Kriterium mit 1 bis 10 Punkten bewertet werden.

Alle am Einstellungsgespräch Beteiligten erhalten eine Kopie der Kriterien und sollten an einer Diskussion über die Kriterienauswahl, die gewichtete Bedeutung und die aufgestellten „Grundvoraussetzungen" teilnehmen.

Während der Einstellungsgespräche, die unter vier Augen oder mit mehreren Gesprächspartnern gleichzeitig stattfinden, werden vorher festgelegte Fragen zusammen mit Fragen gestellt, die sich aus dem jeweiligen Gespräch logisch ergeben. Stellen Sie offene Fragen (also keine Fragen, die einfach mit ja oder nein beantwortet werden können), und verlassen Sie sich auf die Erfahrungen des Bewerbers in der Vergangenheit, nicht auf Dinge, die er in Zukunft tun will. Fragen Sie nicht: „Mögen Sie Unternehmen, die auf Teambasis arbeiten?", sondern fragen Sie statt dessen Dinge beispielsweise:

> *Können Sie uns ein Beispiel für Ihre Arbeit in einem Unternehmen auf Teambasis geben? Was hat Ihnen dort am besten gefallen und was am wenigsten?*

Wenn die Einstellungsgespräche abgeschlossen sind, setzen sich die Fragesteller zusammen, um ihre Ergebnisse zu überprüfen und ihre Meinungen zu diskutieren (dies wird als *Einsatzbesprechung* bezeichnet).

Bei dieser Besprechung befaßt sich das Team mit der Bewertung der einzelnen Bewerber auf den von Ihnen entwickelten Arbeitsblättern. Multiplizieren Sie die Bewertung mit der Rangfolge der einzelnen Kriterien. Wenn beispielsweise „Erfahrung in der Teamarbeit" mit 9 bewertet wurde und der Bewerber für dieses Kriterium 9 Punkte erhalten hat, hat der Kandidat in diesem Bereich 81 Punkte erzielt. Auf diese Weise können Sie die Gesamtbewertungen aller Kandidaten, die die „Grundvoraussetzungen" erfüllen, vergleichen.

Dieses Verfahren mag wissenschaftlich scheinen, aber es gibt dem Team, das die Einstellungsgespräche führt, ein allgemeines Bild der relativen Eignung der einzelnen Gesprächspartner. Nur durch gründliche Diskussionen und „Instinkt" werden sich alle für den richtigen neuen Teamleiter entscheiden. Ordnen Sie die Bewerber nach der erreichten Punktzahl, und teilen Sie Ihre Gedanken den anderen am Einstellungsverfahren Beteiligten mit (normalerweise ist dies die Geschäftsleitung und die Personalabteilung).

Tip 232. Bewahren Sie Ihre positive Einstellung. Der Verlust des Teamleiters ist für alle Beteiligten eine schwere Zeit. Das führt zum Nachdenken über Rollen und Verfahren, die zur Zeit eingesetzt werden, und wahrscheinlich gibt es einige Spekulationen, wie es ohne den Teamleiter laufen wird. Derartige Veränderungen sind schwer zu handhaben, und sie können für einige Teammitglieder beträchtlichen Streß verursachen und Ängste auslösen. Es ist wichtig, daß sich das Team zu diesem Zeitpunkt zusammennimmt. Die Mitglieder sollten sich gegenseitig daran erinnern, daß Spekulationen nicht produktiv sind. Es besteht kein Grund anzunehmen, daß der neue Teamleiter nicht genauso effektiv oder fürsorglich sein wird. Vielleicht erweist sich eine Veränderung der Arbeitsmethode sogar als vorteilhaft.

Die Teilnahme an der Wahl des neuen Leiters ist für diesen Übergangsprozeß hilfreich, aber nicht immer möglich. Hier sind einige Tips für diese Übergangszeit aufgeführt:

- Glauben Sie nichts, was Sie über den Betroffenen, der bald mit Ihnen arbeiten wird, gehört haben. Es ist nur die Meinung einer Person zu einem anderen Zeitpunkt und in einer anderen Situation.

- Konzentrieren Sie sich auf Ihre Aufgaben und Ihre Satzung, um die Bedürfnisse Ihrer Kunden zu erfüllen. Es ist allzu leicht, sich ablenken zu lassen und Energien, an Ängste und Vermutungen über die Zukunft zu verschwenden.
- Warten Sie nicht darauf, daß man Sie fragt, ob Sie wichtige Vorstellungen zu Ihren Bedürfnissen und Ihrer Situation haben. Vereinbaren Sie einen Termin mit dem Leiter des Einstellungsverfahrens (dem Manager Ihres Teamleiters), um ihm Ihre Kommentare und Forderungen zu übermitteln.
- Bewahren Sie eine positive Einstellung. Die Chancen stehen gut, daß der neue Teamleiter der Richtige für Ihr Team ist. Jeder verdient eine faire Chance.

Tip 233. Führen Sie eine intensive Orientierungsbesprechung mit dem neuen Teamleiter durch. Sobald der neue Teamleiter an Bord ist, sollte das Team sein Bestes geben, um zu erklären, wie die Arbeit zur Zeit gehandhabt wird. Heißen Sie den neuen Teamleiter im Team mit einer Präsentation willkommen, die Einzelheiten zur Teamsatzung, zu den Betriebsrichtlinien und Grenzbedingungen enthält sowie Informationen zu den Kunden und Lieferanten des Teams. Sprechen Sie über aktuelle Verfahren, Rollen und Verantwortungsbereiche. Schließlich führen Sie Ihre Ziele und Erfolge auf.

Sprechen Sie darüber, wie das Team eine Partnerschaft zu dem neuen Teamleiter aufbauen kann, damit der Übergang zur normalen Arbeit so glatt und schnell wie möglich verläuft.

Tip 234. Verfahren Sie bei Beförderungen mit Sensibilität und Ehrlichkeit. Wenn der neue Teamleiter aus dem Team stammt, ist die Situation etwas schwieriger. Manchmal kommt es zu Eifersüchteleien, weil die anderen Teammitglieder glauben, daß sie für die Position genauso qualifiziert seien wie der neue Teamleiter. Bisweilen hört man zynische Äußerungen, weil sich die anderen Teammitglieder an die Fehler und Unzulänglichkeiten des neuen Leiters in der Vergangenheit erinnern, und manchmal ist es einfach unangenehm, einen ehemaligen Kollegen plötzlich als Teamleiter vor sich zu haben. Oft sind derartige Situationen so schwierig, daß es für das Team und den Teamleiter das Beste ist, das beförderte Teammitglied als Leiter eines anderen Teams einzusetzen. So wird allen ein Neuanfang ermöglicht. Ist dies nicht möglich, sollte die Angelegenheit direkt angesprochen werden. Der neue Teamleiter könnte beispielsweise sagen:

Hallo zusammen. Ich muß zugeben, daß ich mich über die Wahl zum Teamleiter freue, doch ich bin mir auch bewußt, daß wir dadurch zur Zeit in einer et-

was unangenehmen Situation stecken. Ich möchte von Anfang an klarmachen, daß ich an dieses Team glaube und stolz auf alles bin, was wir über die Jahre hinweg gemeinsam erzielt haben. Ich behaupte ganz sicherlich nicht, daß ich die Antworten auf alle Probleme kenne, und ich kann von mir sagen, daß dies auch nie der Fall sein wird. Was uns zum Erfolg verholfen hat, war unsere Partnerschaft untereinander und mit Stan, unserem alten Teamleiter. Ich möchte diese Tradition fortsetzen und fordere Sie auf, mich um dieselben Hilfen beim Überwinden von Hindernissen und um dieselbe Unterstützung, die er uns gab, zu bitten.

Problem: Kündigungen

Tip 235. Wenn möglich, schaffen Sie eine Strategie von „Verteidigungsringen", um für schlechte Zeiten zu sorgen. Es bleibt zu hoffen, daß Sie diese Strategie nie einsetzen müssen, doch die Realität der heutigen Zeit sieht leider so aus, daß Ihr Unternehmen manchmal, selbst wenn Sie Ihr Bestes geben, finanzielle Schwierigkeiten hat, die Opfer fordern, damit die Firma überleben kann. Dies fällt leichter, wenn Sie mithelfen zu entscheiden, was in einer solchen Situation zu tun ist. Diese Strategie sollte bereits zu einem Zeitpunkt entwickelt werden, wenn Sie sie noch gar nicht brauchen. Sie umfaßt eine Reihe von aufeinanderfolgenden Aktionen, die in mageren Zeiten durchgeführt werden, beispielsweise die Eliminierung von Prämien, Arbeitstage ohne Entlohnung oder Gehaltskürzungen, wenn das Unternehmen rote Zahlen schreibt. Dabei müssen immer die korrekten Management-, Gewerkschafts- oder Gesetzeswege für die in diesen Diskussionen notwendige Zustimmung eingehalten werden. Bitten Sie die Personalabteilung um Hilfe. In einigen Unternehmen könnte es außerhalb Ihres Zuständigkeitsbereichs liegen, derartige Verteidigungsringe aufzubauen.

Die Reduzierung der Mitarbeiterzahl in einem Team sollte der letzte Ausweg sein. Der emotionale Schaden für die gekündigten Mitglieder und diejenigen, die im Team verblieben sind, kann das Team stark schwächen und der Effektivität eines Teams noch monatelang Schaden zufügen.

Tip 236. Sorgen Sie für emotionale Unterstützung für Mitarbeiter, die von Kündigung betroffen sind. Wahrscheinlich versuchen wir, logisch zu begreifen, daß Kündigungen manchmal notwendig sind und nicht die Leistung des einzelnen im Beruf widerspiegeln, aber immer wenn jemand eine Position unfreiwillig verlassen muß, ist dies ein schmerzhafter und emotionsgeladener Prozeß. Es ist wichtig, daß sich die Teammitglieder dessen bewußt sind, wenn sie mit dem Betroffenen umgehen. Besonders wichtig dabei ist, daß Sie dem Betroffenen nicht aus dem Weg gehen, weil Sie sich unbehaglich fühlen oder nicht wissen, was Sie sagen sollen. Einfache Kommentare, die von Herzen kommen, sind gut. Sagen Sie beispielsweise: „Shana, ich habe gerade gehört, daß man Ihnen gekündigt hat, und ich weiß nicht, was ich dazu sagen soll. Ich finde das wirklich schlimm. Ich werde Sie bei der Arbeit sehr vermissen."

Als Teammitglieder sollten Sie ehrlich sein (Sie können sagen, wie Sie sich fühlen, aber sagen Sie nie etwas, das Sie nicht wirklich glauben). Bieten Sie Ihre Unterstützung an (offerieren Sie Hilfe, die Sie auch tatsächlich anbieten wollen – manchmal ist das Angebot, daß der Betroffene Sie anrufen kann, die einzige Unterstützung, die Sie ihm bieten können), aber übernehmen Sie nicht die Verantwortung für Entscheidungen, die nicht in Ihrem Bereich liegen (wenn beispielsweise die negative finanzielle Lage Ihres Unternehmens nichts mit Ihnen zu tun hat und wenn Entscheidungen ohne Anhörung der Teammitglieder getroffen wurden, liegen diese Dinge außerhalb Ihres Verantwortungsbereichs). Übernehmen Sie die Verantwortung für Ihre eigenen Entscheidungen (Vorschläge oder Kommentare von Teammitgliedern werden bei Unternehmensentscheidungen immer berücksichtigt und haben möglicherweise sogar dazu beigetragen, Kündigungen hinauszuzögern oder sie weniger umfangreich ausfallen zu lassen).

Tip 237. Klatschen und spekulieren Sie nicht. Seien Sie sich bewußt, daß die Versuchung groß ist, die Tatsachen durch Spekulationen auszuschmücken. Auf die Dauer gesehen, sind derartige Spekulationen störend und unproduktiv und können eine ganze Reihe von negativen Äußerungen im ganzen Arbeitsbereich verursachen. Helfen Sie, derartigen Klatsch zu verhindern, indem Sie sich selbst nicht an Spekulationen beteiligen. Außerdem können Sie solides Coaching geben, wenn jemand auf Sie zukommt. Sagen Sie beispielsweise:

> *Das einzige, was wir wirklich wissen, ist, daß Shana gekündigt wurde. Wir haben keinen Grund anzunehmen, daß es zu weiteren Kündigungen kommen wird oder daß Shana ihre Stelle nicht zurückerhält, wenn wir wieder mehr Arbeit haben. Ich konzentriere mich jetzt darauf, so viel Arbeit wie möglich zu erledigen, damit das Unternehmen nicht weitere Schritte unternehmen muß.*

Problem: Geringe Teamenergie

Tip 238. Geben Sie dem Team geschäftliche Informationen. Oft konzentrieren sich Teams mit der Zeit immer mehr auf ihre Aufgaben und Aktivitäten und kümmern sich weniger um das gesamte Unternehmen und ihre Kunden. Dies kann zu einer Zunahme der Probleme beim alltäglichen Umgang mit Schwierigkeiten führen, so daß die Teammitglieder das Gesamtbild aus den Augen verlieren. Der tägliche Umgang mit Problemen wird monoton und streßbeladen.

Um derartige Situationen zu verbessern oder ihnen aus dem Weg zu gehen, halten Sie Kontakt zu Ihren Kunden und setzen sich mit anderen wichtigen Veränderungen in Ihrem Unternehmen auseinander. Hier sind einige Möglichkeiten aufgeführt, um das Energieniveau des Teams beizubehalten:

- Laden Sie einmal pro Monat den Repräsentanten einer Kundengruppe (intern oder extern) zu einer Teambesprechung ein. Er kann darüber reden, wie die Produkte des Teams eingesetzt werden und wie das Team Prozesse verbessern oder vereinfachen kann.
- Stellen Sie in einer Brainstorming-Sitzung eine Liste von wichtigen Konkurrenten des Unternehmens oder der Prozesse/Produkte des Teams auf, und ordnen Sie jedem Teammitglied einen Bereich zu, damit es sich damit auseinandersetzt. Sehen Sie örtliche Zeitungen auf Pressemeldung durch, lesen Sie Fachzeitschriften für Neuentwicklungen, sammeln Sie Werbematerial, suchen Sie das Gespräch mit anderen in Ihrem Industriezweig, besuchen Sie Messen und kaufen Sie, falls möglich, das Produkt oder die Dienstleistung Ihres Konkurrenten, um einen besseren Vergleich zu den eigenen Produkten ziehen zu können.
- Als Team überprüfen Sie den Geschäftsplan Ihres Unternehmens sowie seine Strategie während des nächsten Jahres. Vergleichen Sie Ihr Team mit anderen in Ihrem Industriezweig, suchen Sie nach Verbesserungsmöglichkeiten, Vereinfachungen oder Neuerungen, um zu gewährleisten, daß Sie in den Bereichen Technik und Kosten konkurrenzfähig bleiben.
- Laden Sie Topmanager Ihres Unternehmens zu einer Teambesprechung ein, um ihre persönlichen Visionen, ihre Anforderungen an Ihre Gruppe in der Zukunft zu diskutieren und mögliche Fragen Ihrer Gruppe zu beantworten.

Tip 239. Wenn Sie wenig Energie verspüren, weil Sie erschöpft sind, suchen Sie in einer Brainstorming-Sitzung nach Ideen zur Steigerung Ihrer Energie. Besonders wenn viele Überstunden und Wochenendarbeit geleistet wurden, ist das Energieniveau bei Teams niedrig. Die Betroffenen haben das Gefühl, daß sie nur die nötige Arbeit erledigen und keinen Fortschritt erzielen. Achten Sie auf die Symptome eines sehr geringen Energieniveaus (das sich in Richtung Burnout bewegt), und berufen Sie eine Sitzung ein, um das Team wieder auf den richtigen Weg zu bringen.

Sind Sie sich eigentlich bewußt, daß wir jetzt seit sieben Wochen kaum Zeit für unsere Familien hatten? Ich weiß, daß wir uns unseren Zielen verpflichtet fühlen, aber eine halbe Stunde Diskussion und Brainstorming hilft uns vielleicht, aus diesem Burnout-Kreislauf herauszukommen.

Es können Schritte unternommen werden, um die Situation zu analysieren und zu lösen:

- Entwickeln Sie als Team eine genaue Aufstellung der Probleme, um die Situation zu definieren (z. B.: Seit Joe und Elaine das Team verlassen haben, haben wir ohne Unterbrechung Überstunden gemacht, um unsere Ziele zu erreichen).
- Listen Sie auf einer Tafel Ideen auf, die das Problem lösen könnten (finden Sie beispielsweise heraus, ob Sie Ersatz für denjenigen bekommen können, der das Team verlassen hat; fragen Sie in anderen Teams nach, ob diese vorübergehend einen Mitarbeiter für Sie freistellen können; überprüfen Sie, ob einige Teile des Arbeitsverfahrens vorübergehend an Fremdfirmen vergeben werden können, bis sich die Situation wieder normalisiert hat; handeln Sie die Teamziele neu aus, und zwingen Sie sich, einige Tage Urlaub zu nehmen, bevor es tatsächlich zum Burnout kommt).

Tip 240. Schaffen Sie Lernmöglichkeiten. Eine wichtige Möglichkeit zum Erhalt eines hohen Energieniveaus im Team besteht darin zu gewährleisten, daß die Betroffenen die Gelegenheit haben, ständig ihre Fähigkeiten und ihr Wissen zu verbessern. Ein Team, dessen Mitglieder über vielfältige Fähigkeiten verfügen, ist viel flexibler in der Handhabung neuer Situationen (oder von Krisen bei der Einhaltung von Fristen) als Mitarbeiter, die jeweils nur eine oder zwei Aufgaben übernehmen können. Die Steigerung des Energieniveaus führt zu größerer Teamenergie. Einige Möglichkeiten zur Planung der ständigen Verfeinerung von Fähigkeiten umfassen folgende Dinge:

- Betrachten Sie jedes einzelne Teammitglied als Trainer, der die Verantwortung trägt, sein Wissen und seine Kenntnisse mit anderen zu teilen. Planen Sie Veranstaltungen, bei denen Teammitglieder andere Mitarbeiter einige ihrer besonderen Fähigkeiten lehren oder Tips, die sie gelernt haben, weitergeben.

- Sorgen Sie dafür, daß verschiedene Teammitglieder neue Verantwortungen übernehmen, wenn Sie Arbeitsbelastung und Leistung planen (auch wenn dies etwas länger dauern mag oder anfänglich Auswirkungen auf die Produktivität hat).
- Geben Sie denjenigen, die bereit sind, Neues auszuprobieren, positives Feedback, und bestrafen Sie einzelne Mitarbeiter nicht, wenn diese bei einer neuen Aufgabe Fehler machen – es ist die einzige Möglichkeit, sich weiterzuentwikkeln und zu lernen.
- Geben Sie positives Feedback an die weiter, die gewillt sind, ihre Erfahrung mit anderen zu teilen.
- Entwerfen Sie persönliche Entwicklungspläne für alle Teammitglieder. Führen Sie die Dinge auf, die innerhalb eines Jahres erlernt werden sollen sowie die erforderlichen Mittel (z. B. Schulungsmöglichkeiten, Zeit, Aufwandsentschädigung usw.).
- Schließen Sie Lehrverträge miteinander ab. Diese Verträge umfassen Vereinbarungen, wie man aus Fehlern lernt, wie gegenseitiges Training erleichtert wird, sowie die notwendigen Zeitpläne und die Finanzplanung zum Erlernen neuer Fähigkeiten.
- Nutzen Sie Kurse der Volkshochschule oder Industrie- und Handelskammer, die in Ihrer Stadt angeboten werden.
- Planen Sie andere Teams Ihres Unternehmens ein. Diese können in Ihre Abteilung kommen und Ihren Teammitgliedern in einer Präsentation darstellen, wie ihre Aufgaben aussehen (besonderer Projektstatus usw.).

Problem: Vertrauen schaffen

Tip 241. Verpflichten Sie sich, Dinge zu tun, die Vertrauen schaffen. Vertrauen ist eine wichtige Komponente jedes Teams. Es entwickelt sich nur langsam und geht leicht wieder verloren, so daß die Bemühungen aller nötig sind. Die einzige Möglichkeit, Vertrauen zu gewinnnen, besteht darin, selbst zu vertrauen. Jeder sollte sich gegenüber seinen Teammitgliedern zu folgenden Dingen verpflichten:

- Seien Sie offen und ehrlich.

- Arbeiten Sie daran, Interessenkonflikte zu eliminieren.
- Halten Sie sich an die Dinge, die Sie versprochen haben.
- Reden Sie nicht hinter dem Rücken anderer.
- Vertrauen Sie Ihren Teamkollegen.
- Entscheiden Sie sich im Zweifel für Ihre Teammitglieder, und gehen Sie davon aus, daß ihre Absichten gut sind.

Siehe Hilfsmittel 14: Eine Atmosphäre für Teamarbeit aufbauen

Tip 242. Trennen Sie ungesunde Emotionen von beruflichen Aktivitäten. Teams sind unweigerlich mit Streß belastet, was dazu führt, daß die Teammitglieder emotional reagieren. Manche Emotionen sind vorhersehbar und gesund, andere schaden den Beziehungen und schwächen das Vertrauen der Teammitglieder untereinander. Die folgenden Tips helfen dabei, andere immer respektvoll zu behandeln:

- Geraten Sie nicht in Wut.
- Demütigen Sie andere nicht.
- Beschimpfen Sie andere nicht.
- Beleidigen Sie andere nie wegen ihres körperlichen Erscheinungsbildes, auch nicht im Scherz.
- Geben Sie anderen nie die Schuld, und bringen Sie sie nicht in Verlegenheit.
- Lügen Sie nicht.
- Machen Sie die Ideen, Überzeugungen oder Aktionen anderer Menschen nicht lächerlich.

Siehe Hilfsmittel 14: Eine Atmosphäre für Teamarbeit aufbauen

Tip 243. Wenn Sie anhand bestimmter Symptome erkennen, daß Vertrauen mißbraucht wurde, sollten Sie offen darüber reden. Wenn Sie sich selbst in einer Situation befinden, in der kein Vertrauen vorhanden ist, werden Sie auf einige der folgenden Indikatoren stoßen:

- Den Teammitgliedern fällt es schwer, ehrlich miteinander umzugehen.

- Kollegen halten Informationen zurück.
- Es besteht die Neigung unter den Teammitgliedern, Schuld zuzuweisen und zu kritisieren.
- Sie haben das Bedürfnis, Ihre Spuren zu verwischen.
- Die Teammitglieder reden hinter dem Rücken anderer.

Wenn eins dieser Symptome vorhanden ist, setzen Sie sich mit der spezifischen Situation direkt auseinander und bringen das Team zurück auf den richtigen Weg. Sie könnten beispielsweise sagen:

> *Unsere Richtlinien verlangen, daß wir Probleme mit dem Betroffenen besprechen, statt uns bei einem Freund darüber zu beklagen und hinter dem Rücken des Betroffenen zu reden. Ich erinnere mich, daß wir uns alle dazu verpflichtet haben – wir haben folgendes gesagt:*
>
> - *„Nichts wird sich ändern, bis der Betroffene die Chance erhält, es zu ändern.“*
> - *„Wenn irgend jemand mit mir ein Problem hat, möchte ich es von dem Betroffenen selbst hören und nicht als Gerücht.“*
> - *„Es ist wichtig, daß wir uns alle dazu verpflichten, weil wir dann ein besseres Team sein werden (auch wenn man Mut braucht, Dinge direkt auf den Tisch zu bringen).“*
>
> *Jetzt tun wir genau das, was wir eigentlich nicht tun wollten. Wir sollten uns kurz besinnen und uns wieder dazu verpflichten, den richtigen Weg einzuschlagen. Laßt uns darüber reden, um sicherzugehen, daß diese Richtlinie noch immer gilt, obwohl wir jetzt wissen, wie schwer es ist, sie zu befolgen. Wir wollen versuchen, es besser zu machen.*

Problem: Drogen und Alkohol

Tip 244. Konzentrieren Sie sich darauf, das Verhalten zu ändern – stellen Sie keine Spekulationen über die Ursachen an. Manchmal stellen wir bei einem anderen Menschen untypische Verhaltensweisen fest. Vielleicht ignorieren wir sie, bis dasselbe Verhalten wieder an die Oberfläche kommt. Zu diesem Zeitpunkt ist es sehr verführerisch, den Schluß zu ziehen, daß der Betroffene Drogen oder Alkohol mißbraucht, und wir dringend etwas zur Lösung des Problems unternehmen sollten.

Die erste Regel in solchen Situationen lautet, das Verhalten zu beobachten, aber nicht die Ursache zu diagnostizieren. Überlassen Sie das dem Fachmann. Es ist nicht ungewöhnlich, daß derartige Verhaltensweisen durch zwei verschreibungspflichtige Medikamente, die miteinander interagieren, oder durch zuwenig Schlaf, Depressionen oder körperliche Krankheiten wie das Tourette-Syndrom oder Epilepsie verursacht werden. Beschreiben Sie dem Betroffenen das Verhalten und fragen Sie ihn, ob er Hilfe braucht (Sie könnten beispielsweise anbieten, einen Arzt anzurufen, oder auf andere Weise helfen). Sie sollten den Vorfall auch Ihrem Teamleiter melden.

Tip 245. Wenn Sie sehen, daß das Verhalten eines Teammitglieds die Sicherheit stört (der Betroffene stolpert und fällt, schläft während der Arbeit ein, bedroht einen anderen oder ähnliches), entfernen Sie ihn vom Arbeitsplatz, bevor es zu einer Verletzung oder einem ernsten Unfall kommt. Sie müssen nicht beweisen, daß er sich unter Drogen- oder Alkoholeinfluß befindet und ihn dessen auch nicht beschuldigen – Sie müssen ihm nur erklären, daß er gegen die Sicherheitsvorschriften verstößt. Normalerweise wird Ihr Teamleiter sich um alles weitere kümmern. Rufen Sie ein Taxi, oder finden Sie eine andere Möglichkeit, den Betroffenen sicher nach Hause zu bringen (ihn unter diesen Umständen selbst fahren zu lassen, wäre nicht klug, und ein Taxi ist eine bequeme Alternative). Falls dies in Ihrem Unternehmen nicht anders geregelt ist, erhält der Betroffene normalerweise für den Rest seiner Schicht sein Entgelt und sollte sich am nächsten Tag vor Beginn der Arbeit zu einem Gespräch mit dem Teamleiter einfinden.

Tip 246. Stellen Sie Ihre Erwartungen klar. Während einer Diskussion der Betriebsrichtlinien oder eines ähnlichen Themas sprechen Sie über Drogen oder Alkohol am Arbeitsplatz. Betonen Sie, daß das Team nicht diktiert, was moralisch richtig oder falsch ist, und auch den Teammitgliedern nicht vorschreibt, was sie außerhalb des Arbeitsplatzes tun. Teams müssen jedoch Richtlinien für akzeptables Verhalten während der Arbeitszeit aufstellen. Einige dieser Dinge sind vielleicht schon Teil der etablierten Firmenpolitik. Sie sollten dem Team nicht nur klarmachen, wie Ihre Erwartungen aussehen (fast alle Teams verbieten es ihren Mitgliedern aus juristischen, Sicherheits- oder Versicherungsgründen, unter dem Einfluß von nicht verschriebenen Medikamenten oder Alkohol zu arbeiten), sondern auch versichern, daß Abhängigkeit eine Krankheit ist, die erfolgreich behandelt werden kann. Das heißt, es ist nicht akzeptabel, unter dem Einfluß von Drogen oder Alkohol zur Arbeit zu kommen, aber die Teammitglieder werden den Betroffenen Hilfe anbieten und sie nicht verurteilen.

Tip 247. Benachrichtigen Sie sofort den Teamleiter. Obwohl niemand – auch der Teamleiter nicht – jemanden nur aufgrund seines Verhaltens beschuldigen kann, unter dem Einfluß von Drogen oder Alkohol zu arbeiten, ist jeder Verdachtsmoment eine ernste Situation, in der sofort gehandelt werden sollte. Im minderschweren Fall können solche Verhaltensweisen die Effektivität des Teams behindern, aber wenn das Verhalten durch Alkohol oder Drogen verursacht wird, kann es lebensbedrohlich sein, falls dadurch Sicherheitsprobleme verursacht werden.

Normalerweise setzt sich der Teamleiter mit dem Betroffenen zusammen, unterhält sich mit ihm über Beispiele unpassenden Verhaltens und erklärt eindeutig, daß dieses Verhalten nicht akzeptabel ist und zu Disziplinarmaßnahmen führen kann, wenn es nicht sofort korrigiert wird. Außerdem erklärt er die Unternehmenspolitik in bezug auf Alkohol- und Drogenmißbrauch, falls der Betroffene in diesem Bereich Hilfe braucht. Ein solches Gespräch könnte folgendermaßen ablaufen:

Clint, leider muß ich mit Ihnen über ein paar Leistungsprobleme reden, die mir während der letzten Wochen aufgefallen sind. Zwei Ihrer Teamkollegen sorgen sich um Sie und sind zu mir gekommen, und ich habe selbst beobachtet, daß Sie sich merkwürdig verhalten haben. So sind Sie beispielsweise am letzten Freitag nach dem Mittagessen an Ihrer Maschine eingeschlafen. Ihre Augen waren geschlossen, und Sie scheinen mehr als 10 Minuten fest geschlafen zu haben. Am Dienstag kamen Sie nach der Pause zurück und begannen, Elaine zu kritisieren. Dabei sind Sie so laut geworden, daß ich dachte, Sie würden gleich ausholen. Manchmal sprechen Sie mit undeutlicher Stimme, und Ihre Sätze ergeben nicht immer einen Sinn – beispielsweise in der Besprechung in der letzten Woche, als wir über den Ersatzteilmangel diskutiert haben. Außerdem sind Sie an den letzten drei Montagen jedesmal zu spät gekommen.

Clint, dieses Verhalten ist nicht akzeptabel, und das Team kann nicht ständig Ihre Fehler decken. Wir sind alle voneinander abhängig. Außerdem hat die Sicherheit in jedem Arbeitsbereich mit Schwermaschinen große Bedeutung, und jede Übertretung der Sicherheitsvorschriften muß entsprechend der Firmenpolitik gehandhabt werden. Wenn Sie sich weiterhin so verhalten, muß ich einen Bericht über Sie schreiben und ein progressives Disziplinarverfahren einleiten.

Falls sich dieses Verhalten in irgendeiner Weise auf ein anderes Problem bezieht, möchte ich Sie daran erinnern, daß Alkoholismus und Drogenabhängigkeit Krankheiten sind, die behandelt werden können. Das Unternehmen wird Sie darin unterstützen, wenn dies oder eine andere gesundheitliche Störung Ihrer Meinung nach Teil des Problems ist und Sie sich behandeln lassen wollen. Doch ich bin nicht qualifiziert zu sagen, daß dies tatsächlich die Ursache des Problems ist – ich möchte Ihnen nur mitteilen, wie unsere Firmenpolitik in dieser Frage aussieht, falls Ihnen dies hilft.

In dieser Situation ist es Sache des Teammitglieds, sein Verhalten von sich aus zu korrigieren oder zu erklären, daß es Hilfe zur Korrektur dieses Verhaltens braucht.

Tip 248. Helfen Sie Menschen, die Hilfe brauchen. Wenn ein Teammitglied sich Ihnen anvertraut und erklärt, daß es ein Drogen- oder Alkoholproblem hat, ist es sehr verführerisch zu sagen, daß Sie es nicht weitererzählen werden, so wie es ein echter Freund tun würde. Doch wenn sich diese Abhängigkeit in irgendeiner Weise während der Arbeit bemerkbar gemacht hat, bringt der Betroffene gleichzeitig das übrige Team in Gefahr. Es ist für Ihren Freund nicht von Vorteil, wenn Sie das Geheimnis wahren. Ermutigen Sie ihn statt dessen, sich helfen zu lassen, denn dieser Kampf ist für einen einzelnen Menschen zu schwer.

Erklären Sie Ihrem Freund, daß Sie am liebsten mit ihm zu Ihrem Teamleiter gehen würden, um über die Situation zu sprechen und gemeinsam herauszufinden, welche Lösungsmöglichkeiten sich anbieten. Wahrscheinlich wird der Betroffene von dieser Vorstellung nicht gerade begeistert sein, doch mit ein wenig Logik und der Versicherung, daß niemand über ihn lachen wird (und daß er statt dessen Hilfe und Unterstützung findet), wird er diesem Plan vielleicht zustimmen.

Wenn der Betroffene nicht bereit ist, um Hilfe zu bitten, können Sie ihm sagen, wie das Team eine derartige Situation sieht und daß Sie Ihrer Meinung nach deshalb den Teamleiter aufsuchen müssen. Jetzt ist es an der Zeit, Härte zu zeigen. Wenn es Ihnen nicht gelingt, Ihrem Freund zu helfen, daß er erkennt, wie ernst derartige Probleme sind, ist es mit Ihrer Freundschaft nicht weit her. Zumindest sollten Sie ihn ermutigen, zum Arzt zu gehen. Der Arzt sorgt dann normalerweise dafür, daß der Teamleiter über den Behandlungsfortschritt informiert wird, so daß Ihr Freund die nötige Hilfe erhält.

Tip 249. Wenn Sie sehen, wie jemand während der Arbeit Alkohol oder Drogen zu sich nimmt, oder wenn Sie Alkohol und Drogen an Ihrem Arbeitsplatz finden, ist es wichtig, den Teamleiter davon in Kenntnis zu setzen. In fast jedem Unternehmen gibt es strenge schriftliche Richtlinien zum Drogen- und Alkoholkonsum, und diese müssen befolgt werden, um die Sicherheit aller Mitarbeiter zu gewährleisten und qualitativ einwandfreie Produkte herzustellen. Die meisten Teams werden in Richtlinien und Diskussionen um Teamwerte über derartige Situationen gesprochen haben, und es wird niemanden überraschen, wenn es Ihnen wichtig ist, eine solche Situation zu korrigieren. Wenn Sie Zeuge von derartigem Verhalten sind, ist es Ihre Aufgabe, die Informationen, die Sie haben, weiterzugeben.

Normalerweise setzt sich dann der Teamleiter mit dem Betroffenen auseinander und sagt, daß er weiß, daß Drogen oder Alkohol am Arbeitsplatz konsumiert wurden und daß die Situation entsprechend der Unternehmenspolitik gehandhabt wird.

3.6 Besprechungen

Problem: Langwieriger Entscheidungsprozeß

Tip 250. Schreiben Sie die Hauptdiskussionspunkte an die Tafel. Es kann frustrierend sein, lange für eine Entscheidung zu brauchen. Versuchen Sie es auf diese Weise: Wenn eine schwierige Entscheidung mit Teamkollegen ansteht, schreiben Sie während der Diskussion Schlüsselpunkte an die Tafel, so daß alle sie sehen können. Durch die Niederschrift ist es leichter, die besten Ideen noch einmal zu überprüfen und die schlechten zu verwerfen. Dies führt zu einer schnelleren Entscheidungsfindung bei dem diskutierten Punkt. Sagen Sie beispielsweise:

> *Wir wollen ein Teammitglied bitten, die Schlüsselpunkte der Diskussion an die Tafel zu schreiben, während wir über eine Entscheidung diskutieren. Danke, Marie, daß Sie diese Aufgabe heute übernehmen. Ich werde es beim nächsten Mal tun.*

Siehe Hilfsmittel 6: Effektive Besprechungen abhalten

Tip 251. Stimmen Sie ab, wenn Sie sich nicht einigen können. Normalerweise ist eine Übereinstimmung im Team immer vorzuziehen. In diesem Fall kommt das Team zu einer Entscheidung, die jeder unterstützen kann, auch wenn es vielleicht nicht die erste Wahl aller Teammitglieder ist. Doch bisweilen werden Teams blockiert, weil sie keine Übereinstimmung erzielen können. In einem solchen Fall sollten Sie eine Abstimmung durchführen. Denken Sie daran, daß diejenigen, die überstimmt werden, das Ergebnis wahrscheinlich nicht unterstützen werden. Doch durch eine vernünftige Diskussion mit allen Teilnehmern wird eine Abstimmung des Teams zu einer Entscheidung führen, mit der die meisten einverstanden sind und mit der sie leben können. Vermeiden Sie dieses Vorgehen bei wirklich wichtigen Entscheidungen, sondern diskutieren Sie sie statt dessen aus. Vermeiden Sie auch einstimmige Entscheidungen, bei denen es sich in Wirklichkeit um Übereinstimmungen handelt. Bei einem schwierigen Problem kann eine einstimmige Entscheidung nicht in angemessener Zeit erzielt werden. Bei einer Abstimmung könnten Sie sagen:

> *Ich sehe, daß wir für diese Diskussion und Entscheidung viel Besprechungszeit verloren haben. Wir wollen über die beiden besten Vorschläge abstimmen.*

Siehe Hilfsmittel 3: Gruppenentscheidungen treffen

Tip 252. Setzen Sie nach einer langen Diskussion eine Teamumfrage zu einer Entscheidung ein. Eine *Teamumfrage* ist eine unverbindliche Wahl, die es den Beteiligten ermöglicht zu erklären, welche Entscheidung sie jetzt aufgrund der zur Verfügung stehenden Informationen treffen würden. Dies hilft den Betroffenen, wieder auf den rechten Weg zu kommen, speziell in Situationen, in der sich der Entscheidungsprozeß hinzieht und sich die Teammitglieder zu wiederholen scheinen. Oftmals versuchen die Beteiligten alles, um einander von Dingen zu überzeugen, bei denen bereits Einigung besteht. Überprüfen Sie dies. Zur Durchführung der Teamumfrage sagen Sie:

> *Wie ich sehe, diskutieren wir mehrere Punkte jetzt bereits seit einiger Zeit immer wieder durch. Vielleicht sollten wir die Beteiligten der Reihe nach befragen, wie sie stimmen würden, wenn die Entscheidung jetzt gefällt werden müßte. Wenn wir einer Meinung sind, gehen wir zum nächsten Punkt auf der Tagesordnung über. Wenn nicht, diskutieren wir weiter. Ich fange an. Meiner Meinung nach sollten wir Janets Plan zustimmen. Bob, Sie sind der nächste, wie sieht Ihre Meinung dazu aus?*

Tip 253. Benutzen Sie Zeitvorgaben und Zusammenfassungen. Um die Entscheidungsfindung schneller abzuschließen, versuchen Sie, bei einer bestimmten Diskussion ein Zeitlimit zu setzen. Dann treffen Sie die Entscheidung aufgrund der Punkte, die Sie bis zu diesem Zeitpunkt diskutiert haben. Ein Teammitglied oder der Diskussionsleiter sollte die bereits diskutierten Daten dann vor der Entscheidung zusammenfassen. Eine Möglichkeit zur Klärung von Zeitgrenzen und zur Zusammenfassung von Informationen könnte folgendermaßen aussehen:

Wir sprechen jetzt schon eine Weile über dieses Thema. Was halten Sie davon, wenn ich versuche, die wichtigsten Gedanken zusammenzufassen, und wir dann noch weitere 10 Minuten darüber diskutieren. Sind alle damit einverstanden?

Siehe Hilfsmittel 3: Gruppenentscheidungen treffen

Problem: Zu später Besprechungsbeginn

Tip 254. Treffen Sie sich zu jeder Teambesprechung zur selben Uhrzeit. Unabhängig davon, ob es eine tägliche oder monatliche Besprechung ist: Wenn Sie immer zur selben Zeit beginnen, werden sich alle Teammitglieder bald daran gewöhnen und immer pünktlich erscheinen. Benutzen Sie möglichst immer dasselbe Zimmer. Auf diese Weise wird Unsicherheit beim Team in bezug auf den Besprechungsort verhindert. Der Teamleiter sollte selbst stets ein Beispiel für Pünktlichkeit sein.

Siehe Hilfsmittel 6: Effektive Besprechungen abhalten

Tip 255. Ein bestimmtes Teammitglied sollte dafür verantwortlich sein, der Gruppe die Besprechung anzukündigen. Dies funktioniert oft gut in einem Bereich, in dem die Teamkollegen nah zusammenarbeiten. Eine freundliche Erinnerung („Noch fünf Minuten bis zu unserer geplanten Besprechung") ist sehr hilfreich – dabei kann es sich um eine mündliche Ankündigung oder eine Nachricht per E-mail handeln. Diese Aufgabe sollte von den Teammitgliedern abwechselnd übernommen werden, um Verantwortung zu teilen. Eine solche Erinnerung könnte etwa so aussehen:

Denkt daran... unsere geplante Morgenbesprechung beginnt etwa in 5 Minuten in Konferenzzimmer A.

Tip 256. Bewerten Sie das Engagement und die Satzung des Teams neu. Wenn ein Team Besprechungen nicht mehr einhält, sind sich die Beteiligten wahrscheinlich auch nicht mehr über den Zweck der Besprechungen im klaren. Bisweilen ist es hilfreich, eine Teamdiskussion über die eingegangenen Verpflichtungen abzuhalten, damit diese Besprechungen erfolgreich und pünktlich ablaufen. Ein Aufhänger für die Diskussion könnte beispielsweise sein:

Ich stelle fest, daß wir uns immer später zu unseren Besprechungen zusammensetzen. Unsere Einstellung zu diesen Teambesprechungen scheint sich verändert zu haben. Wir wollen heute offen darüber reden. Sind Besprechungen noch wichtig für uns?

Siehe Hilfsmittel 6: Effektive Besprechungen abhalten

Tip 257. Finden Sie irgendein Mittel, mit dem alle einverstanden sind. Einige Teams lassen Mitglieder, die zu spät kommen, eine Strafe zahlen. Dieses Geld wird später für eine Teamparty verwendet. Andere applaudieren ironisch, wenn jemand zu spät kommt. Die Betroffenen werden den Wink verstehen. Denken Sie daran, daß Teammitglieder machmal gute geschäftliche Gründe für eine Verspätung haben (beispielsweise ein Telefongespräch mit einem Kunden). Das Mittel sollte auf jeden Fall gemäßigt sein.

Problem: Zu viele Besprechungen

Tip 258. Sorgen Sie für effiziente, gut geführte Besprechungen. Manchmal beklagen sich Teammitglieder darüber, daß zu viele Besprechungen anberaumt werden, ohne den entsprechenden Nutzen zu bringen. Es wird nicht zu solchen Klagen kommen, wenn die Besprechungen für die geplanten Arbeiten nützlich sind. Wenn eine Besprechung organisiert und direkt ist, hilft sie bei der Erledigung von Aufgaben und behindert sie nicht. Eine Möglichkeit, Teammitglieder zur Teilnahme zu ermutigen, sieht folgendermaßen aus:

Die heutige Besprechung ist kurz und wichtig. Wir wollen uns speziell damit befassen, wie sich die neue Voice Mail-Box auf unsere Arbeit auswirkt.

Sorgen Sie für eine sehr genaue Tagesordnung, und bestimmen Sie einen Diskussionsleiter. Diese Aufgabe kann abwechselnd von den Teammitgliedern übernommen werden, damit alle die Möglichkeit erhalten zu lernen, wie man eine Besprechung leitet. Es ist bemerkenswert, wie viele Menschen auf einen wohldurchdachten Besprechungsplan reagieren. Wenn eine Besprechung gut verläuft und sie für die Teammitglieder von Interesse ist, scheint die Einstellung, daß viel „Arbeitszeit“ verschwendet wird, zurückzugehen. Der Diskussionsleiter sollte zudem um sachdienliche Tagesordnungspunkte bitten, um die Besprechung auf die Bedürfnisse des Teams abzustellen. Etwa eine Woche vor der geplanten Besprechung könnte der Diskussionsleiter fragen:

Ich plane gerade unsere nächste Teambesprechung. Möchte irgend jemand noch einen Tagesordnungspunkt hinzufügen?

Siehe Hilfsmittel 6: Effektive Besprechungen abhalten

Tip 259. Setzen Sie sich bestimmte Fristen und Themen. Die Tagesordnung sollte vor Beginn der Besprechung vorliegen. Legen Sie Zeitlimits für alle Themen auf der Liste fest. Wenn die Teammitglieder sehen, daß ein Zeitplan für die Besprechung vorhanden ist, sind sie eher davon überzeugt, daß es sich nicht um eine Zeitverschwendung handelt. Bei manchen Teams müssen die Teammitglieder nicht an einer Besprechung teilnehmen, wenn sie zuvor keine Tagesordnung erhalten haben. Sie könnten eine Besprechung folgendermaßen ankündigen:

Für heute ist eine Besprechung geplant. Sie soll zwei Stunden dauern, wobei für jeden Punkt auf der heutigen Tagesordnung 15 Minuten zur Verfügung stehen.

Siehe Hilfsmittel 6: Effektive Besprechungen abhalten

Tip 260. Beenden Sie Besprechungen pünktlich. So können die Beteiligten planen und ihre Zeit produktiv einteilen. Außerdem erinnert dies daran, daß es sich um eine effiziente Besprechung handelt. Sie könnten sagen:

Unsere Besprechung soll heute um 12 Uhr enden.

Wenn Sie mit den einzelnen Diskussionspunkten früher fertig sind, beenden Sie die Besprechung. Füllen Sie nicht die Zeit mit weniger wichtigen Punkten, die nicht auf der Tagesordnung stehen.

Tip 261. Eliminieren Sie unnötige oder überflüssigen Besprechungen. Listen Sie die Besprechungen Ihres Teams auf einer Tafel auf, und überprüfen Sie, ob Sie Besprechungen, die demselben Zweck dienen, kombinieren oder eliminieren können. Führen Sie nie eine Besprechung als Selbstzweck durch.

Problem: Wie erfüllen Besprechungen ihren Zweck?

Tip 262. Stellen Sie eine Tagesordnung auf, und lassen Sie jede Besprechung von einem Diskussionsleiter leiten. Dies ist ein sehr wichtiger erster Schritt zur Durchführung von effektiven Besprechungen. Der Diskussionsleiter erstellt eine Liste der zu diskutierenden Themen. So werden Abweichungen vom Thema vermieden, und die Gruppe arbeitet konzentrierter. Um Ihrem Team bei der Aufstellung der Tagesordnung zu helfen, könnten Sie sagen:

> *Wir wollen die Themen auflisten, über die wir heute in unserer Besprechung reden wollen.*

Siehe Hilfsmittel 6: Effektive Besprechungen abhalten

Tip 263. Ordnen Sie die Themen nach ihrer Bedeutung für Ihre Tagesordnung. Als Team werden Sie die wichtigsten Punkte oder Themen herausfinden, die in der Besprechung diskutiert werden sollen. Der nächste Schritt besteht darin, sie ihrer Bedeutung nach auf Ihrer Tagesordnung für die Besprechung einzuordnen. Dies hilft dem Team, die Besprechungszeit effektiv zu nutzen. Sie könnten die Besprechung dann folgendermaßen einleiten:

> *Die Tagesordnung liegt also jetzt fest. Ich sehe, daß es 15 Diskussionspunkte sind. Wenn Sie die drei wichtigsten wählen könnten, welche wären diese?*

Siehe Hilfsmittel 6: Effektive Besprechungen abhalten

Tip 264. Besprechen Sie die wichtigsten Diskussionspunkte zu Anfang, wenn das Team wach ist und klar kommunizieren kann. Der Diskussionsleiter könnte beispielsweise sagen:

> *Wir müssen uns heute mit einigen schwierigen und wichtigen Fragen beschäftigen. Wir wollen mit diesen Punkten beginnen.*

Tip 265. Machen Sie sich Notizen, und schreiben Sie Entscheidungen, die getroffen wurden, auf. Die Wahl eines Protokollführers ist wichtiger Teil einer jeden Besprechung. Legen Sie Teamentscheidungen und Aktionspunkte schriftlich fest. Geschieht dies nicht, werden Sie feststellen, daß Sie möglicherweise getroffene Entscheidungen vergessen und gezwungen sind, später erneut Zeit mit Abstimmungen zu verbringen. Um einen Protokollführer auszuwählen, könnten Sie sagen:

Wir brauchen ein Teammitglied, das sich Notizen macht und die wichtigsten Punkte unserer heutigen Besprechung aufschreibt. Sam hat sich bei unserer letzten Besprechung dazu bereit erklärt. Haben wir heute auch einen Freiwilligen?

Siehe Hilfsmittel 6: Effektive Besprechungen abhalten

Tip 266. Achten Sie darauf, daß die richtigen Mitarbeiter an der Besprechung beteiligt werden. An den Teambesprechungen sollten die Personen teilnehmen, die von den Themen betroffen sind und relevante Diskussionsbeiträge leisten können. Dies führt zu effizienten Besprechungen, in denen die Teilnehmer nicht erst auf den neuesten Stand gebracht werden müssen. Außerdem müssen Entscheidungen nicht hinausgeschoben werden, weil die richtigen Leute nicht anwesend sind.

Siehe Hilfsmittel 6: Effektive Besprechungen abhalten

Tip 267. Fassen Sie jede Besprechung zusammen, und entlassen Sie die Teilnehmer. Es ist sehr hilfreich, zum Abschluß von Besprechungen die Geschehnisse noch einmal zusammenzufassen. Es ist für jedes Teammitglied hilfreich, Aktionspunkte, Entscheidungen, zukünftige Projekte und Verantwortungsbereiche noch einmal durchzugehen. Jeder Teilnehmer muß wissen, welche Ergebnisse erzielt wurden und was von den Teammitgliedern erwartet wird. Es ist auch eine gute Gelegenheit, darüber zu sprechen, ob es eine „gute“ Besprechung oder „keine so gute“ Besprechung war. Eine Zusammenfassung könnte so eingeleitet werden:

Vielen Dank an alle, daß wir heute eine so erfolgreiche Besprechung hatten. Um unsere Tagesordnung abzuschließen, wollen wir unsere Teamentscheidungen und Aktionspunkte noch einmal zusammenfassen.

Siehe Hilfsmittel 6: Effektive Besprechungen abhalten

Problem: Abweichungen vom Thema

Tip 268. Sie sollten eine schriftliche Tagesordnung vorliegen haben, damit während der Besprechung nicht vom Thema abgewichen wird. Heften Sie die Tagesordnung an eine Tafel, damit sie für alle Beteiligten im Konferenzzimmer zu sehen ist. Für manche Teams ist es auch angebracht, den Tagesordnungspunkten einen bestimmten Zeitrahmen zu geben. Wenn die Teilnehmer vom Thema abweichen, ist es für den Diskussionsleiter leichter, auf die Tafel hinzuweisen und auf den Tagesordnungspunkt zu deuten, der eigentlich diskutiert werden sollte, statt darüber zu reden, wie man vom Thema abgewichen ist. Der Diskussionsleiter könnte sagen:

> *Ich sehe, daß wir eine recht lebhafte und interessante Diskussion haben, aber ich muß darauf hinweisen, daß wir laut Tagesordnung eigentlich bereits über Punkt vier sprechen müßten.*

Siehe Hilfsmittel 6: Effektive Besprechungen abhalten

Tip 269. Sagen Sie etwas, um die Besprechung wieder auf den rechten Weg zu bringen. Achten Sie auf Verfahrensprobleme (die Art und Weise, wie Menschen zusammenarbeiten) und Aufgabenprobleme (was erreicht wird). Zwei gleichzeitig ablaufende Diskussionen etwa, die völlige Abweichung vom Thema oder die Nichtbeachtung der Beiträge eines Mitglieds können zum Mißerfolg einer Besprechung führen. Nennen Sie das Problem beim Namen, und lenken Sie die Aufmerksamkeit des Teams darauf. Sie könnten sagen:

> *Ich habe bemerkt, daß wir uns nebenbei über viele Dinge unterhalten, die nicht auf der Tagesordnung stehen. Sollen wir die Tagesordnung ändern, oder sollen wir wieder über die neuen Versicherungsraten sprechen?*

Siehe Hilfsmittel 9: Gruppen leiten

Tip 270. Erstellen Sie während der Besprechung eine Liste von anderen Diskussionspunkten, die außerhalb der Tagesordnung aufgetreten sind. Durch diese „*Ernte*" werden gute Ideen aufbewahrt, die nicht auf der Tagesordnung stehen, aber zu einem späteren Zeitpunkt diskutiert werden können. Damit die Besprechung glatt verläuft, muß der Diskussionsleiter bestimmte Diskussionen oder Nebendiskussionen während der Besprechung zurückstellen. Obwohl diese Diskussionen vielleicht nichts mit dem Thema zu tun haben, kann es sich um sehr wichtige Ideen handeln. Sammeln Sie diese Punkte für zukünftige Diskussionen in einer anderen Besprechung. So geht die Idee nicht verloren, und den Betroffenen fällt es leichter, nicht weiter darüber zu reden, weil sie wissen, daß sie nicht vergessen wird. Sie könnten beispielsweise sagen:

Wir haben heute eine Menge guter Ideen gehabt, die ich im Auge behalten will. Sie werden in einer anderen Besprechung diskutiert werden. Ich schreibe die Punkte für die Zukunft an die Tafel.

Siehe Hilfsmittel 6: Effektive Besprechungen abhalten

Problem: Dominantes Verhalten

Tip 271: Geben Sie dem dominierenden Teammitglied ehrliches, freundliches Feedback. Manchmal sind Menschen sich nicht bewußt, wie sie auf andere wirken. Sie könnten beispielsweise sagen:

Jim, ich habe festgestellt, daß Sie in unserer 30minütigen Diskussion 15 Minuten lang gesprochen haben. Obwohl mir Ihre Meinung wichtig ist, kann ich jetzt nicht mehr meine Meinung äußern, weil nicht mehr genug Zeit vorhanden ist.

Siehe Hilfsmittel 8: Feedback geben und empfangen

Tip 272. Legen Sie Richtlinien für Besprechungen fest. Diese Richtlinien helfen, Normen für das Team festzulegen, die von beherrschendem Verhalten abhalten. Eine Aussage, der Ihr Team zustimmen könnte, sieht beispielsweise folgendermaßen aus:

Teambesprechungen dürfen nicht von einem einzelnen dominiert werden.

Oder:

Alle erhalten dieselbe Chance, an Teambesprechungen aktiv teilzunehmen und Teamentscheidungen zu beeinflussen.

Wenn die Richtlinien vereinbart sind und jemand die Diskussion beherrscht, könnte man beispielsweise einfach sagen:

Ich glaube, wir verletzen eine unserer Richtlinien für Besprechungen. Wir wollen allen die Chance geben, sich zu Wort zu melden.

Siehe Hilfsmittel 2: Grundsätze, Richtlinien und Grenzen einsetzen

Tip 273. Geben Sie dem Betreffenden die Möglichkeit, in der Besprechung etwas Positives zu tun. Manchmal suchen Menschen, die Besprechungen beherrschen, nach Anerkennung und Möglichkeiten, ihre Führungsstärke unter Beweis zu stellen. Vielleicht können Sie das Teammitglied fragen, ob es in der Besprechung eine dieser drei Rollen übernehmen möchte: Besprechungsleiter, Diskussionsleiter oder Protokollführer.

Siehe Hilfsmittel 6: Effektive Besprechungen abhalten

Problem: Nicht erfüllte Verpflichtungen

Tip 274. Stellen Sie im Verlauf der Besprechung eine Liste mit „Aktionen" auf. Während einer Besprechung werden viele Ideen ausgesprochen, und Teammitglieder erklären sich freiwillig dazu bereit, verschiedene Aufgaben, die diskutiert werden, zu übernehmen. Diese Ideen sollten für die Zukunft auf einer Tafel notiert werden. Sie erinnern die Teilnehmer daran, wer sich für welche Aufgabe gemeldet hat. Diese Liste kann schließlich auch noch an die Betroffenen verteilt werden. Sie dient dann als Gedächtnisstütze für die Teammitglieder, die bestimmte Verpflichtungen eingegangen sind. In einer Besprechung könnten Sie sagen:

> *Wir haben immer irgendwelche tolle Ideen, aber wir führen sie nicht immer aus. Ich meine, eine Liste dieser Ideen wäre für die Gruppe und jedes einzelne Teammitglied hilfreich. Falls sich niemand findet, erkläre ich mich freiwillig dazu bereit, heute morgen die Aufgabe des Protokollführers zu übernehmen.*

Siehe Hilfsmittel 6: Effektive Besprechungen abhalten

Tip 275. Seien Sie in bezug auf Zeitrahmen und Fristen von Aufträgen und Aktionen genau. Es ist gut, die Verpflichtungen der Teammitglieder zu protokollieren. Eine Möglichkeit wäre, eine Zeit für den Abschluß der Aufgabe festzulegen. Dazu können Sie folgende Formulierung wählen:

> *Josie hat sich bereit erklärt, den Lagerbestand in diesem Monat zu zählen. Die Aufgabe muß bis zum Dritten des Monats erledigt sein, damit wir unsere Vorstellungen für das Finanzprogramm nennen können. Läßt sich das machen, Josie?*

Tip 276. Fassen Sie bei Verpflichtungen nach. Viele Verpflichtungen werden nicht erfüllt, weil die Menschen wissen, daß niemand sie kontrolliert. Aus diesem Grund stehen sie auf ihrer Prioritätenliste ganz unten. Hängen Sie eine Liste der Verpflichtungen auf. Sie dient dann zur Kontrolle, wer was wann tut. Durch die Überprüfung einer solchen Liste können alle Teammitglieder ihre eigenen Verpflichtungen kontrollieren. In der Besprechung könnte die Diskussion folgendermaßen aussehen:

Wir wollen einmal sehen, welche Teammitglieder sich verpflichtet haben, unser Lohnpaket neu zu gestalten und der Gruppe einen Vorschlag zu unterbreiten. Ich sehe, daß das Joan, Kim und John waren. Wie steht es mit dem Projekt?

Tip 277. Setzen Sie natürliche Konsequenzen ein. Wenn ein Teammitglied die Verpflichtung in bezug auf das Projekt „Neugestaltung des Lohnpakets" nicht einhalten kann, muß der Betroffene erklären, warum das Team noch einen Monat auf das neue Paket warten muß. Wenn ein Projekt zu spät abgeschlossen wird und dies für einen Lieferanten Probleme verursacht, muß das betroffene Teammitglied mit dem Lieferanten sprechen und die Sache „geradebiegen".

Tip 278. Schaffen Sie eine Arbeitskultur, in der die Erfüllung von Verpflichtungen erwartet wird. Alle Teammitglieder wirken dabei mit, daß Verpflichtungen eingehalten werden. Wenn sich beim Aufbau Ihres Teams das gegenseitige Vertrauen langsam festigt, sollten die einzelnen Teammitglieder sich einander verpflichtet fühlen, die jeweils übernommenen Projekte abzuschließen. Das hat Auswirkungen auf den Erfolg des Teams. Drohen Sie nicht mit Schuldzuweisungen, sondern kündigen Sie Konsequenzen an. Sie könnten ein Teammitglied beispielsweise folgendermaßen an seine Verpflichtung erinnern:

Rory, ich habe festgestellt, daß Sie mit dem Entwurf für das neue Teil fertig sein sollten. Wir müssen dies wirklich so schnell wie möglich erledigen. Wenn wir die Frist um eine weitere Woche überschreiten, können wir den Plan zur Produkteinführung nicht einhalten, so daß die Lieferung an XYZ, einen wichtigen Kunden, nicht im vollen Umfang erfolgen kann. Dann würde das ganze Team schlecht dastehen.

Siehe Hilfsmittel 2: Grundsätze, Richtlinien und Grenzen einsetzen
Siehe Hilfsmittel 8: Feedback geben und empfangen
Siehe Hilfsmittel 16: Rollen und Verantwortungsbereich der Teammitglieder

3.7 Entscheidungen im Team

Problem: Mangelnde Übereinstimmung

Tip 279. Konzentrieren Sie sich auf Fakten und Daten. Überlegen Sie nicht, wer recht hat, sondern was richtig ist. Wenn Teammitglieder nicht einer Meinung sind, liegt dies bisweilen daran, daß sie das Problem aus persönlicher oder emotionaler Perspektive angehen. In einer solchen Situation ist es das Beste, sich mit den Daten oder Fakten des Themas zu befasssen. Setzen Sie diese Fakten ein, um kluge Entscheidungen zu treffen. Ein Beispiel, wie sich dies handhaben läßt, sieht folgendermaßen aus:

Jim und Elaine sind immer noch nicht einer Meinung, und es besteht keine Möglichkeit, dieses Problem zu lösen, bis wir bessere Informationen haben. Wir wollen herausfinden, ob unsere Kunden die gelbe oder die blaue Verpakkung bevorzugen, indem wir ein paar Kundenbefragungen durchführen und diese dann vergleichen. Dann können wir uns nach den Kundenwünschen richten und die beste Entscheidung treffen.

Oder:

Statt darüber zu reden, wie effektiv oder uneffektiv die Schulung war, sollten wir diejenigen fragen, die daran teilgenommen haben. Wir könnten die Betroffenen bitten aufzulisten, was sich in ihrem Team verändert hat oder welchen Teil der Schulung sie seit der Durchführung eingesetzt haben.

Tip 280. Überlegen Sie, was am besten für das Team und für die Firma ist, wenn Ihr Team in eine Sackgasse gerät. Dies ist oft eine Möglichkeit, Diskussionen, bei denen es nicht zu einer Einigung kommt und die sich während der Entscheidungsfindung fortsetzen, zu beenden. Wenn Sie sich nach den Grundlagen für das Treffen guter Entscheidungen richten, können die Teammitglieder die Entscheidung von einem anderen Blickwinkel aus betrachten. Sie könnten das Team beispielsweise folgendermaßen auf einen neuen Weg bringen:

Wir haben viele gute Ideen gehört, die uns bei der Diskussion um die Entscheidung helfen. Wir wollen uns kurz besinnen und uns fragen, welche dieser Ideen die beste für das Team ist. Vielleicht können wir eine Entscheidung treffen, die für alle Seiten vorteilhaft ist, statt daß ein Teammitglied dabei etwas verliert. Wir sollten das vereinbaren, was für alle den meisten Sinn ergibt.

Tip 281. Treffen Sie eine Entscheidung, mit der alle übereinstimmen. Manchmal tut sich die Gruppe bei einem bestimmten Punkt schwer. Bevor Sie aufgeben, sollten Sie versuchen, Übereinstimmung zu erzielen, um die Meinungsverschiedenheiten zu lösen. Bei einer übereinstimmenden Entscheidung geht es darum, daß das Team eine Entscheidung trifft, die von allen getragen werden kann, obwohl es möglicherweise nicht genau die Entscheidung ist, die man ursprünglich treffen wollte. Dieser Schritt findet nach ausführlichen Diskussionen statt, so daß jedes Teammitglied seine Meinung zu dem Thema abgeben kann. Sie könnten sagen:

> *Wir haben ziemlich viel Zeit mit der Diskussion um diese Entscheidung verbracht. Wahrscheinlich ist es zu diesem Zeitpunkt am besten, eine Entscheidung zu fällen, mit der alle übereinstimmen. Vielleicht können wir eine Vereinbarung finden, mit der alle leben können. Stimmen alle Toms Formulierungskompromiß zu Paragraph drei des Vertrags zu, auch wenn es vielleicht nicht unsere bevorzugte Wahl ist? Wenn alle einverstanden sind, haben wir eine Entscheidung. Wenn einige Teammitglieder diese Entscheidung immer noch nicht tragen können, müssen wir die Diskussion noch ein wenig fortsetzen.*

Suchen Sie nach Gemeinsamkeiten, auf denen Sie aufbauen können (z. B. die Teamsatzung, der Wunsch, den Kunden zu helfen usw.). Wenn Sie keine allseitige Übereinstimmung finden können, ist die letzte Möglichkeit eine (mehrheitliche) Abstimmung. Sie könnten auch zu dem Schluß kommen, daß in diesem Punkt keine Einigung möglich ist. Zumindest können Sie auf diese Weise die Beziehungen innerhalb des Teams erhalten, selbst wenn Sie sich bei diesem speziellen Punkt festgefahren haben.

Siehe Hilfsmittel 3: Gruppenentscheidungen treffen

Problem: Unentschiedene Teams

Tip 282. Führen Sie eine Brainstorming-Sitzung mit Ihrem Team durch. Dies ist eine sehr gute Möglichkeit, viele Ideen und Informationen zu sammeln, die bei Entscheidungen helfen. Durch das Sammeln so vieler spontaner Ideen wie möglich kann das Team sich mit allen auseinandersetzen und vielleicht etwas finden, das sich für alle gut anhört.

Tip 283. Setzen Sie ein Affinitätsdiagramm ein, um den Entscheidungsprozeß zu unterstützen. Manchmal sind Teams unentschieden, weil sie keinen klaren Weg vor sich sehen. Ein solches Diagramm kann in diesem Fall helfen. Verteilen Sie an alle Teammitglieder Zettel mit klebender oder magnetischer Rückseite. Bitten Sie die Mitglieder, ihre Ideen auf diese Zettel zu schreiben und sie an die Tafel zu heften. Dann werden die vorgeschlagenen Optionen gelesen und ähnliche Vorschläge gruppenweise geordnet. Wenn Sie Gruppen vorliegen haben, mit denen alle einverstanden sind, geben Sie ihnen Überschriften und lassen das Team (oder einige Teammitglieder) eine kurze Zusammenfassung für jede Gruppe schreiben. Alle Teammitglieder können ihre Meinung zu der Liste, die auf diese Weise erstellt wird, äußern. Bald wird offensichtlich, welche Ideen für eine Entscheidung am wichtigsten sind.

Tip 284. Stimmen Sie nach Bedeutung des Themas ab. Eine weitere gute Möglichkeit, den wichtigsten Aspekt für eine Entscheidung zu finden, ist die Erstellung von Prioritätenlisten. Das Team wählt mehrere Optionen für die Entscheidung und listet sie auf einer großen Tafel auf. Dann diskutiert das Team die aufgeführten Punkte, um sicherzugehen, daß alle sie verstehen. Der Diskussionsleiter erklärt, daß die Optionen nun nach Prioritäten aufgeteilt werden. Alle Mitglieder erhalten einen Stift, um die ihrer Meinung nach beste Option zu wählen. Wenn mehrere ähnliche Punkte aufgeführt sind, sollte das Teammitglied den am besten formulierten wählen. Das Team kann auch Punkte, die offensichtlich überflüssig sind, vor der Abstimmung entfernen. Jedes Teammitglied wählt den Punkt, der ihm am wichtigsten scheint (bei umfangreichen Listen können dies auch zwei oder drei sein), und kreuzt ihn an. Der Diskussionsleiter reduziert die Liste dann auf die wenigen Punkte, die die meisten Stimmen erhalten haben. Wenn es die Zeit erlaubt, ist eine Diskussion über die Listen angebracht. Nachdem alle ihre Meinung geäußert haben, ist eine weitere Abstimmung angebracht. Damit wird diese Diskussion abgeschlossen, und die Liste, die die meisten Stimmen erhalten hat, wird gewählt. Sie könnten beispielsweise sagen:

> *Wir müssen entscheiden, wie wir während der Urlaubszeit die Versorgung unserer Patienten gewährleisten können. Aus unserer Liste mit 50 Ideen haben wir die drei wichtigsten ausgewählt: 10-Stunden-Schichten um die Uhr, ein Tausch mit den Schwestern und Pflegern in der Pädiatrie oder die Einstellung von Aushilfen, die die Schreibarbeiten übernehmen, damit wir uns ausschließlich um die Patienten kümmern können. Wir wollen diese drei Punkte diskutieren und dann entscheiden, was wir tun werden.*

Tip 285. Schaffen Sie eine Umgebung, in der es keine Schuldzuweisungen gibt und in der Risiken unterstützt werden. Manchmal sind Teams unentschieden, weil sie Angst haben, Fehler zu machen. Finden Sie heraus, ob dies zutrifft, und bitten Sie Ihre Teamleiter und die Firmenleitung, eine Arbeitsumgebung zu schaffen, in der Menschen sich beim Treffen von Entscheidungen wohler fühlen.

Problem: Informationen erhalten

Tip 286. Setzen Sie eine Studie ein, in der die bestmöglichen Praktiken untersucht wurden. Wenn Sie vor einer neuen geschäftlichen Entscheidung oder Teamentscheidung stehen, ist es sehr hilfreich, sich damit zu befassen, wie andere Firmen bei derselben Art von Arbeit oder Entscheidung vorgegangen sind. Oft entsteht eine bessere Diskussion und ein Ideenaustausch zu der anstehenden Entscheidung, wenn man sich vor Augen führt, wie andere mit einem ähnlichen Problem umgegangen sind.

Tip 287. Erstellen Sie eine Liste Ihrer benötigten Informationen, und versuchen Sie, die entsprechenden Daten zu erhalten. Für das Treffen guter Entscheidungen sind gute Informationen nötig. Bitten Sie einen Berater oder eine andere Person, die Erfahrung mit Teams hat, Ihnen bei der Erstellung einer Liste von kontinuierlich notwendigen Informationen und einer Liste von projektspezifischen Informationen für erfolgreiche Teamentscheidungen zu helfen. Legen Sie diese Listen den Leuten vor, die Ihnen bei der Beschaffung der nötigen Daten helfen können, wenn Sie nicht bereits wissen, wie Sie sie erhalten können. Bitten Sie Ihren Teamleiter um Hilfe oder erschließen Sie andere Informationsquellen. Informationen zu Ihren Kunden oder Finanzfragen beispielsweise könnten in den aktuellen Verkaufs- und Finanzberichten enthalten sein, die man Ihnen zur Verfügung stellen könnte. Für andere Informationen könnte die Schaffung neuer Informationssysteme erforderlich sein.

Tip 288. Setzen Sie eine Vielfalt von Informationsquellen ein. Wenn es um eine schwierige Entscheidung geht, muß das Team mit allen erforderlichen Daten und Informationen ausgerüstet sein. Suchen Sie innerhalb und außerhalb Ihrer Firma nach Informationen. Sie könnten von der Finanzabteilung, der technischen Abteilung oder den eigenen Teammitgliedern zur Verfügung gestellt werden. Lernen Sie von Lieferanten und Kunden. Ziehen Sie die Büchereien der örtlichen Universität oder Technikerschulen in Betracht. Erkundigen Sie sich nach Bereichen in Ihrer Firma, die Sie abhängig von Ihren Bedürfnissen mit guten Informationen versorgen können. Versuchen Sie, ein Team zu finden, das in jüngster Zeit eine ähnliche Entscheidung treffen mußte. Finden Sie heraus, was Sie von den Betroffenen lernen können. Befassen Sie sich mit den eigenen Erfolgen und Fehlern. Einzelne Teammitglieder könnten beauftragt werden, eine bestimmte Informationsquelle zu finden und den anderen Mitgliedern davon zu berichten. Sie könnten sagen:

In der nächsten Woche stehen wir vor einer sehr wichtigen geschäftlichen Entscheidung. Vielleicht könnten wir die Ressourcen, von denen wir geredet haben, überprüfen und diese Informationen bei unserer nächsten Teambesprechung einfließen lassen.

Problem: Keine Zeit zur Lösung von Problemen

Tip 289. Bitten Sie die Firmenleitung um die nötige Zeit. Bereiten Sie eine Präsentation für die Firmenleitung vor, die zeigt, daß es vom Firmenstandpunkt aus gerechtfertigt ist, Zeit für die Lösung des Problems aufzuwenden. Bitten Sie ausdrücklich um mehr Zeit oder zusätzliche Mittel.

Tip 290. Ordnen Sie Ihre Verpflichtungen nach Prioritäten, um sicherzugehen, daß Ihr Team nur Zeit für die wichtigsten Projekte aufwendet. Schieben Sie weniger wichtige Aktivitäten aufs Wartegleis. Wenn Sie feststellen, daß Sie nicht genug Arbeiten aufschieben können, um die entsprechende Zeit zu gewinnen, bitten Sie um die Hilfe Ihrer Teamleiter und interner oder externer Berater, um den Arbeitsablauf zu rationalisieren und effektiver zu gestalten. Achten Sie besonders auf die Änderung oder Eliminierung solcher Aktivitäten, die vom Blickwinkel des Kunden aus keinen zusätzlichen Nutzen darstellen, wie beispielsweise zeitaufwendiger Papierkrieg oder andere bürokratische Praktiken. Setzen Sie diese gewonnene Zeit zur Lösung von Problemen ein.

3.8 Feiern

Problem: Zu wenige Feiern

Tip 291. Erkennen Sie die Arbeit des Teams mit Hilfe spontaner Aktionen an. Wenn Teams sich nicht die Zeit nehmen, Erfolge zu feiern, hat dies negative Auswirkungen auf ihre Arbeit. Wenn sie Großartiges geleistet haben, ist eine Feier am besten geeignet, alle an der Freude über diese Leistung teilhaben zu lassen. Sagen Sie beispielsweise:

Unser Team hat einen neuen Firmenrekord bei der Anzahl der abgeschlossenen Steuererklärungen erzielt. Wir wollen gemeinsam Mittag essen, um unseren neuen Rekord zu feiern!

Tip 292. Die sofortige Anerkennung eines einzelnen kann ebenfalls hilfreich sein, speziell dann, wenn dieses Lob vor dem Team ausgesprochen wird. Um großen Arbeitseinsatz und gute Ideen zu feiern, könnten Sie sagen:

Toll, Martin, ich habe festgestellt, daß Sie ein großartiges neues Verfahren für Telefonaktionen gefunden haben. Es erspart unserem Team viel Zeit und trägt zu einer Qualitätsverbesserung bei. Wir sollten Ihre Idee feiern! Was könnten wir heute mit Ihnen oder für Sie tun, worüber Sie sich freuen würden?

Denken Sie daran, daß unangemessenes individuelles Lob Probleme verursachen kann. Loben Sie nicht einen einzelnen Mitarbeiter für Projekte, an denen viele mitgewirkt haben. In diesem Fall würden sich die übrigen Teammitglieder fragen, warum ihr Anteil an dem Projekt nicht ebenfalls Anerkennung findet. Seien Sie sich auch bewußt, daß individuelles Lob Menschen aus bestimmten Kulturkreisen peinlich sein kann.

Tip 293. Zeigen Sie Ihre Anerkennung auf vielfältige Weise. Bewegen Sie sich nicht in ausgefahrenen Gleisen, indem Sie immer dieselben Feiern oder Aktionen zur Anerkennung einsetzen. Versuchen Sie es mit verschiedenen Methoden, um dem Ganzen mehr Pfiff zu verleihen. Nachdem die Grenzen in bezug auf Kosten und Angemessenheit genannt wurden, bitten Sie die Teammitglieder in einer Brainstorming-Sitzung, verschiedene Arten von Feiern zu nennen, die ihnen gefallen würden. Ziehen Sie beispielsweise folgende Möglichkeiten in Betracht:

- Glückwunschplakate
- Eine Nachricht, die an den Radiosender geschickt wird
- Neue Bürodekoration
- Der Kauf neuer Geräte
- Eine Pizza-Party
- Die Verteilung besonderer T-Shirts oder Kappen

- Der Besuch eines Baseball-Spiels
- Ein Abendessen oder Picknick mit der Familie
- Eine „Ruhmeswand“ und Plaketten für besondere Leistungen
- Öffentliche Anerkennung in Betriebsversammlungen
- Eine Broschüre, die die Leistung darstellt, und die Verteilung dieser Präsentation an die Firmenleitung und an die Kunden

Wenn eine Feier angebracht ist, kann ein Teammitglied einen Vorschlag aus einer Lostrommel ziehen, der dann ausgeführt wird.

Problem: Mangel an positivem Feedback

Tip 294. Geben Sie das Feedback gleich nach dem Ereignis. Wenn Sie damit warten, geht die Wirkung verloren. Ein kurzes, echtes Lob wirkt meistens am besten. Ein Beispiel könnte sein:

> *Anthony, es war wirklich ausgezeichnet, wie Sie diesen Kundenbesuch vorbereitet haben. Das ganze Team weiß das zu schätzen.*

Siehe Hilfsmittel 8: Feedback geben und empfangen

Tip 295: Geben Sie Feedback, um wünschenswertes Verhalten zu verstärken. Wenn positives Feedback gegeben wird, spüren Teams und Teammitglieder, daß ihre Arbeit geschätzt und anerkannt wird. Die erwünschten Verhaltensformen werden dann wahrscheinlich verstärkt. Geben Sie Teammitgliedern, Lieferanten und Kunden Feedback. Ein Beispiel könnte folgendermaßen aussehen:

> *John, unser Team weiß Ihre Arbeit an dem Neuentwurf unserer Verpackung zu schätzen. Wir wollten Ihnen nur sagen, wie sehr uns die neue Verpackung gefällt und daß es unserer Meinung nach ein großer Schritt nach vorn für die Firma ist. Vielen Dank für Ihre harte Arbeit.*

Siehe Hilfsmittel 8: Feedback geben und erhalten

Problem: Kein Spaß bei der Teamarbeit

Tip 296. Feiern Sie auch kleine Erfolge und nicht nur die großen. Feiern, die im kurzen Abstand stattfinden, helfen den Teammitgliedern, die größeren Probleme, die möglicherweise später auf sie zukommen, schneller und mit mehr Energie zu bewältigen. Die Moral ist gut, die Teamarbeit macht mehr Spaß, und es entsteht eine emotionale Reserve, die die Betroffenen später nutzen können, um mit wirklich schwierigen Situationen fertigzuwerden. Suchen Sie nach Erfolgen, die gefeiert werden können. Sie könnten beispielsweise folgendes sagen:

> *Liebe Teammitglieder, wir haben einen neuen Erfolg bei der Qualität erreicht: Es gab in dieser Woche weniger Ausschuß als in den beiden vorhergehenden Wochen. Ich wette, daß wir in der nächsten Woche noch besser sind. Wir sind wirklich erfolgreich!*

Tip 297. Projekte sollten so aufgebaut sein, daß positives Feedback in der Arbeit selbst enthalten ist. Manchmal ist das beste Feedback für Menschen die Gewißheit, eine Arbeit gut gemacht zu haben. Es ist sehr befriedigend, den Abschluß eines wichtigen Berichts zu sehen oder eine neue Mauer, die völlig gerade ist, einen glücklichen Kunden, einen gesunden Patienten oder den Abschluß der Arbeit an einem bahnbrechenden Softwareprogramm. Leider sind viele Aufgaben auf so viele Mitarbeiter verteilt, daß die Betroffenen gar nicht mehr erkennen können, ob sie bei der Arbeit Fortschritte erzielt haben. In einigen Fällen wissen sie möglicherweise nicht einmal, wie ihre Arbeit das Endprodukt oder die Dienstleistung für den Kunden beeinflußt. Versuchen Sie Ihren Mitarbeitern möglichst immer ganze Aufgaben zu übertragen, damit sie in ihrem Beruf ein Gefühl von Erfüllung und Befriedigung erleben.

Tip 298. Planen Sie Aktivitäten, die Spaß machen. Verwenden Sie einen Teil der regulären Arbeitszeit darauf, miteinander Spaß zu haben. Betrachten Sie das Ganze als eine Art von Aktivität zur Teampflege. So wie Sie Zeit aufwenden würden, um teures Gerät zu warten, sollten Sie Zeit zur „Wartung" Ihres Teams einplanen. Dabei kann es sich um eine besondere Feier, ein gemeinsames Mittagessen oder einfach um die Durchführung der normalen Arbeit auf andere Weise handeln – Hauptsache Sie nehmen sich die Zeit, um mit Ihren Teammitgliedern Spaß zu haben. So könnten Sie vorschlagen, daß die Teammitglieder an einem bestimmten Tag besondere oder legere Kleidung tragen und sich einem bestimmten Thema entsprechend anziehen. Leiten Sie die Teambesprechungen mit einem Witz ein.

Zeigen Sie den anderen Ihre Lieblingscartoons. Seien Sie ein wenig lockerer. Um derartige Dinge einzuleiten, könnten Sie sagen:

Kelly hat uns für heute nachmittag Konferenzzimmer A reserviert. Statt unser normales Teamgespräch abzuhalten, wollen wir uns Zeit nehmen, uns untereinander ein wenig näher kennenzulernen und einige unserer Erfolge, die wir in diesem Jahr bisher erzielt haben, zu feiern.

Tip 299. Planen Sie Aktivitäten außerhalb der Arbeitsstätte, und führen Sie sie durch. Wenn Sie die Firma, das Büro oder die Einrichtung, in der Sie arbeiten, hinter sich lassen, bleiben die Interaktionen der Teammitglieder untereinander lebendig und interessant. So entsteht eine entspanntere Atmosphäre, in der die Betroffenen sich besser kennenlernen können. Versuchen Sie es mit einigen Aktivitäten zum Teamaufbau oder zur Schulung außerhalb des Betriebs. Besuche bei Lieferanten und Kunden oder Besuche zum Anstellen von Vergleichen können Spaß machen und haben gleichzeitig einen erzieherischen Wert. Oft werden sie als Belohnung und als gute Möglichkeit betrachtet, die positiven Dinge, die das Team bisher erreicht hat, zu feiern.

3.9 Teamdesign und Strukturen

Problem: Wenn Teams nicht die richtige Antwort sind

Tip 300. Lernen Sie Alternativen zu Teams kennen. Gehen Sie nicht davon aus, daß alle Arbeiten im Team erledigt werden müssen. Befassen Sie sich mit Strukturen, die nicht auf Teams basieren und die sogar in Unternehmen mit Teamarbeit hin und wieder eingesetzt werden. In Notfallsituationen beispielsweise sind autokratische, auf der Stelle getroffene Entscheidungen durch eine Person nötig. Diese Person sollte der beste Fachmann des Teams sein, um die Entscheidungen schnell zu treffen, das heißt, es muß sich dabei nicht unbedingt um den Teamleiter handeln. In anderen Situationen können einige Teammitglieder ein untergeordnetes Team bilden, um bestimmte Aspekte eines Projekts effizienter zu handhaben, als dies durch das ganze Team möglich wäre. Vertrauen ist in diesen Situationen wichtig. Wenn Ihr Team einzelnen Mitgliedern nicht zutraut, in untergeordneten Teams zu arbeiten, muß das Vertrauensniveau verbessert werden.

Tip 301. Setzen Sie Teams nicht ein, wenn es nicht angebracht ist. In manchen Unternehmen ist eine auf Teams basierende Arbeitsform einfach nicht angemessen. Wenn beispielsweise in Ihrer Firma die enge Zusammenarbeit der Firmenmitglieder nicht erforderlich ist oder ein sehr hohes Niveau an technischer Komplexität die Entscheidungen einzelner Fachleute fordert, bringen Teams wenig. Dies sollte durchdacht werden, bevor ein Unternehmen auf eine Teambasis gestellt wird.

Tip 302. Lösen Sie ungeeignete Teams auf. Wenn Teams eindeutig in eine Situation gezwungen wurden, für die sie nicht geeignet sind, müssen sie aufgelöst und durch andere Arbeitsformen ersetzt werden. Sie sollten sich jedoch ganz sicher sein, daß dies notwendig ist, da die Auflösung eines Teams normalerweise ein nicht umkehrbarer Vorgang ist. Wenn Sie sich später wieder für den Einsatz von Teams entscheiden, wird es schwierig, ja vielleicht sogar unmöglich sein, die Teams wieder in der ursprünglichen Form zusammenzustellen.

Problem: Der Einsatz untergeordneter Teams

Tip 303. Beteiligen Sie das ganze Team an der Beauftragung von untergeordneten Teams. Normalerweise können diese kleinen Teams, die nur aus ein paar Mitarbeitern bestehen, Entscheidungen treffen, Probleme lösen oder Aufgaben ausführen, bei denen sich das gesamte Team festfahren würde. Wenn der Wert von untergeordneten Teams nicht allen Mitarbeitern klargemacht wird, kann das Vertrauen in das untergeordnete Team untergraben werden. Dies kann soweit führen, daß die geleistete Arbeit und die Empfehlungen nicht anerkannt werden. Das ganze Team sollte am Auswahlprozeß für das untergeordnete Team beteiligt werden.

Siehe Hilfsmittel 18: Teammitglieder auswählen

Tip 304. Achten Sie auf häufige Kommunikation zwischen dem Team und dem untergeordneten Team, damit alle über dieselben Informationen verfügen. Dies reduziert das Risiko, daß später Probleme auftauchen. Bei der Beauftragung des untergeordneten Teams könnte auch ein Plan erstellt werden, der dafür sorgt, daß die Teammitglieder von dem untergeordneten Team immer über den neuesten Stand informiert werden. Bei besonders problematischen Projekten sollten solche Mitteilungen häufiger erfolgen.

Tip 305. Lassen Sie von dem untergeordneten Team eine Absichtserklärung und einen Projektplan erstellen, dem das gesamte Team zustimmen kann. Dann wird das ganze Team aufgefordert, das untergeordnete Team zu unterstützen und nach Erfüllung der Aufgabe den Erfolg dieses Teams zu beurteilen.

Siehe Hilfsmittel 12: Aktionsplanung

Tip 306. Achten Sie darauf, daß Ihren untergeordneten Teams, Projektteams und den anderen Teammitgliedern klare Fristen gesetzt werden, so daß sich das untergeordnete Team nach Erfüllung der Aufgabe wieder auflösen kann. Ohne derartige Kriterien zum Projektabschluß ist es schwierig, untergeordnete Teams aufzulösen. Die natürliche Neigung besteht darin, sich weitere Aufgaben zu suchen, doch dies spricht gegen die optimale Nutzung Ihrer Ressourcen.

Tip 307. Führen Sie für das untergeordnete Team ein ähnliches Anfangsverfahren wie für das ganze Team durch. Stellen Sie eine Satzung auf, wie es in Hilfsmittel 1 (Eine Teamsatzung aufstellen) vorgeschlagen wird, sowie Betriebsrichtlinien, wie in Hilfsmittel 2 (Grundsätze, Richtlinien und Grenzen einsetzen) vorgeschlagen. Obwohl dafür ein paar Stunden Zeit aufgewendet werden müssen, erspart es Ihnen auf Dauer gesehen Zeit und Probleme.

Siehe Hilfsmittel 1: Eine Teamsatzung aufstellen
Siehe Hilfsmittel 2: Grundsätze, Richtlinien und Grenzen einsetzen

Problem: Die Auswahl geeigneter Teams

Tip 308. Lernen Sie die verschiedenen Arten von Teams kennen und verstehen, damit sie entsprechend eingesetzt werden können. Sie sollten zumindest wissen, daß es natürliche Arbeitsteams (die ständig im Einsatz sind) und Projektteams gibt (die nach Abschluß des Projekts aufgelöst werden). Vielleicht brauchen Teams nur einige Stunden pro Woche. Es besteht jedoch auch die Möglichkeit, daß die Arbeit in Ihrem Unternehmen jeden Tag im Team erledigt wird.

Tip 309. Schaffen Sie verschiedene Arten von Teams für unterschiedliche Aktivitäten. Machen Sie die Unterschiede klar, indem Sie für jedes Team eine andere Satzung und Betriebsrichtlinien aufstellen.

Siehe Hilfsmittel 1: Eine Teamsatzung aufstellen
Siehe Hilfsmittel 2: Grundsätze, Richtlinien und Grenzen einsetzen

Tip 310. Führen Sie eine Neugestaltung durch, um sicherzugehen, daß Sie das richtige Team für Ihren Zweck ausgewählt haben. Wählen Sie ein Steuerungskomitee, das aus der Firmenleitung und Arbeitnehmervertretern besteht. Dieses Komitee beobachtet das Verfahren und beauftragt ein Neugestaltungsteam damit, die aktuellen Strukturen und die Effektivität zu analysieren. Stellen Sie dem Neugestaltungsteam ausreichende Ressourcen (z. B. Zeit und finanzielle Mittel) zur Verfügung, damit es seine Aufgabe gut erledigen kann. Die Mitglieder dieses Teams sollten einen Querschnitt aus dem Betrieb widerspiegeln. Dieser Prozeß sollte im Sinne ständiger Verbesserung von Zeit zu Zeit wiederholt werden.

Tip 311. Führen Sie eine „Zukunftskonferenz" durch, um einen größeren Anteil der Belegschaft in den Neugestaltungsprozeß zu integrieren. Suchen Sie nach der entsprechenden Unterstützung, damit dieser Prozeß erfolgreich ist.

Problem: Die Größe von Teams

Tip 312. Wenn Ihr Team zu groß ist, schaffen Sie untergeordnete Teams mit bestimmten Rollen und Verantwortungsbereichen. Deren Ziele sollten sich direkt auf die Ziele des gesamten Teams beziehen, und die Zusammensetzung sollte sich mit gewisser Regelmäßigkeit ändern, um zu verhindern, daß die Mitglieder sich stärker an das untergeordnete Team als an das Hauptteam gebunden fühlen.

Siehe Hilfsmittel 16: Rollen und Verantwortungsbereiche der Teammitglieder

Tip 313. Wenn Ihr Team zu klein ist, um seine Arbeit zu erledigen, kombinieren Sie das Team mit anderen Teams entweder kurzfristig (z. B. bis zum Abschluß eines bestimmten Projekts) oder langfristig (z. B. eine „permanentere" Teamstruktur mit neuen Verantwortungsbereichen). Wenn dies außerhalb Ihrer Möglichkeiten liegt, bitten Sie Ihren Teamleiter um Hilfe, der Firmenleitung diesen Schritt zu empfehlen. Das neue große Team sollte vor Aufnahme seiner Arbeit einen Teamaufbauprozeß durchlaufen. Zumindest sollte das Team eine neue Satzung und Betriebsrichtlinien mit allen Teilnehmern festlegen. Falls das neue, größere Team nicht schon zuvor effektiv zusammengearbeitet hat, sollten Sie es wie jedes neue Team behandeln, für das ein gründlicher Startprozeß nötig ist.

Siehe Hilfsmittel 1: Eine Teamsatzung aufstellen
Siehe Hilfsmittel 2: Grundsätze, Richtlinien und Grenzen einsetzen
Siehe Hilfsmittel 16: Rollen und Verantwortungsbereiche der Teammitglieder

Siehe Hilfsmittel 19: Rollen und Verantwortungsbereiche des Teamleiters

Tip 314. Finden Sie gute geschäftliche Rechtfertigungen für Veränderungen. Die Änderung der Mitarbeiterzahl eines Teams, sei es nun eine Reduzierung oder Vergrößerung, erfordert genaue Überlegungen und muß unternehmerisch begründet werden. Achten Sie darauf, daß Sie triftige Argumente haben, bevor Sie versuchen, die Mitgliederzahl eines Teams zu ändern. Wenn Sie und Ihre Teammitglieder gute Gründe gefunden haben (die Vergrößerung des Teams wird beispielsweise die Zeit, bis das neue Produkt auf den Markt gebracht werden kann, um einen Monat verkürzen, neue Mitglieder führen zu Einsparungen von $ 100.000 bei der Wartungsqualität, neue Vertreter werden Kundenklagen um 300 Prozent pro Jahr reduzieren usw.), müssen Sie mit großem Einfühlungsvermögen entscheiden, welche Mitglieder in das Team integriert werden oder welche Mitglieder das Team verlassen sollen. Lassen Sie sich dabei von Ihrem Teamleiter und dem Repräsentanten der Personalabteilung helfen. Ziehen Sie sowohl unternehmerische als auch persönliche Anforderungen in Betracht. Fertigen Sie einen Übergangsplan an, um den Erfolg sicherzustellen.

Siehe Hilfsmittel 12: Aktionsplanung

Problem: Falsche Mitgliedschaft

Tip 315. Als Team erstellen Sie eine Liste, wer Mitglied des Teams sein sollte und warum. Verwenden Sie diese Liste als Ausgangspunkt für eine Diskussion, um die richtige Zusammensetzung des Teams festzulegen. Achten Sie darauf, daß Änderungen, die Ihrer Meinung nach bei den Mitgliedern stattfinden sollten, unternehmerisch gerechtfertigt sind. Lassen Sie sich von Ihrem Teamleiter und anderen helfen, um Ihre Änderungsvorstellungen durchzuführen.

Tip 316. Wenn für die Änderung Ihres Teams die Überprüfung und Einstellung neuer Mitarbeiter nötig ist, sollten Sie gute Techniken bei der Befragung einsetzen und alle Gesetze, die auf Ihre Region zutreffen, beachten. Selbst wenn die potentiellen Teammitglieder bereits Mitarbeiter in Ihrem Unternehmen sind, sollten Sie den Einführungsprozeß so gestalten, daß er mit den Informationen unter folgenden Hilfsmitteln übereinstimmt: Hilfsmittel 16 (Rollen und Verantwortungsbereiche der Teammitglieder), Hilfsmittel 13 (Grundlagen der Teamkommunikation) und Hilfsmittel 18 (Teammitglieder auswählen). Nach ihrer Wahl sollten die neuen Teammitglieder ihre neuen Rollen und Verantwortungsbereiche klar verstehen, und sie sollten sich daran orientieren, wie Ihr Team kommuniziert und funktioniert. Sie können neuen Teammitgliedern für einige Zeit einen erfahrenen Mentor zuteilen, bis sie sich in ihren neuen Aufgaben zurechtfinden.

Siehe Hilfsmittel 13: Grundlagen der Teamkommunikation
Siehe Hilfsmittel 16: Rollen und Verantwortungsbereiche der Teammitglieder
Siehe Hilfsmittel 18: Teammitglieder wählen

Tip 317. Setzen Sie sich mit Leistungsproblemen auseinander, bevor Sie Veränderungen im Team vornehmen. Wenn ein Mitglied aufgrund von Leistungsproblemen fehl am Platze scheint, sollten Sie dieses Problem angehen, bevor eine Änderung erfolgt. Geben Sie ein Leistungsproblem nie an ein anderes Team weiter. Setzen Sie die Vorschläge unter Hilfsmittel 15 (Teamkonflikte handhaben), Hilfsmittel 14 (Eine Atmospähre für Teamarbeit aufbauen) und Hilfsmittel 17 (Die Teamleistung handhaben) ein, um eine Lösung für diese Situation zu finden.

Siehe Hilfsmittel 14: Eine Atmosphäre für Teamarbeit aufbauen
Siehe Hilfsmittel 15: Teamkonflikte handhaben
Siehe Hilfsmittel 17: Die Teamleistung handhaben

Problem: Teams an mehreren Einsatzorten

Tip 318. Halten Sie regelmäßige Videokonferenzen ab. Eins der größten Probleme bei geographisch verstreuten Teams ist die Tatsache, daß die Kommunikation erschwert wird. Halten Sie jeden Morgen 15minütige Videokonferenzen ab, die auch tatsächlich immer durchgeführt werden.

Tip 319. Legen Sie ein virtuelles Büro fest, das den Mitgliedern des Teams als Heimatbasis dient. Dabei kann es sich um eine einfache elektronische Bulletintafel handeln, eine Mailbox oder etwas Substantielleres, etwa einen Teamraum oder ein Büro in zentraler Lage mit Schreibtischen und Stühlen. Selbst wenn Teammitglieder das virtuelle Büro nur gelegentlich nutzen, dient es als psychologische Basis für ihre Operationen.

Tip 320. Für diese Art von Teams ist die entsprechende Einführungsmethode besonders wichtig. Eine Besprechung zu Anfang des Projekts, bei dem sich die Mitglieder einige Tage lang direkt kennenlernen, ist eine kluge Investition. Da sie nicht den Vorteil eines gemeinsamen Einsatzorts und häufiger direkter Interaktionen haben, um auf dem richtigen Weg zu bleiben, sind eine Satzung, Betriebsrichtlinien, Teamprojektpläne und allgemeine Teamziele besonders wichtig. Richten Sie sich nach den Verfahren, die unter folgenden Hilfsmitteln umrissen werden: Hilfsmittel 1 (Eine Teamsatzung aufstellen), Hilfsmittel 2 (Grundsätze, Richtlinien und Grenzen einsetzen), Hilfsmittel 7 (Ziele setzen und Ergebnisse messen) und Hilfsmittel 12 (Aktionsplanung). Treffen Sie spezifische Abmachungen, wie Ihr Team Entscheidungen treffen, kommunizieren und Probleme lösen wird, und teilen Sie Verantwortungsbereiche klar zu. Wenn Sie an der Entwicklung der inneren Infrastruktur solcher Teams sparen, kann dies katastrophale Folgen haben. Stellen Sie Übersetzer für die Teammitglieder zur Verfügung, die der Sprache, die von den meisten Mitgliedern gesprochen wird, nicht mächtig sind.

Siehe Hilfsmittel 1: Eine Teamsatzung aufstellen
Siehe Hilfsmittel 2: Grundsätze, Richtlinien und Grenzen einsetzen
Siehe Hilfsmittel 7: Ziele setzen und Ergebnisse messen
Siehe Hilfsmittel 12: Aktionsplanung
Siehe Hilfsmittel 17: Die Teamleistung handhaben

3.10 Probleme mit dem Teamleiter

Problem: Der Teamleiter läßt auf seine Worte keine Taten folgen

Anmerkung: Einige Vorschläge in diesem Abschnitt zu Teamleitern liegen eventuell außerhalb der Grenzen oder der Autorität Ihres Teams. Nicht alle können möglicherweise in Ihrem Unternehmen durchgeführt werden. Lassen Sie sich von der Personalabteilung unterstützen und/oder Ihrem Abteilungsleiter oder anderen Mitgliedern der Geschäftsleitung, um Vorschläge, bei denen Sie sich nicht sicher sind, zu beurteilen.

Tip 321. Versuchen Sie es mit ein wenig positiver Verstärkung, wenn der Teamleiter das Richtige tut.

Tip 322. Wenn das Problem Ihre Arbeit und die des Teams negativ beeinflußt, bitten Sie um einen Termin mit einem Mitarbeiter der Personalabteilung und fragen ihn bei der Handhabung des Problems um Rat.

Tip 323. Sagen Sie dem Teamleiter, wie Sie sich fühlen, wenn er seinen Worten keine Taten folgen läßt. Drücken Sie sich klar aus, und konzentrieren Sie sich auf die Auswirkungen für Ihre Arbeit und die des Teams. Setzen Sie das in Hilfsmittel 8 (Feedback geben und empfangen) vorgeschlagene Verfahren ein, um Ihre Ansicht durchzusetzen. Machen Sie auch Vorschläge dazu, was der Teamleiter Ihrer Meinung nach ändern sollte. Sie könnten beispielsweise sagen:

> *Mary, in der letzten Woche haben Sie gesagt, daß Sie mit dem Generaldirektor darüber sprechen würden, wie das Team über die Schulung für die neue Software denkt. Ich habe gerade mit einem anderen Kollegen, der an der Besprechung teilgenommen hat, gesprochen und gefragt, wie Ihr Anliegen aufgenommen worden ist. Er sagte mir, daß Sie gar nicht über die Ansichten unseres Teams gesprochen haben. Ich fühle mich wirklich im Stich gelassen. Es ist wichtig für uns, daß Sie der Geschäftsleitung unsere Meinung kundtun. Ohne Ihre Hilfe werden wir nicht in der Lage sein, diese Sache in den Griff zu bekommen. Für uns bedeutet das eine tägliche Zeitverschwendung von einer halben Stunde, bis wir die Schulung richtig planen können. Könnten Sie sich in den nächsten Tagen mit dem Generaldirektor treffen? Es würde uns viel bedeuten.*

Siehe Hilfsmittel 8: Feedback geben und empfangen

Tip 324. Bieten Sie an, Beispiele für das Problem zu nennen, wenn es auftritt. Bezeichnen Sie den Teamleiter nicht als Lügner, und sagen Sie keine Dinge im Zorn, die ihn in die Defensive drängen könnten. Diese Taktik geht normalerweise „nach hinten los" und führt auf allen Seiten zu verletzten Gefühlen. Statt dessen sollten Sie ihn fragen, ob er sich bewußt ist, daß er nicht seinen Worten entsprechend handelt. Wenn der Teamleiter erklärt, daß er dies nicht bemerkt hat, können Sie sich bereit erklären, ihn auf Unbeständigkeiten hinzuweisen, wenn diese auftreten. Sie könnten beispielsweise sagen:

> *Carlos, vielleicht merken Sie es gar nicht, aber manchmal habe ich das Gefühl, daß Sie etwas sagen, aber dann etwas ganz anderes tun. In der letzten Woche haben Sie beispielsweise erklärt, daß wir anfangen müßten, unseren Urlaub auf dem großen Kalender im Aufenthaltsraum einzutragen. Alle bis auf Sie haben ihre Pläne bis zu der gesetzten Frist eingetragen. Wenn Sie sich nicht an derartige Abmachungen halten, habe ich das Gefühl, daß es hier eine doppelte Moral gibt. Solche Dinge erschweren es, daran zu glauben, daß wir wirklich ein Team sind. Ich habe dann eher das Gefühl, daß Sie meinen,*

Teamleiter haben Privilegien. Wenn Sie dieser Meinung sind, habe ich keine große Lust, mich weiterhin besonders zu engagieren. Wenn es sich jedoch nur um ein Mißverständnis handelt und Sie nicht absichtlich so handeln, würde ich Sie gerne auf solche Unbeständigkeiten hinweisen, wenn sie auftreten. Wäre das eine Hilfe für Sie?

Siehe Hilfsmittel 8: Feedback geben und empfangen

Problem: Verantwortung aufgeben

Tip 325. Erklären Sie dem Teamleiter, welche Auswirkungen die Aufgabe von Verantwortung auf das Team und das Unternehmen hat. Mit den unter Hilfsmittel 8 (Feedback geben und empfangen) erwähnten Fähigkeiten geben Sie dem Teamleiter spezifische Informationen zu diesem Problem und empfehlen einige mögliche Lösungen. Ein Beispiel, wie Sie dabei vorgehen könnten:

Leroy, ich glaube, daß Sie das Richtige tun wollen und versuchen, kein konservativer Autokrat zu sein, der anderen Vorschriften macht. Doch ich habe das Gefühl, daß Sie zu weit in die andere Richtung gegangen sind. Als Sie uns beispielsweise in der letzten Woche gesagt haben, daß wir selbst entscheiden könnten, welche Computer angeschafft werden sollen, wußten wir nicht, daß es ein Einkaufsverfahren gibt, nach dem man sich richten muß. Nur drei von uns wissen etwas über die Lieferantenauswahl, und wir wußten nicht, wie wichtig es ist, Computer anzuschaffen, die eine Schnittstelle zum Buchhaltungssystem haben, bis es fast zu spät war. Das war eine sehr frustrierende Erfahrung. Beim nächsten Mal brauchen wir mehr Unterstützung von Ihrer Seite. Wir wollen vorher wissen, welche Grenzen uns gesetzt sind. Ich verspreche Ihnen eins: Wenn Sie uns entsprechend unterstützen, werde ich Ihnen sagen, wenn eine Sache über meine Fähigkeiten hinausgeht.

Siehe Hilfsmittel 8: Feedback geben und empfangen

Tip 326. Finden Sie heraus, ob der Teamleiter für seine Rolle geschult wurde. Empfehlen Sie den Besuch eines Kursus, in dem er seine neue Rolle kennenlernt und erfährt, wie man Grenzen setzt, für die anderen ein Coach ist und das Team führt.

Siehe Hilfsmittel 19: Rollen und Verantwortungsbereiche des Teamleiters

Tip 327. Schlagen Sie eine Änderung des Entlohnungssystems für Teamleiter vor. Das Problem wird möglicherweise dadurch verursacht, daß der Teamleiter für das richtige Führungsverhalten nicht belohnt und zur Rechnung gezogen wird. In diesem Fall ist es unwahrscheinlich, daß Änderungen eintreten, es sei denn, das Entlohnungssystem für Teamleiter wird abgeändert. Sprechen Sie mit Ihrem Vertreter aus der Personalabteilung oder einem Mitglied der Geschäftsleitung. Wahrscheinlich können Sie nichts anderes tun als Ihre Meinung darzulegen.

Tip 328. Wenn sich nach mehreren Hilfsversuchen gegenüber dem Teamleiter keine Verbesserung einstellt, sollten Sie den Chef der Personalabteilung um Hilfe bitten.

Problem: Die Unfähigkeit zu delegieren

Tip 329. Schlagen Sie dem Teamleiter vor, mit dem Team an einem Plan zur Delegierung von Aufgaben zu arbeiten. Entwickeln Sie dabei einen „Nichteinmischungsplan", in dem aufgeführt wird, wann und unter welchen Umständen dem Team spezifische Aufgaben oder Verantwortungen übertragen werden.

Tip 330. Geben Sie dem Teamleiter Feedback, welche Auswirkungen dieses Verhalten auf Sie und das Team hat. Geben Sie spezifische Beispiele und gehen Sie geschickt vor. Sagen Sie beispielsweise:

> *Bill, ich weiß Ihre Begeisterung über unser Entwicklungsprojekt für das neue Produkt zu schätzen, aber zusätzliche Besprechungen für uns und für Sie zur Überprüfung des kritischen Pfades vor jeder regulären Besprechung mit der Geschäftsleitung werden die Einführung des Produkts wahrscheinlich um mehrere Wochen verzögern. Wir brauchen diese Zeit, um unsere Designarbeit zu leisten. Außerdem habe ich das Gefühl, daß dies nicht dem entspricht, was Sie uns ursprünglich zur Funktion des Teams als selbstgelenktes Arbeitsteam gesagt haben. Ich habe eher das Gefühl, daß Sie uns über die Schulter schauen. Könnten wir eine andere Möglichkeit finden, Ihre Bedürfnisse zu erfüllen?*

Siehe Hilfsmittel 8: Feedback geben und empfangen

Tip 331. Erstellen Sie eine Matrix für Entscheidungen und Verantwortung. Im Sinne von ständiger Verbesserung und Klarheit könnten Sie vorschlagen, daß der

Teamleiter mit dem Team zusammenarbeitet, um eine Liste mit Verantwortungsbereichen zum Treffen von Entscheidungen aufzustellen. Dazu werden alle großen Entscheidungen, die ständig getroffen werden müssen (z. B. die Verteilung von Mitarbeitern an Projekte, die Urlaubsplanung, die Einstellung neuer Teammitglieder, Zielsetzungen usw.) auf die linke Seite der Tabelle geschrieben. Quer über der Seite werden alle Parteien erfaßt, die möglicherweise bei diesen Entscheidungen mitwirken könnten (z. B. Team, Teamleiter, Personalbüro, Geschäftsleitung, Gewerkschaftsführer usw.). Zeichnen Sie eine Matrix. Für jede zu treffende Entscheidung legen Sie die entsprechende Verantwortung aller Parteien fest und schreiben eins der folgenden Symbole in die Kästchen:

- *P* steht für primäre Verantwortung beim Treffen der Entscheidung
- *K* wird eingetragen, wenn die Partei vor der Entscheidung konsultiert werden muß
- *I* wird eingetragen, wenn die entsprechende Partei informiert werden muß
- Ein leeres Kästchen bedeutet, daß die entsprechende Partei bei dieser Entscheidung nicht einbezogen werden muß.

Überprüfen und ändern Sie die Matrix hin und wieder, wenn das Team erfahrener wird und zusätzliche Verantwortung übernehmen kann. Eine solche Diskussion hilft dem Teamleiter zu verstehen, welche Entscheidungen tatsächlich vom Team getroffen werden können. Wenn er später die in dieser Besprechung eingegangenen Verpflichtungen verletzt, sollten Sie davon ausgehen, daß er einen guten Grund dafür hat, und ihn an diese Diskussion erinnern. Überarbeiten Sie die Matrix, falls nötig.

Tip 332. Bitten Sie die Geschäftsleitung um Hilfe. Manchmal ist eine Neustrukturierung der Aufgaben des Teamleiters die einzige Möglichkeit, ihn dazu zu bewegen, Aufgaben zu delegieren. Wahrscheinlich liegt dies außerhalb Ihrer Möglichkeiten, aber Sie könnten der Firmenleitung einige Alternativen vorschlagen.

- In einigen Firmen wird der Kontrollbereich des Teamleiters so weit ausgedehnt, daß er einfach keine Zeit hat, sich mit allem zu befassen, wie es ein traditioneller Manager tun würde. Eine weniger dramatische Methode besteht darin, dem Teamleiter die Verantwortung für weitere Projekte zu übertragen, so daß er davon abgebracht wird, sich zu sehr in die Teamarbeit einzumischen.

- In anderen Firmen wird dem Teamleiter ein Bereich übertragen, in dem er keine Menschen führen muß. Beispiele dafür könnten spezielle Projekte oder individuelle Beiträge sein, bei denen sein technisches oder unternehmerisches Wissen effektiv genutzt wird.
- Wenn die Situation noch problematischer wird, muß die Angelegenheit möglicherweise wie jedes andere Leistungsproblem behandelt werden. Normalerweise erhält der Teamleiter eine Warnung der Geschäftsleitung, daß derartiges Verhalten bei der Arbeit mit Teams nicht annehmbar ist. Wenn diese Warnung nicht ausreicht, sind zusätzliche Schritte, die bis zur Kündigung reichen können, nötig.

Problem: Autoritäres Verhalten

Tip 333. Mit guten Feedbackfähigkeiten erklären Sie dem Teamleiter, welche Auswirkungen sein Verhalten auf das Team und das Unternehmen hat. Sagen Sie beispielsweise:

> *Misha, als Sie heute morgen die Vertriebsregionen geändert haben, ohne zuerst mit dem Team darüber zu reden, habe ich mich schrecklich gefühlt. Mir gefällt es, wie wir als Team arbeiten, aber heute hatte ich das Gefühl, daß wir einen riesigen Schritt zurück getan haben. Falls ich die Sache mißverstanden habe, wäre ich froh, wenn Sie mir erklären könnten, was passiert ist. Andernfalls möchte ich Sie an Ihr Versprechen erinnern, daß Dinge, die hier zu autokratisch gehandhabt werden, geändert werden sollen.*

Siehe Hilfsmittel 8: Feedback geben und empfangen

Tip 334. Überlegen Sie, warum der Teamleiter meint, autoritär sein zu müssen. Tun Sie dies anhand eines gemeinsamen Verfahrens zur Problemlösung, wie es in Hilfsmittel 10 (Teamprobleme lösen) und Hilfsmittel 11 (Werkzeuge für Problemlösungen) diskutiert wird. Brainstorming oder eine Stärkefeldanalyse sind dabei besonders gute Werkzeuge. Nachdem die Hauptursache identifiziert wurde, werden Sie aktiv:

- Wenn die Hauptursache darin besteht, daß der Teamleiter den Teammitgliedern nicht vertraut, schaffen Sie eine Gelegenheit für das Team und den Teamleiter, an einer Sache zu arbeiten, die die Fähigkeiten des Teams demonstriert.

- Wenn die Hauptursache mangelnde Kenntnisse oder nicht ausreichende Fähigkeiten sind, könnte der Teamleiter sich schulen lassen.
- Wenn die Hauptursache darin besteht, daß der Teamleiter seiner Meinung nach für das Ablegen von autokratischem Verhalten nicht belohnt wird, unterstützen Sie ihn, indem Sie die Teamleistung verbessern.
- Wenn der Teamleiter der Meinung ist, daß der Teamprozeß nicht funktioniert, schlagen Sie den Besuch eines erfolgreichen Teams im Betrieb vor.

Siehe Hilfsmittel 10: Teamprobleme lösen
Siehe Hilfsmittel 11: Werkzeuge für Problemlösungen

Tip 335. Entwickeln Sie einen Plan zum Delegieren von Aufgaben, damit dem Teamleiter ein Mittel zur Verfügung steht, um im Lauf der Zeit dem Team die entsprechenden Verantwortungen zu übertragen. Dieser Plan sollte die spezifischen Aufgaben enthalten, die übertragen werden sollen. Außerdem bietet er einen Entwicklungsplan für das Team, das es auf seine neuen Aufgaben vorbereitet. Mit einer solchen Struktur wird sich der Teamleiter beim Übergangsprozeß wohler fühlen, so daß es ihm leichter fällt, autokratisches Verhalten abzulegen. Der Teamleiter muß dann neue Aufgaben erhalten, wenn das Team mehr Verantwortung übernimmt. Andernfalls könnte der Planungsprozeß bei dem Teamleiter die Furcht hervorrufen, daß er seinen Job verlieren wird. Dies ist normalerweise von Ängsten und Streß begleitet, so daß er sich möglicherweise noch autokratischer verhält.

Tip 336. Wenn nach wiederholten Versuchen, den Teamleiter auf diese Weise zu unterstützen, keine Besserung eintritt, muß die Angelegenheit möglicherweise als Leistungsproblem behandelt werden. Wahrscheinlich liegt dies außerhalb Ihres Verantwortungsbereichs. Bitten Sie die Personalabteilung, Gewerkschaftsvertreter oder die Geschäftsleitung um Hilfe. Vielleicht entscheidet die Geschäftsleitung schließlich, daß der Teamleiter Aufgaben erhalten sollte, bei denen er nicht mit Menschen umgehen muß. In Extremfällen muß möglicherweise die Kündigung ausgesprochen werden.

Problem: Mangelnde Führungsstärke

Tip 337. Erklären Sie dem Teamleiter, daß Probleme für das Team entstehen, wenn er bestimmte Entscheidungen nicht fällt. Sie könnten beispielsweise sagen:

Mary, ich weiß es zu schätzen, daß Sie dem Team die meisten Entscheidungen überlassen. Aber es gibt einige Entscheidungen, die von Ihnen getroffen werden sollten. Wie Sie wissen, definiert unser Vertrag bestimmte Entscheidungen als Managemententscheidungen, und falls die Dinge nicht durch unsere regelmäßigen Verhandlungsverfahren geändert werden, fühlen wir uns bei einigen Punkten überfordert. Ich möchte Ihnen ein Beispiel vom gestrigen Tag nennen: Sie haben Bill und mich gebeten, das Disziplinarverfahren für Walt in die Hände zu nehmen. Es macht mir nichts aus, ihm zu sagen, daß er seine Aufgaben hier nicht richtig erfüllt, aber ich fühle mich nicht wohl dabei, wenn ich ihn für einige Tage ohne Bezahlung nach Hause schicken soll. Ich glaube, das fällt in Ihren Verantwortungsbereich. Wir sind darauf nicht vorbereitet.

Tip 338. Klären Sie, wer die Verantwortung für das Treffen von Entscheidungen trägt. Unterteilen Sie ein Blatt Papier in zwei Spalten. Lassen Sie den Teamleiter in einer Spalte aufschreiben, welche Entscheidungen das Team treffen sollte. In der anderen Spalte werden die Entscheidungen aufgeführt, die in seinen Verantwortungsbereich fallen. Wenn das Team mit der Zeit reifer wird, kann sich diese Liste ändern. Überprüfen Sie die Liste gemeinsam mit der Geschäftsführung und den Teammitgliedern, und ändern Sie sie, falls nötig. Setzen Sie die Liste ein, um Verantwortungsbereiche beim Treffen von Entscheidungen zu klären, damit die entsprechenden Erwartungen erfüllt werden.

Tip 339. Achten Sie darauf, wann eine Entscheidung ansteht, die der Teamleiter treffen sollte. Manchmal treffen Teamleiter keine Entscheidungen, weil sie der Meinung sind, es sei für das Team das Beste, sie selbst zu treffen. Finden Sie heraus, ob das Problem daraus resultiert, daß der Teamleiter zögert, Entscheidungen zu treffen, oder ob das Team zögert, die Verantwortung für Entscheidungen, die es treffen könnte, zu übernehmen. Helfen Sie der zögernden Partei, damit sie sich bei riskanten Entscheidungen wohler fühlt. Schaffen Sie ein unterstützendes Arbeitsklima, in dem Risiken eingegangen werden können. Dabei sollten Mitarbeiter, die nach reiflicher Überlegung ein Risiko eingegangen sind und versagt haben, belohnt werden.

Problem: Managementfehler

Tip 340. Benutzen Sie Fehler, um anderen eine Botschaft zu geben. Ironischerweise können Fehler für Teamleiter die beste Möglichkeit sein, ihren Teammitgliedern zu zeigen, daß es in Ordnung ist, Fehler zu machen, solange wir von ihnen lernen. Gehen Sie daher der Versuchung aus dem Weg, Fehler zu verbergen. Teamleiter müssen offen über das reden, was sie getan und gelernt haben, und den anderen Teammitgliedern Vorschläge entlocken, was jetzt getan werden sollte. Dies ist ein gutes Vorbild für alle Teammitglieder und ein Beispiel, dem sie nacheifern können. Weitere Informationen finden Sie unter Hilfsmittel 20 (Ein lebendes Beispiel sein). Als Teamleiter könnten Sie sagen:

> *Ich wollte Ihnen mitteilen, daß ich heute morgen einen Fehler gemacht habe. Statt dem Chef zu sagen, daß wir unsere Aufgabe bis zum nächsten Freitag erledigt haben werden, habe ich ihm gesagt, daß wir schon an diesem Freitag fertig sind. Ich weiß, daß wir es nicht so schnell schaffen können. Obwohl es mir peinlich ist, Jack zu sagen, daß ich mich geirrt habe, werde ich gleich nach der Besprechung zu ihm gehen, um ihn noch zu erreichen, bevor er nach Hause geht. In Zukunft werde ich vorher mit dem Team reden, bevor ich Daten weitergebe. Haben Sie noch einen anderen Vorschlag für mich?*

Tip 341. Ohne den Teamleiter in Verlegenheit zu bringen, sollten Sie ihm in bezug auf seine Fehler Feedback geben, wie Sie es auch bei jedem anderen Teammitglied tun würden. Setzen Sie die Fähigkeiten ein, die unter Hilfsmittel 8 (Feedback geben und empfangen) erläutert werden.

Siehe Hilfsmittel 8: Feedback geben und empfangen

Problem: Mangelndes Managementgeschick

Tip 342. Empfehlen Sie eine Schulung, wenn es sich um mangelndes Managementgeschick handelt. Es gibt verschiedene Schulungsformen, bei denen Teamleiter das Management nach Grundsätzen und durch den Einsatz von Grenzbedingungen erlernen können, statt das Team nach politischen Grundsätzen zu leiten. Erkundigen Sie sich nach Möglichkeiten, die sich auf die Verantwortung und die Fähigkeiten eines Teamleiters beziehen. Wenn Sie nicht in der Lage sind, dem Teamleiter diesen Vorschlag direkt zu machen, wenden Sie sich an den Schulungskoordinator oder den Vertreter der Personalabteilung.

Siehe Hilfsmittel 19: Rollen und Verantwortungsbereiche des Teamleiters
Siehe Hilfsmittel 20: Ein lebendes Beispiel sein
Siehe Hilfsmittel 21: Barrieren überwinden

Tip 343. Die Geschäftsleitung könnte versuchen, einen Mentor für den Teamleiter zu finden. Der Teamleiter würde eine Zeitlang eng mit diesem Mentor zusammenarbeiten, um sich das nötige Managementgeschick anzueignen.

Tip 344. Schlagen Sie vor, daß der Teamleiter anderen Unternehmen oder anderen Abteilungen einen Besuch abstattet, um Vergleiche anzustellen und sich mit erfolgreichen Teamleitern zu treffen und zu diskutieren, wie neue Managementfähigkeiten erworben und angewandt werden.

Tip 345. Bitten Sie die Personalabteilung um die Einrichtung einer Managementhilfsgruppe, die sich regelmäßig trifft, um angebrachtes und unangebrachtes Managementverhalten zu diskutieren.

Problem: Mangelndes Wissen in bezug auf Teamführung

Tip 346. Wenn das Problem auf mangelnden Kenntnissen beruht, ist eine Schulung des Teamleiters angebracht. Zumindest sollten die neuen Rollen und Verantwortungsbereiche von Teamleitern abgedeckt und wichtige Fähigkeiten überprüft werden. Informationen zu diesen Fähigkeiten finden Sie unter Hilfsmittel 19 (Rollen und Verantwortungsbereiche des Teamleiters), Hilfsmittel 20 (Ein lebendes Beispiel sein) und Hilfsmittel 21 (Barrieren überwinden).

Siehe Hilfsmittel 19: Rollen und Verantwortungsbereiche des Teamleiters
Siehe Hilfsmittel 20: Ein lebendes Beispiel sein
Siehe Hilfsmittel 21: Barrieren überwinden

Tip 347: Wenn der Teamleiter bereits eine Schulung hinter sich hat, sollte sein Vorgesetzter für ihn als Coach agieren. Dabei wird der Vorgesetzte zum aktiven Förderer des Teamleiters, der Hilfe braucht. Dieser Prozeß sollte Erwartungen klären, Hilfsressourcen identifizieren und mit einem Entwicklungsplan enden. Die meisten guten Entwicklunspläne umfassen periodische Besprechungen mit dem Förderer, um die Fortschritte einzuschätzen. Wenn der Teamleiter Teams nicht effektiv handhabt oder es nicht tun will, sollten die entsprechenden Schritte eingeleitet werden, die bis zur Kündigung reichen können.

Tip 348. Manchmal besteht der letzte Ausweg darin, dem Teamleiter eine Position zu übertragen, in der er eine andere Aufgabe wahrnimmt. Die Geschäftsleitung kann den Betroffenen entweder mit einem traditionellen Bereich betrauen, in dem herkömmliche Managementfähigkeiten effektiv eingesetzt werden können, oder mit einer Position, ohne Berichterstattungspflicht, in der er seine technischen oder unternehmerischen Fähigkeiten für das Team einbringen kann. Achten Sie darauf, daß Positionen mit dem entsprechenden Status oder genauso großer Verantwortung gefunden oder entwickelt werden.

Problem: Mangelnde Fähigkeiten beim Umgang mit Leistungsproblemen

Tip 349. Achten Sie darauf, daß Sie ein klares System für die Behandlung schlechter Leistung haben. Wenn nicht eindeutig klar ist, wer die Leistungsprobleme angehen soll, muß dies in einer Teambesprechung entschieden werden. Erstellen Sie eine Liste mit den Problemen, die in die Verantwortung des Teamleiters fallen, und mit jenen, die vom Team selbst angegangen werden. Schaffen Sie ein bestimmtes Verfahren zum Umgang mit solchen Problemen, wobei dem Betroffenen genug Zeit gegeben wird, sich zu bessern. In den meisten Unternehmen wird ein mehrschichtiges Disziplinarverfahren eingesetzt, bei dem die Strafen für erste Verstöße geringer ausfallen (z. B. mündliche oder schriftliche Verwarnungen) und bei Wiederholungstaten zu strengeren Maßnahmen gegriffen wird (z. B. Bewährung, Freistellung von der Arbeit ohne Bezahlung usw.).

Siehe Hilfsmittel 17: Die Teamleistung handhaben

Tip 350. Fragen Sie den Teamleiter, ob es einen Grund dafür gibt, daß ein bestimmtes Leistungsproblem nicht behandelt wird. Möglicherweise kennen Sie die Umstände in diesem Fall nicht, oder der Teamleiter ist sich des Problems überhaupt nicht bewußt. Teilen Sie dem Teamleiter mit, welche Schritte Sie zur Korrektur des Problems bereits ergriffen haben. Sie könnten beispielsweise sagen:

> *Thomas, vielleicht ist es Ihnen gar nicht aufgefallen, daß Joe an drei Tagen hintereinander zu spät gekommen ist. Ich habe gegenüber Joe bereits erwähnt, daß das für uns Probleme verursacht hat, weil das ganze Team ohne seine täglichen Berichte morgens von seiner Programmierarbeit abgehalten wird. Könnten Sie mit ihm reden?*

Problem: Die Ideen und Vorschläge anderer ignorieren

Tip 351. Erklären Sie dem Teamleiter, wie Sie sich fühlen, wenn dies der Fall ist. Möglicherweise weiß er gar nicht, wie Sie sich fühlen, wenn Ihre Ideen nicht eingesetzt werden. Geben Sie spezifische Beispiele. Sagen Sie beispielsweise:

> *Jerry, in der letzten Woche haben Sie mich um einige Ideen gebeten, wie sich das Problem mit unserem Lieferanten lösen läßt. Obwohl ich zwei Vorschläge gemacht habe, haben Sie gestern etwas ganz anderes getan. Wenn Sie mich nach meiner Meinung fragen, aber dann nicht entsprechend reagieren, habe ich das Gefühl, daß es Ihnen eigentlich egal ist, was ich sage. Am liebsten würde ich gar keine Vorschläge mehr machen. Ich weiß, daß nicht all unsere Vorschläge ausgeführt werden, aber zumindest würde ich gerne wissen, warum meine Idee nicht verwendet wurde.*

Tip 352. Überlegen Sie, ob Sie die Bitte des Teamleiters mißverstanden haben. Sie könnten beispielsweise sagen:

> *Sally, ich dachte, Sie haben mich um Vorschläge in bezug auf das XYZ-Projekt gebeten. Wollten Sie Ideen von mir hören, oder haben Sie nur ein Podium für einige Entscheidungen gesucht, die Sie in bezug auf das Projekt bereits getroffen haben? Mir ist nicht ganz klar, was Sie eigentlich wollen.*

Problem: Lieblinge

Tip 353. Entscheiden Sie sich im Zweifel zugunsten des Teamleiters, und gehen Sie davon aus, daß er unbeabsichtigt jemanden bevorzugt hat. Erkundigen Sie sich nach den genauen Umständen:

> *Bill, ich habe bemerkt, daß dies bereits das dritte Projekt ist, das Sie Betty in den letzten drei Monaten übertragen haben. Ich war ebenfalls an all diesen Projekten interessiert und verstehe nicht, wie Sie bei der Verteilung der Aufgaben verfahren. Könnten Sie mir erklären, wie Sie dabei vorgehen?*

Tip 354. Lassen Sie sich vom Teamleiter erklären, wie die fraglichen Entscheidungen getroffen wurden. Bitten Sie um Aufklärung des Procederes, das für alle dieselben Möglichkeiten gewährleisten soll. Erliegen Sie jedoch nicht der Versuchung, unumstößliche Richtlinien aufzustellen, da diese später zu unerwünschter Starrheit und Bürokratie führen könnten.

Tip 355. Wenn Sie den Verdacht haben, daß es sich um irgendeine Art von Diskriminierung (Alter, Geschlecht, Rasse usw.) handelt, setzen Sie sich sofort mit der Geschäftsleitung oder der Personalabteilung in Verbindung. Fragen Sie die zuständige Person, wie weiter verfahren werden sollte.

4. Probleme zwischen Teams

Probleme, die es Teams erschweren, effektiv zusammenzuarbeiten

4.1 Der Dialog mit anderen Teams

Problem: Konflikten aus dem Weg gehen

Tip 356. Probleme von Teams untereinander lassen sich oft vermeiden, wenn voneinander abhängige Teams einen Dialog eingehen, in dem sie offen ihre Bedürfnisse und Erwartungen mitteilen. Ein spezifischer Prozeß könnte folgendermaßen aussehen:

- Zwei oder mehr Teams, die voneinander abhängig sind, nehmen gemeinsam an einer Besprechung teil.
- Jedes Team erstellt eine Liste seiner Bedürfnisse/Forderungen an das/die andere(n) Team(s).
- Jedes Team präsentiert seine Liste.
- Nach Überprüfung der vorgestellten Bedürfnisse werden die entsprechenden Verpflichtungen eingegangen. Bedürfnisse, die nicht erfüllt werden können, werden ebenfalls zusammen mit einer entsprechenden Erklärung definiert (z. B.: nicht in der aktuellen Satzung des Teams enthalten, nicht genug Ressourcen).
- Es folgt eine offene Diskussion, so daß sich alle Parteien darüber im klaren sind, was sie voneinander erwarten können.
- Es werden regelmäßige Nachfaßbesprechungen geplant (die normalerweise alle zwei bis drei Monate stattfinden), damit die Teams Feedback erhalten, wie gut sie die vereinbarten Verpflichtungen erfüllen.

Problem: Konflikte zwischen Teams lösen

Tip 357. Konflikte zwischen Teams können sehr negative Auswirkungen auf die Leistung eines Unternehmens haben. Wenn ein Konflikt- oder Streitpunkt identifiziert wurde, setzen Sie sich sofort mit dem Problem auseinander. Setzen Sie gute Feedbacktechniken, wie in Hilfsmittel 8 (Feedback geben und empfangen) beschrieben, ein.

Siehe Hilfsmittel 8: Feedback geben und empfangen

Tip 358. Wenn ein Konflikt zwischen zwei oder mehreren Teams für das Unternehmen Probleme verursacht, sollten Sie das unter Hilfsmittel 15 (Teamkonflikte handhaben) vorgestellte Verfahren in Betracht ziehen. Durch den Einsatz eines schrittweisen Verfahrens, das es beiden Parteien ermöglicht, zuerst die Art des Konflikts zu erkennen und dann gemeinsam an einer Lösung zu arbeiten, erhöht sich die Aussicht auf eine effektive Lösung.

Siehe Hilfsmittel 15: Teamkonflikte handhaben

4.2 Die Zusammenarbeit mit anderen Teams

Problem: Probleme mit anderen Teams lösen

Tip 359. Wenn zwei oder mehr Teams gemeinsam an der Lösung eines Problems arbeiten, sollte erst vereinbart werden, welches Verfahren zur Problemlösung eingesetzt wird. Durch die Einigung auf einen Problemlösungsprozeß, wie unter Hilfsmittel 10 (Teamprobleme lösen) beschrieben, spart man Zeit und Energie.

Siehe Hilfsmittel 10: Teamprobleme lösen

Tip 360. Häufig ist es unsinnig, daß sich alle Mitglieder von zwei oder mehr Teams treffen, um an Problemen, die alle angehen, zu arbeiten. In solchen Fällen sollte jedes Team Vertreter zu einer speziellen Besprechung schicken. Entscheiden Sie, welche Teammitglieder über das notwendige Wissen und ausreichend Erfahrung verfügen, um bei den Diskussionen zur Problemlösung einen Beitrag zu leisten.

Tip 361. Bei Besprechungen zur Problemlösung von Teams untereinander ist es wichtig, daß in bezug auf den Gesamtablauf und die Diskussionsleitung vernünftige Absprachen getroffen werden.

Siehe Hilfsmittel 6: Effektive Besprechungen abhalten
Siehe Hilfsmittel 9: Gruppen leiten

Tip 362. Wenn ein Team neu gebildet wird (auch wenn es sich nur um ein vorübergehendes Team handelt, das sich auf die Lösung eines einzelnen Problems konzentriert), ist es für die Mitglieder hilfreich, Zeit für die klare Definition des Zwecks aufzuwenden. Das Verfahren in Hilfsmittel 1 (Eine Teamsatzung aufstellen) trägt dazu bei, daß sich das Team über seine Ziele im klaren ist und sich ganz darauf konzentriert.

Siehe Hilfsmittel 1: Eine Teamsatzung aufstellen

5. Unternehmensweite Probleme

Probleme, die Teams unternehmensweit behindern können

5.1 Unternehmensmanagement und -politik

Problem: Mit der Geschäftsleitung arbeiten

Tip 363. Haben Sie keine Angst, mit der Geschäftsleitung offen über Ihre Sorgen zu sprechen. Manchmal setzt die Geschäftsleitung einen Änderungsprozeß in Gang und bietet dann nicht die nötige Unterstützung an, um diesem Prozeß zum Erfolg zu verhelfen. Die Auseinandersetzung mit der Geschäftsleitung mag die Betroffenen in Angst versetzen, aber sie kann erfolgreich und mit einem Minimum an Risiko durchgeführt werden. Auf diese Weise werden vielleicht sogar der Respekt und das Vertrauen in Sie und Ihr Team gesteigert. Setzen Sie gute Feedbacktechniken ein, und konzentrieren Sie sich auf das, was für das Unternehmen das Beste ist.

Tip 364. Legen Sie der Geschäftsleitung dar, warum Sie Ihre Satzung nicht erfüllen können. Wenn die Geschäftsleitung nicht die für den Erfolg nötigen Ressourcen (z. B. Finanzen, Zeit, Mitarbeiter, Ausrüstung usw.) zur Verfügung stellt, sollten Sie sich von Ihrem Teamleiter oder einem anderen, bei der Geschäftsleitung angesehenen Mitarbeiter helfen lassen. In einer Teambesprechung überprüfen Sie Ihre Satzung und die Grenzbedingungen, um sicherzugehen, daß das, worum Sie bitten, in Ihren Verantwortungsbereich fällt. Als nächstes erarbeiten Sie eine kurze Präsentation (eine zwanglose Gestaltung funktioniert meistens am besten), die zeigt, daß die fehlenden Ressourcen das Team eindeutig davon abhalten, seine Satzung zu erfüllen. Der Teamleiter sollte Ihnen helfen, Ihr Anliegen vorzutragen. Sie könnten beispielsweise zu der Geschäftsleitung sagen:

> *Unser Team fühlt sich blockiert und ist nicht in der Lage, seine Satzung zu erfüllen, wenn wir die nötigen Mittel nicht erhalten. Wir wollen das Problem lösen und mit unserer Arbeit fortfahren. Wie können wir diese Sache am besten mit Ihnen diskutieren?*

Auf diese Weise kann Ihnen die Geschäftsleitung sagen, nach welchen Gesichtspunkten die Bedürfnisse der Teams berücksichtigt werden. Seien Sie höflich, erklären Sie klar und eindeutig, wie Ihre Bedürfnisse aussehen und wie Ihnen eine Unterstützung helfen könnte, die bereits vereinbarte Satzung zu erfüllen.

Siehe Hilfsmittel 1: Eine Teamsatzung erstellen
Siehe Hilfsmittel 2: Grundsätze, Richtlinien und Grenzen einsetzen

Tip 365. Geben Sie der Geschäftsleitung Feedback. Wenn die Geschäftsleitung etwas sagt, das eher verletzt statt hilft, ist es immer besser anzunehmen, daß sie es gut meint und nicht versteht, warum ihre Antwort nicht positiv aufgenommen wird. Sie sind dann in der richtigen Gemütsverfassung, um der Geschäftsleitung zu helfen. Sie könnten beispielsweise sagen:

> *Ich weiß, daß Sie versuchen, diesem Verfahren zum Erfolg zu verhelfen, und ich könnte Ihnen einige Reaktionen unsererseits nennen, falls Sie Interesse daran haben.*

Wenn die Geschäftsleitung zusagt (was fast immer der Fall sein wird), beschreiben Sie, was die Betroffenen gesagt oder getan haben und wie dies auf Sie gewirkt hat. Sprechen Sie über Ihre Gefühle. Werden Sie konkret. Wenn dieser Teil erfolgreich abgeschlossen ist, können Sie auch vorbringen, was die Geschäftsleitung Ihrer Meinung nach hätte sagen oder tun sollen.
Wenn Sie fertig sind, sagen Sie nichts weiter. Halten Sie Ihren ganzen Vortrag einfach und den Ton positiv und hilfreich. Sie könnten auch sagen:

> *Wie können wir am besten mit Ihnen darüber reden, wenn solche Dinge auftreten?*

Auf diese Weise helfen Sie der Geschäftsleitung zu planen, und Sie wissen, wie Sie im weiteren Verlauf am besten effektives Feedback geben können.

Tip 366. Verschaffen Sie sich Gehör, wenn es um nicht eingehaltene Versprechungen geht. Wenn die Geschäftsleitung ihre Versprechen nicht hält, überprüfen Sie Ihre Satzung und die Grenzbedingungen in einer Teambesprechung, um sicherzugehen, daß das, was Sie tun, in den Verantwortungsbereich Ihres Teams fällt. Das vermeidet Probleme, wenn Sie darauf drängen, daß Versprechen eingehalten werden.

Überlegen Sie, wie nicht eingehaltene Versprechen Sie daran hindern, Ihre Satzung zu erfüllen. Bitten Sie Ihren Teamleiter um Hilfe, um Ihre Forderung richtig zu formulieren und vorzutragen. Sie könnten vor der Geschäftsleitung sagen:

Man hat uns einige Dinge versprochen, die noch nicht durchgeführt worden sind, so daß wir von unserer Arbeit abgehalten werden. Wir müssen wissen, ob sich irgend etwas geändert hat, was sich unserer Kenntnis entzieht, und ob und wann diese Versprechungen eingehalten werden, damit wir besser planen und unsere Arbeit tun können. Werden Sie uns dabei helfen?

Tip 367. Nehmen Sie an, daß sich die Geschäftsleitung noch an ihre Versprechungen gebunden fühlt. Manchmal sind so viele andere Dinge zu tun, daß es den Anschein hat, als ob man mittlerweile das Interesse verloren hätte. Es ist besser, davon auszugehen, daß das Interesse noch immer vorhanden ist, und entsprechend zu handeln. So bleiben Sie in der richtigen Gemütsverfassung, um der Geschäftsleitung zu helfen. Sie könnten sagen:

Wir wissen, daß Sie Interesse am Erfolg dieses Verfahrens haben und wünschen, daß wir interessiert bleiben und ihm zum Erfolg verhelfen. Wir wollen keine falschen Informationen und Vorstellungen in bezug auf das, was wir Ihrer Meinung nach tun sollten, und aus diesem Grund brauchen wir Ihre Hilfe. Werden Sie uns helfen? Wir haben das Gefühl... (beschreiben Sie, was Sie empfinden und wodurch das Gefühl entstanden ist, die Geschäftsleitung habe kein Interesse).

Teilen Sie Ihren Gesprächspartnern mit, aufgrund welcher Anzeichen Sie der Meinung sind, daß die Geschäftsleitung Interesse zeigt. Für Ihre Gesprächspartner mag dies eine Überraschung sein. Aber auch Sie und Ihr Team sind möglicherweise erstaunt, daß die Geschäftsleitung ihr Interesse anders zeigt, als Sie es sich vielleicht vorgestellt haben.

Problem: Mangelnde Unterstützung durch die Geschäftsleitung

Tip 368. Halten Sie die Geschäftsleitung auf dem laufenden. Häufig beginnen die Bemühungen von Teams in der Unternehmensmitte, wo die Betroffenen versuchen, echte Probleme zu lösen. Diese Prozesse sind oft bereits recht weit fortgeschritten, bevor die Geschäftsleitung einbezogen wird. Um die Geschäftsleitung auf dem laufenden zu halten, müssen ihr die bereits durchgeführten Aufgaben verständlich gemacht werden. Dies ist eine natürliche und wichtige Aufgabe für Teams.

Tip 369. Die Geschäftsleitung versteht möglicherweise nicht, warum etwas geändert werden soll. Teilen Sie ihr mit, welche Vorteile Ihr Team in einer solchen Änderung sieht. Sie könnten vorschlagen, daß die Geschäftsleitung selbst derartige Überlegungen anstellen sollte, indem drei Fragen beantwortet werden:

1. Warum müssen wir uns ändern?

2. Was passiert, wenn wir es nicht tun?

3. Welche Vorteile bieten sich uns allen, wenn wir es tun?

Tip 370. Demonstrieren Sie, wie Ihr Team hilft, die Ziele der Geschäftsleitung zu erfüllen. Die Geschäftsleitung ist sich möglicherweise nicht bewußt, wie Teams helfen können. Stellen Sie die Schlüsselfrage für Ihre Arbeit an die Geschäftsleitung: „Welche Dinge geschehen zur Zeit noch nicht, die Ihrer Meinung nach geschehen sollten?" Dies gewährleistet, daß Sie über Dinge reden, die in den Augen der Geschäftsleitung wichtig sind.

Vielleicht erhalten Sie Antworten wie: „Neue Produkte oder Dienstleistungen sollten schneller auf den Markt gebracht werden" oder „Bessere Qualität oder besserer Kundendienst für unsere Kunden" oder „Reduzierte Kosten bei den Dienstleistungen". Sie könnten sagen:

> *Ich möchte Ihnen zeigen, wie unsere Teams zur Zeit auf dieses Ziel hinarbeiten und eine bessere Zusammenarbeit uns diesem Ziel noch schneller näherbringen würde.*

Erklären Sie dann, wie bessere Teamarbeit und Führungsunterstützung Ihrer Meinung nach dabei helfen würde. Versuchen Sie nicht, dies förmlich auszudrücken – Ihre Worte sollten von Herzen kommen. Geben Sie Beispiele aus der Arbeit Ihres eigenen Teams.

Tip 371. Bringen Sie die Geschäftsleitung dazu, sich mit der Arbeit der Teams direkt vertraut zu machen. Es ist schwer, sich vorzustellen, wie Teams arbeiten, wenn man sie nicht in Aktion gesehen hat. Sie könnten vorschlagen, daß die Geschäftsleitung einige Unternehmen besucht, in denen Teamarbeit eingeführt wurde, damit sie dort aus erster Hand erfährt, was es damit auf sich hat. Eine andere Möglichkeit wäre, Teams aus anderen Unternehmen in Ihren Betrieb einzuladen, doch Besuche in anderen Firmen sind viel wirkungsvoller. Wahrscheinlich kann auch einer Ihrer wichtigsten Lieferanten oder Kunden Gutes über Teams berichten. Sie könnten vorschlagen, daß die Geschäftsleitung Ihrer Firma ihre Besuche dort beginnt. Wenn Ihr Vorschlag angenommen wird, sind diese Besuche in vielfacher Hinsicht hilfreich. Zum einen machen die Betroffenen ihre Lernerfahrung, zum anderen stärken sie gleichzeitig die Beziehungen zu wichtigen Geschäftspartnern. Wenn die Geschäftsleitung diese Besuche zusammen mit Ihren Gewerkschaftsführern oder wichtigen Arbeitnehmerführern absolviert, kann dies ebenfalls als Möglichkeit zum Teamaufbau beitragen. Unternehmen und Teams berichten gerne darüber, was sie tun und was sie gelernt haben, so daß sich derartige Besuche meistens leicht arrangieren lassen. Seien Sie jedoch darauf vorbereitet, auf einen Besuch bei einigen der besonders populären Firmen warten zu müssen. In manchen Unternehmen gibt es eine Warteliste von drei bis neun Monaten.

Tip 372. Laden Sie das Management ein, um ihm Ihre Erfolge zu präsentieren. Der Geschäftsleitung ist möglicherweise nicht ganz klar, was Ihr Team eigentlich tut. Teilen Sie Ihre Satzung und Grenzbedingungen mit. Beschreiben Sie die Rolle des Teams innerhalb des größeren Prozesses, an dem es teilnimmt: wen Sie als Ihre Lieferanten betrachten und wen als Ihre Kunden sowie Ihre bisherigen Schlüsselerfahrungen und Erfolge. Sie könnten sagen:

> *Wir möchten Ihnen unsere Teamsatzung erläutern und Ihnen erklären, was es mit unserem Team auf sich hat. Je mehr Sie über uns wissen, desto besser wird unsere Kommunikation sein, so daß wir unsere Arbeit verbessern können. Auch Ihre Meinung, wohin es mit unserem Team geht, würde für uns von Vorteil sein. Werden Sie uns dabei helfen? Können wir einen Termin vereinbaren, an dem Sie sich mit uns an unserem Arbeitsplatz zusammensetzen, damit wir Ihnen zeigen können, worin unsere Aufgabe besteht?*

Siehe Hilfsmittel 1: Eine Teamsatzung erstellen
Siehe Hilfsmittel 2: Grundsätze, Richtlinien und Grenzen einsetzen

Tip 373. Schlagen Sie eine Einweisung für die Firmenleitung oder Schulungssitzungen vor. Die Geschäftsleitung hat möglicherweise keine Erfahrung mit Teams und weiß nicht, was sie tun soll oder wie sie den Prozeß unterstützen kann. Es gibt sieben grundlegende Kompetenzen für alle Leiter in einer Teamumgebung, die auch für die Geschäftsleitung gelten. Dabei geht es um folgende Aufgaben: Leader sein, lebendes Beispiel, Coach, Geschäftsanalytiker, Überwinder von Barrieren, Förderer und Kundenvertreter. Ermutigen Sie die Geschäftsleitung, ihre Rolle besser kennenzulernen und die Aufgaben von Führungskräften in einer auf Teams basierenden Organisation zu studieren. Ziehen Sie auch die Zusendung kurzer Artikel zur Durchsicht an die Geschäftsleitung in Betracht. Abdrucke aus renommierten Fachzeitschriften für Unternehmen, die Teamerfolge und Berichte über Geschäftsleiter in dieser Situation diskutieren, können nützlich sein.

Siehe Hilfsmittel 19: Rollen und Verantwortung des Teamleiters
Siehe Hilfsmittel 20: Ein lebendes Beispiel sein
Siehe Hilfsmittel 21: Barrieren überwinden

Problem: Behindernde Unternehmenspolitik und Bürokratie

Tip 374. Erklären Sie, was Sie von der Geschäftsleitung für Ihren Erfolg brauchen. Manchmal blockiert ein einzelner oder eine Gruppe aus der obersten Etage den Fortschritt eines Teams, indem sich die Geschäftsleitung nicht an dem Team beteiligt oder die Kontrolle nicht aufgibt. Vielleicht sind sich die Betroffenen dessen noch nicht einmal bewußt, und Sie müssen es ihnen erklären. Es ist immer besser, davon auszugehen, daß sie im Grunde helfen wollen, und sie dann dementsprechend zu behandeln. Auf diese Weise finden Sie die richtige Einstellung zur effektiven Zusammenarbeit mit der Geschäftsleitung. Sie könnten sagen:

> *Wir versuchen, etwas zu tun, für das wir Ihre Unterstützung brauchen, und bisher haben wir sie nicht bekommen können. Wir würden gerne mit Ihnen über unsere Satzung und unseren Zeitrahmen sprechen und erfahren, was wir tun müssen, damit wir in dieser Angelegenheit Ihre Hilfe bekommen. Können wir dazu mit Ihnen einen Termin vereinbaren?*

Wenn Ihre Versuche, die Hilfe der Unternehmensleitung zu erhalten, zu nichts führen, bitten Sie Ihren Teamleiter um Unterstützung. Es ist eine seiner Hauptaufgaben, Barrieren für das Team zu überwinden. Seien Sie nicht schüchtern. Bitten Sie um Hilfe, wenn Sie sie brauchen.

Siehe Hilfsmittel 5: Mit Lieferanten arbeiten
Siehe Hilfsmittel 21: Barrieren überwinden

Tip 375. Entscheiden Sie, wer die Macht hat, restriktive Unternehmensrichtlinien zu ändern, und treffen Sie sich mit den Betreffenden. Manchmal wird das Team durch alte Richtlinien oder Praktiken, die noch nicht geändert wurden, blockiert. Zusammen mit dem Team identifizieren Sie eindeutig, wie die alte Unternehmenspolitik oder Praxis Ihr Team daran hindert, seine Aufgaben zu erledigen oder ein effektiveres Niveau von Teamarbeit zu erreichen. Bitten Sie Ihren Teamleiter, Möglichkeiten zu finden, wie Sie sich bei den Personen Gehör verschaffen können, die in der Lage sind, die entsprechende Unternehmenspolitik oder Praxis zu ändern. Erklären Sie genau, was Ihr Team braucht, damit Sie Ihre Arbeit erledigen können.

Siehe Hilfsmittel 21: Barrieren überwinden

Tip 376. Bauen Sie restriktive Praktiken und bürokratische Arbeiten ab. Manchmal hindern bürokratische Unternehmenssysteme ein Team daran, seine Arbeit zu tun – ändern Sie dies. Teil eines gründlichen Wandlungsprozesses ist eine Umstellung der Hilfssysteme, die alle einsetzen. Bitten Sie Ihren Teamleiter darum, denjenigen herauszufinden, mit dem Sie über eine solche Neuordnung reden müssen. Vielleicht können Sie sich freiwillig als Mitglied des Neuordnungsteams melden. Finden Sie heraus, welche Unterstützung und Hilfe Sie brauchen, um die Blöcke in dem System, die Ihr Team an der Durchführung seiner Aufgabe hindern, zu umschiffen.

Problem: Das Netz der Ehemaligen

Tip 377. Machen Sie sich die Macht des Netzes klar. Die Auseinandersetzung mit einem inoffiziellen Netz, das echte Macht hat, kann schwierig sein. Sicherlich hat jeder schon einmal von den „Netzen der Ehemaligen“ gehört, die in einigen Unternehmen vorhanden sind und die Macht haben, Dinge ganz auf Wunsch durchzuführen oder zu blockieren. Heute wissen wir, daß sich aus Menschen mit ähnlicher Herkunft, Erfahrung oder Erziehung eine starke Gruppe bilden kann, die die Macht hat, das Team zu blockieren oder weiterzubringen und Prozesse zu verändern. Es ist wahrscheinlich nicht die Aufgabe Ihres Teams, solche Netze zu eliminieren, selbst wenn Sie es wollten. Doch es gibt drei Möglichkeiten, mit ihnen umzugehen: Setzen Sie sie ein, umschiffen Sie sie und bekämpfen Sie sie.

Tip 378. Um die inoffiziellen Netze einzusetzen, finden Sie zuerst heraus, welche in Ihrem Unternehmen vorhanden sind. Es können Mitarbeiter sein, die schon viele Jahre dort tätig sind, speziell Teamleiter oder Ingenieure, Mitarbeiter des Marketings oder Sekretärinnen. Bitten Sie Ihren Teamleiter bei der Recherche um Hilfe. Als nächstes identifizieren Sie einzelne Mitglieder des Netzes, die dieselben Ideen haben wie das Team oder sich ebenfalls um Änderungen bemühen. Wenn Sie annehmen, daß die Betroffenen ihre Macht zum Guten einsetzen wollen, haben Sie die richtige Einstellung, um mit ihnen effektiv zu arbeiten. Wenn jemand seine Macht noch nicht einsetzt, um Teams zu helfen, könnten Sie etwa folgendes sagen:

Wir wissen, daß Sie in dem Unternehmen viel Einfluß haben, und wir hätten gerne Ihren Rat. Könnten Sie uns mit einigen Ratschlägen helfen, damit wir unsere Pläne umsetzen können?

Wenn Sie jemanden um Rat fragen, fühlt sich der Betroffene nicht verpflichtet zu helfen, doch oft wird er Ihre Erwartungen übertreffen. Bitten Sie um Vorschläge, wie Sie Ihre Ideen durchsetzen und potentielle Blockierungen umgehen können. Die Chancen stehen gut, daß man Ihnen dabei helfen wird.

Tip 379. Ein inoffizielles Netz zu umgehen, ist wahrscheinlich die sicherste Methode. Wenn Sie nicht kämpfen müssen, sollten Sie es nicht tun. Finden Sie in einer Brainstorming-Sitzung andere Möglichkeiten heraus, das Problem anzugehen. Suchen Sie nach Methoden, mit denen Sie Ihre Arbeit erledigen können, ohne daß sich die Mitglieder des Netzes einmischen müssen. Je mehr Teams diese Netze umgehen, desto mehr Macht verlieren sie. Nach einiger Zeit existiert der Machtblock schließlich nicht mehr.

Tip 380. Es ist eine schwere Aufgabe, ein informelles Netz zu bekämpfen. Doch wenn Sie das Netz nicht einsetzen oder es umgehen können, können Sie es bekämpfen und manchmal dabei sogar gewinnen. Bitten Sie Ihren Teamleiter um Hilfe. Sie müssen genau wissen, wie Sie oder Ihr Team blockiert wird und was genau nötig ist, damit Sie Ihre Arbeit tun können. Teilen Sie Ihrem Teamleiter all diese Informationen mit, und unterbreiten Sie ihm alle spezifischen Dokumente, die Sie in die Hand bekommen können. Suchen Sie nach Möglichkeiten, Ihren Fall vor der offiziellen Managementgruppe darzulegen. Wenn Sie schließlich gewonnen haben, sollten Sie Ihren Sieg zurückhaltend feiern und nicht damit angeben. Ihnen geht es darum, Ihre Arbeit zu erledigen und nicht darum, sich Feinde zu schaffen. Wenn Sie nicht gewinnen können, sollten Sie sich nicht entmutigen lassen. Betrachten Sie alle Rückschläge nur als vorübergehend, und begeben Sie sich an die nächste Aufgabe.

Problem: Machenschaften im Büro

Tip 381. Diskutieren Sie die Unternehmenspolitik offen. Die unangenehme Seite der Firmenpolitik verblaßt häufig, wenn sie aus dem Dunkel ans Tageslicht tritt. Manchmal ist es am besten, offen über Dinge zu sprechen, die nach Machenschaften riechen. Sie könnten sagen:

> *Mir ist nicht klar, nach welchem Verfahren man sich hier bei Beförderungen richtet. Mir scheint, daß es dabei eher darum geht, wen man kennt, und nicht so sehr darum, was man weiß oder geleistet hat. Wenn das stimmt, ist das in Ordnung, aber ich möchte das Verfahren verstehen. Wie sehen die Auswahlkriterien aus? Wer trifft diese Entscheidungen? Könnte mir das jemand erklären?*

Tip 382. Schlagen Sie eine Untersuchung des Arbeitsklimas vor. Sammeln Sie Informationen darüber, wie sich die Mitarbeiter an ihrem Arbeitsplatz fühlen. Setzen Sie die gesammelten Daten ein. Diese Informationen sollten zusammen mit einem bescheidenen Verbesserungsplan zumindest allen, die an der Umfrage teilgenommen haben, mitgeteilt werden. Konzentrieren Sie sich auf Verbesserungen, die die schädlichen Auswirkungen von unternehmenspolitischen Machenschaften minimieren.

Tip 383. Erstellen Sie als Team eine Satzung und Betriebsrichtlinien. Sie können Aussagen zu Ehrlichkeit, Offenheit, Respekt für andere und zum richtigen Verhalten gegenüber dem Kunden machen. Derartige Aktionen reduzieren das Problem unternehmenspolitischer Machenschaften, so daß sich die Erwartungen auf eine gesündere und produktivere Arbeitsumgebung richten. Wenn Ihr Team für andere ein Beispiel setzt, werden die anderen ebenfalls damit aufhören, negative Praktiken einzusetzen oder anderes unangebrachtes Verhalten zu zeigen.

Siehe Hilfsmittel 1: Eine Teamsatzung erstellen
Siehe Hilfsmittel 2: Grundsätze, Richtlinien und Grenzen einsetzen
Siehe Hilfsmittel 14: Eine Atmosphäre für Teamarbeit aufbauen

5.2 Gewerkschaften und Management

Problem: Teams und Gewerkschaften

Tip 384. Sie sollten die gemeinsamen Ziele von Teams und Gewerkschaften verstehen. Arbeitssysteme, die auf Teams beruhen, sind nicht gegen die Gewerkschaft gerichtet. Tatsächlich bestehen viele Übereinstimmungen zwischen den traditionellen Wünschen der Gewerkschaften für ihre Mitglieder und den Zielen von Arbeitssystemen, die auf Teams beruhen. Unter anderem sind dies:

- Faire Behandlung
- Autonomie der Arbeiter und Mitbestimmung bei der Organisation der Arbeit
- Ständige Entwicklung von Kenntnissen und Fähigkeiten
- Arbeitsplatzsicherheit
- Hohe Qualität von Produkten und Dienstleistungen
- Arbeitnehmerwürde

Viele Gewerkschaften unterstützen Teams offen und haben in einer Vielzahl von Unternehmen Schlüsselrollen gespielt. In einem auf Teams beruhenden Arbeitssystem sollten Sie sich auf die Vorteile konzentrieren, indem Sie sich mit den Zielen von Management und Gewerkschaft auseinandersetzen. Es kann für Gewerkschaftsmitglieder hilfreich sein, den Betrieb zu besichtigen und mit den Gewerkschaftsmitgliedern zu sprechen, die in Arbeitssystemen auf Teamgrundlage arbeiten.

Problem: Verträge und Vereinbarungen respektieren

Tip 385. Respektieren Sie Verträge. Der Tarifvertrag repräsentiert eine Vereinbarung zwischen Gewerkschaft und Management zur Operationsweise des Unternehmens. Die Absicht der Vereinbarung besteht von Gewerkschaftsseite darin, die Arbeitnehmer vor unfairer Ausbeutung durch das Management zu schützen. Für das Management führt der Vertrag auf, was von der Belegschaft erwartet werden kann. Zudem bietet er einen einzigen Kontaktpunkt, nämlich die Gewerkschaft, um mögliche Probleme zu handhaben. Es ist wichtig, daß beide Parteien sich an die Parameter und den Geist des Arbeitsvertrags halten, wenn ein Arbeitssystem auf Teambasis initiiert wird.

Tip 386. Setzen Sie den vereinbarten Prozeß ein, und ziehen Sie „Kompaktverträge" in Betracht. Es ist möglich und sogar wahrscheinlich, daß sowohl die Gewerkschaft als auch das Management in dem vorhandenen Vertrag Elemente finden, die mit einem Arbeitssystem auf Teambasis nicht vereinbar sind. Diese Diskrepanzen sollten aufgelistet und in zukünftigen Vertragsverhandlungen angesprochen werden. Viele Unternehmen gehen dazu über, „Arbeitskompakt-verträge" abzuschließen – kürzere Vereinbarungen in bezug auf bestimmte Grundsätze und Werte, die unzählige spezifische Regeln und Vorschriften ersetzen. Obwohl für diese Vereinbarungen von beiden Seiten ein hohes Maß an Vertrauen erforderlich ist, bieten sie oft für alle Betroffenen eine wünschenswerte Beweglichkeit. Sie verpflichten die Betroffenen zudem gegenüber einem höheren Gesetz. Für diese Art von Vereinbarung sind kooperative, partnerschaftliche Verbindungen - keine feindlichen Beziehungen – nötig.

Problem: Die Änderung restriktiver Praktiken aus der Vergangenheit auf allen Seiten

Tip 387. Das Management muß der Gewerkschaft versichern, daß die Einbeziehung von Arbeitnehmern kein Mittel ist, um die Arbeitnehmer gegen die Gewerkschaften auszuspielen. Dies läßt sich am besten bewerkstelligen, indem eine frühe und direkte Einbeziehung der Gewerkschaften bei der Planung, Ausführung und ständigen Erneuerung des Arbeitssystems auf Teambasis sichergestellt wird.

Tip 388. Eine effektive Methode für den Übergang zu einem Arbeitssystem auf Teambasis in Situationen, in denen es sowohl auf der Gewerkschafts- als auch auf der Managementseite einige restriktive Praktiken gegeben hat, besteht in der Aufstellung einiger spezifischer Richtlinien für die Verhandlungen zwischen Gewerkschaft und Management in bezug auf das Teamsystem:

- Es werden in den entsprechenden Bereichen nur von beiden Parteien Änderungen vorgenommen.
- Jede Partei hat nach einem Pilotversuch ein Vetorecht gegenüber den neuen Praktiken auf Teambasis (beide Parteien vereinbaren, den Pilotversuch voll zu unterstützen, damit er eine ehrliche Chance hat).

- Es wird ein unwiderruflicher Termin festgelegt, nach dem die Änderungen permanent werden (dies verhindert, daß sie später für die Gewerkschaft oder für das Management wieder zum Verhandlungsthema werden).

Problem: Wenn die Gewerkschaft nicht früh genug beteiligt wird

Tip 389. Beim Übergang zu einem Arbeitssystem auf Teambasis ist es sehr wichtig, die Gewerkschaft bereits sehr früh einzubeziehen. Offensichtlich ist die Gewerkschaft ein wichtiger Beteiligter bei diesem Übergang, und ohne ihre Unterstützung werden die Bemühungen nicht von Erfolg gekrönt sein. Gewinnen Sie frühzeitig die Unterstützung der Gewerkschaft, indem Sie Vertreter zu den ersten Diskussionen der Teams einladen. Während dieser ersten Besprechungen ist eine Beschreibung folgender Dinge nützlich:

- Die Gründe des Unternehmens für die Änderung (d.h., warum eine Neuordnung auf Teambasis nötig ist).
- Die Einsicht, daß ein Unternehmen auf Teambasis gegenüber der Konkurrenz stark im Vorteil sein könnte.
- Die Vorstellung eines Prozesses für Planung und Übergang des Unternehmens zu einem System auf Teambasis, bei dem die Gewerkschaft bei jedem Schritt einbezogen wird.

Tip 390. Wenn die Gewerkschaft zu Beginn wenig oder gar nicht einbezogen wurde, ist es sehr wichtig, sie offen zu beteiligen und alle relevanten Informationen mit ihr zu teilen. Dazu zählen unter anderem folgende Punkte:

- Warum das Management Arbeitssysteme auf Teambasis einführen wollte.
- Warum die Gewerkschaft bei den anfänglichen Diskussionen nicht mit einbezogen wurde.
- Die wichtigsten Punkte, Argumente und Notizen aus den früheren Managementbesprechungen.
- Wie die zukünftige Rolle der Gewerkschaft in dem Prozeß aussehen könnte.

Wahrscheinlich werden sich die Gewerkschaftsmitglieder übergangen fühlen, und ihr Mißtrauen dürfte größer sein, weil sie während des Übergangsprozesses nicht von Anfang an mit einbezogen waren. Das Management muß in seiner Kommunikation völlig offen und direkt sein – das Gefühl, daß etwas „zurückgehalten" oder „schön geredet" wird, reduziert die Chancen für direkte Mitarbeit und Unterstützung durch die Gewerkschaft. Die Gewerkschaft muß trotz des Versagens des Managements das Gefühl haben, daß sie dem Management noch vertrauen kann und daß sie die Möglichkeit hat, die potentiellen Vorteile, die Arbeitssysteme auf Teambasis den Gewerkschaftsmitgliedern bringen können, richtig einzuschätzen.

Problem: Wenn die Gewerkschaft Teams nicht unterstützt

Tip 391. Versuchen Sie, das zugrundeliegende Mißvertrauen zu verstehen. Wenn die Gewerkschaft das „Teamkonzept" nicht unterstützt, ist es wahrscheinlich, daß Gewerkschaftsmitglieder der Absicht des Managements, Teams im Unternehmen einzuführen, mißtrauisch gegenüberstehen. Es ist für das Management wichtig, von der Gewerkschaftsperspektive aus zu verstehen, wie Verhalten und Praktiken in der Vergangenheit zu einem Gefühl von Mißtrauen gegenüber dem Management geführt haben. Bevor vom Management unterstützte Teams gedeihen können, muß das Management die Sorgen der Gewerkschaft begreifen und verstehen. Dann kann ein Dialog beginnen, um die Nachwirkungen von Praktiken in der Vergangenheit zu überwinden.

Tip 392. Lösen Sie Probleme gemeinsam. Manche Gewerkschaften unterstützen Teams aus folgenden Gründen nicht:

- Die Wirkung, die Teams auf den Tarifvertrag und die Verhandlungsposition der Gewerkschaft haben könnten
- Der Mißbrauch von „Team"-Techniken, um die Arbeitsgeschwindigkeit zu beschleunigen oder die Managementkontrolle zu steigern
- Die Übernahme zusätzlicher Verantwortung ohne legitime Macht

Es ist wichtig, die Gründe für die Sorgen der Gewerkschaft zu verstehen und sie gemeinsam (von Management- und Gewerkschaftsseite aus) anzugehen. Durch eine gemeinsame Lösung der Probleme sind Management und Gewerkschaft Modell für ein System auf Teambasis.

5.3 Probleme mit der Entlohnung

Problem: Lohnkonflikte

Tip 393. Überlegen Sie, was an Ihrem Lohnsystem nicht funktioniert. Wenn Mitarbeiter das Gefühl haben, ihr Lohnsystem sei unfair oder belohne die falsche Art von Verhalten unter den Teammitgliedern, sollte das Problem der Geschäftsleitung vorgetragen werden. Dabei sollte genau erklärt werden, in welcher Hinsicht das Lohnsystem Probleme bereitet. Beschreiben Sie die spezifischen Verhaltensweisen, die vom aktuellen System belohnt werden, und wie dies die Teamleistung stört.

Tip 394. Ändern Sie die Dinge, die Ihrer Kontrolle unterliegen. Lohnsysteme lassen sich normalerweise ohne die starke Unterstützung durch die Geschäftsleitung oder ohne fundamentale Änderungen des Tarifvertrags nur sehr schwer ändern, wenn es sich um Unternehmen mit einem hohen Anteil an Gewerkschaftsmitgliedern handelt. Es ist wichtig zu erkennen, daß einige Unbeständigkeiten in der Entlohnung und der Art und Weise, wie ein Team seine Arbeit durchführen möchte, für einige Zeit weiterbestehen können. Finden Sie als Team heraus, wo die Unbeständigkeiten liegen, und vereinbaren Sie Aktionen, die dem Einflußbereich und der Kontrolle des Teams unterliegen, um ihre Wirkung zu minimieren. Als nächstes finden Sie inoffizielle Belohnungen, die das Team einsetzen kann (z. B. Lob für eine gut ausgeführte Arbeit, Zeit, die in jeder Teambesprechung für die Überprüfung von individueller und Teamleistung aufgewendet wird) und die helfen, das Teamverhalten zu stärken.

Tip 395. Wenn das Unternehmen in der Position ist, sein Lohnsystem neu zu überdenken, könnte der folgende Prozeß eine Hilfe sein:

- Legen Sie fest, was verstärkt werden sollte.
- Entwickeln Sie eine Belohnungsphilosophie.
- Legen Sie Grenzbedingungen fest.
- Bilden Sie ein Designteam (das normalerweise aus Repräsentanten des gesamten Unternehmens besteht), und setzen Sie das Verfahren in Gang.
- Erleichtern Sie die Entwicklung des neuen Entwurfs.

- Überprüfen Sie den neuen Entwurf auf Übereinstimmung mit der Liste zur Verstärkung von Verhaltensweisen, mit der Lohnphilosophie und den Grenzbedingungen.
- Probieren Sie das neue System aus.
- Bewerten Sie seine Effektivität.
- Führen Sie Verbesserungen durch.

Tip 396. Seien Sie sich im klaren darüber, was Lohn wirklich bewirken kann. Oft haben Menschen unrealistische Erwartungen, was Änderungen des Lohnsystems zur Verbesserung der Unternehmensleistung beitragen können. Ein Lohnsystem, mit dem die Mitarbeiter im allgemeinen unzufrieden sind, kann eine Barriere für Teamleistung sein, aber eine Änderung des Lohnsystems ohne die entsprechenden Änderungen in der Ausführung der Arbeit, in der Art und Weise, wie Rollen festgelegt werden, wie Informationen geteilt werden, hat wahrscheinlich wenig andauernde Wirkung auf die Teamleistung. Die Motivation der Mitarbeiter ist weniger an die Entlohnung gebunden als an das Gefühl, Teil der Firma zu sein und ein Mitspracherecht in bezug auf die Ausführung der Arbeit zu haben.

Tip 397. Ändern Sie die Entlohnung erst, wenn Sie die Arbeit ändern. Bedenken Sie, daß die Entlohnung die Art und Weise, wie die Arbeit getan wird, unterstützen soll. Sie dient zur Verstärkung der Dinge, die das Unternehmen wirklich schätzt. Aus diesem Grund ist es fast immer am besten, mit einer Änderung des Lohnsystems zu warten, bis das Arbeitssystem auf Teambasis realisiert ist. Einige Unternehmen versuchen, ein neues Lohnsystem vor der Einführung von Teamarbeit zu schaffen, doch die meisten stellen fest, daß dies ein Fehler ist. Erst wenn Sie wissen, wie die Arbeiten durchgeführt werden, kann die richtige Entlohnung erfolgen. Andernfalls setzen Sie eventuell Lohnsysteme durch, die der Teamarbeit schaden können.

Problem: Konflikte bei der Einschätzung der Arbeit

Tip 398. Entscheiden Sie, welche Verhaltensweisen, die der Effektivität des Teams schaden könnten, vom aktuellen Beurteilungssystem belohnt werden. Oft kann das Bewertungssystem durch die Art und Weise, wie eine Leistung bewertet wird, mehr auf eine Linie mit den Verhaltensweisen gebracht werden, die das Unternehmen fördern will. Der unter Hilfsmittel 17 (Die Teamleistung handhaben) beschriebene Prozeß ist hilfreich für die Schaffung von Verfahren zur Leistungsbewertung, die Teamarbeit unterstützen.

Siehe Hilfsmittel 17: Die Teamleistung handhaben

Tip 399. Ändern Sie die Dinge, die Ihrer Kontrolle unterliegen. In den meisten Unternehmen ist es sehr schwierig, das Bewertungssystem zu ändern. Dazu ist möglicherweise sogar die Unterstützung der Personalabteilung und der Geschäftsleitung nötig. Legen Sie zuerst fest, welche Aspekte des aktuellen Bewertungssystems von Ihrem Team geändert werden können. Konzentrieren Sie sich darauf, diese Verbesserungen durchzuführen, indem Sie Hilfsmittel 17 (Die Teamleistung handhaben) einsetzen. Über längere Sicht arbeiten Sie mit dem Unternehmen zusammen, um das System weiter zu verbessern.

Siehe Hilfsmittel 17: Die Teamleistung handhaben

6. Probleme außerhalb des Unternehmens

Probleme in der externen Umgebung des Teams

6.1 Probleme mit Kunden

Problem: Mangelndes Wissen der Kunden

Anmerkung: In einigen Unternehmen ist es wichtig, daß ein Mitarbeiter aus dem Marketingbereich oder dem Verkauf an allen Kundenbesprechungen teilnimmt. Wenn Sie sich über Ihre Grenzen im Bereich direkte Kundeninteraktion nicht klar sind, sollten Sie sich von Ihrem Teamleiter, Marketing- oder Verkaufsrepräsentanten helfen lassen.

Tip 400. Planen Sie eine Besprechung mit einem Repräsentanten aus dem Marketing oder Vertrieb, der über Kunden und Kundenwünsche Bericht erstatten kann. Mitarbeiter aus diesen Bereichen sind normalerweise bereit, ihre Kundenkenntnisse weiterzugeben, und heißen die Gelegenheit, sich mit Ihrem Team zu treffen, willkommen. Bei der Planung der Besprechung könnten Sie sagen:

> *Unser Team möchte sich stärker auf den Kunden konzentrieren, aber wir sind uns nicht einmal sicher, wer unsere Kunden sind. Hätten Sie etwas dagegen, eine unserer Teambesprechungen zu besuchen, um uns von den Kunden, mit denen Sie arbeiten, und darüber, wie diese unsere Produkte einsetzen, zu berichten?*

Tip 401. Bilden Sie innerhalb Ihres Teams ein Kundenteam. Beauftragen Sie die Mitglieder, soviel wie möglich über Ihre Kunden herauszufinden, indem sie das unter Hilfsmittel 4 (Kundenbeziehungen aufbauen) beschriebene Verfahren einsetzen und alles, was sie erfahren haben, an das gesamte Team weitergeben.

Siehe Hilfsmittel 4: Kundenbeziehungen aufbauen

Tip 402. Planen Sie eine direkte Besprechung mit einem Kunden. Entwickeln Sie eine Tagesordnung, indem Sie Hilfsmittel 6 (Effektive Besprechungen abhalten) einsetzen, um sicherzugehen, daß Sie die Zeit Ihres Kunden so effektiv wie möglich nutzen. Bitten Sie ihn zu erklären, wie er Ihr Produkt oder Ihre Dienstleistung einsetzt, was ihm daran gefällt oder mißfällt und welche zusätzlichen Merkmale er sich wünscht.

Siehe Hilfsmittel 6: Effektive Besprechungen abhalten

Problem: Partnerschaft mit dem Kunden zur Sicherung von langfristigem Erfolg

Tip 403. Treffen Sie sich mit dem Kunden, und teilen Sie ihm den Wunsch des Teams mit, eine langfristige Beziehung zu entwickeln. Informieren Sie den Kunden über die Wünsche, Satzung und langfristigen Ziele Ihres Teams, um ihm zu zeigen, daß Sie etwas haben, das für ihn von Wert ist. Bereiten Sie sich mit Informationen auf die Besprechung vor, die Sie während der Arbeit mit Hilfsmittel 4 (Kundenbeziehungen aufbauen) gesammelt haben.

Siehe Hilfsmittel 4: Kundenbeziehungen aufbauen

Problem: Wenn Kundenbedürfnisse nicht erfüllt werden

Tip 404. Bitten Sie Ihre Kunden um Feedback, und setzen Sie es ein, wenn Sie es bekommen. Denken Sie an die unter Hilfsmittel 8 (Feedback geben und empfangen) erwähnten Fähigkeiten zum Empfangen von Feedback. Nachdem Sie einen Kundenauftrag erhalten haben, könnten Sie beispielsweise fragen:

> *Gibt es in bezug auf unser Produkt (unsere Dienstleistung) irgend etwas, das Sie gerne verbessert sehen würden?*

Siehe Hilfsmittel 8: Feedback geben und empfangen

Tip 405. Führen Sie die aktuellen Qualitätsmessungen für das Produkt Ihres Teams auf. Fragen Sie, ob dies die richtigen Messungen sind oder ob andere, basierend auf Ihrem Verständnis von den Bedürfnissen Ihrer Kunden, hinzugefügt werden sollten. Legen Sie die Liste der Marketingabteilung und den Mitarbeitern im Vertrieb vor, und bitten Sie sie, dasselbe zu tun.

Problem: Wie Kundenprobleme gelöst werden

Tip 406. Hören Sie sich genau an, was der Kunde Ihnen sagt, und wiederholen Sie seine Probleme mit Ihren eigenen Worten, um Ihre Betroffenheit zu zeigen und um sicherzugehen, daß Sie sein Problem und seinen Lösungsvorschlag verstanden haben. Erklären Sie ausführlich, was Sie zur Lösung des Problems tun werden, und verpflichten Sie sich, dies innerhalb einer bestimmten Frist zu tun (wenn Sie das Problem nicht sofort lösen können). Hilfsmittel 13 (Grundlagen der Teamkommunikation) führt die Werkzeuge auf, mit denen Sie verständnisvoll zuhören können. Nachdem der Kunde Ihnen seine Probleme kundgetan hat, könnten Sie sagen:

> *Wenn ich es richtig verstehe, haben Sie 15 Teile bestellt und nur zwölf erhalten. Die vier nicht eingegangenen sind wichtig für ein Projekt, das Sie bis morgen abschließen müssen, und wir sollen dafür sorgen, daß die Teile morgens vor Ort sind. Es tut mir sehr leid, daß dieses Problem verursacht wurde, und ich werde alles tun, damit Sie die Teile morgen früh haben. Ich rufe Sie in einer Stunde an, um Ihnen zu sagen, was wir zur Lösung des Problems unternehmen werden.*

Siehe Hilfsmittel 13: Grundlagen der Teamkommunikation

Tip 407. Verschwenden Sie keine Zeit damit, Schuld zuzuweisen oder herauszufinden, warum es zu einem Problem gekommen ist. Erklären Sie den übrigen Teammitgliedern das Problem, und konzentrieren Sie die Teambemühungen darauf, die Bedürfnisse des unzufriedenen Kunden zu erfüllen. Informationen, die das Team mit Hilfe von Hilfsmittel 4 (Kundenbeziehungen aufbauen) gesammelt hat, werden dem Team helfen, das Richtige, basierend auf den Wünschen und Bedürfnissen Ihrer Kunden, zu tun. Eine Notfallbesprechung könnte so beginnen:

> *Ich habe gerade mit Todd vom ABC-Krankenhaus gesprochen. Er hat vier der bestellten Teile nicht erhalten, und er braucht sie morgen. Wir wollen gemeinsam überlegen, was wir tun können, damit er das Gewünschte bekommt.*

Siehe Hilfsmittel 4: Kundenbeziehungen aufbauen

Tip 408. Nachdem das Problem gelöst wurde, sollten Sie eine Teambesprechung planen, um herauszufinden, warum der Kunde das Gewünschte nicht erhalten hat. Setzen Sie dazu den Prozeß zur Problemlösung aus Hilfsmittel 10 (Teamprobleme lösen) und ein Werkzeug aus Hilfesmittel 11 (Werkzeuge für Problemlösungen) ein.

Siehe Hilfsmittel 10. Teamprobleme lösen
Siehe Hilfsmittel 11: Werkzeuge für Problemlösungen

6.2 Lieferanten

Probleme: Lieferantenprobleme lösen

Tip 409. Etablieren Sie eine solide Arbeitsbeziehung mit allen Lieferanten Ihres Teams. Setzen Sie das unter Hilfsmittel 5 (Mit Lieferanten arbeiten) umrissene Verfahren ein, um eine solide Grundlage zu entwickeln.

Siehe Hilfsmittel 5: Mit Lieferanten arbeiten

Tip 410. Treffen Sie sich mit dem Lieferanten, und erläutern Sie Ihr Problem. Drücken Sie sich sehr genau aus in bezug auf das Problem und die erforderliche Frist zu seiner Lösung. Sie könnten die Besprechung so beginnen:

> *Die letzte Sendung, die wir erhalten haben, war von einem Ölfilm bedeckt. Das ist nicht annehmbar, und wir hätten gerne bis Ende dieser Woche eine Lösung.*

Tip 411. Teilen Sie dem Lieferanten das Problem mit, und setzen Sie gemeinsam eins der unter Hilfsmittel 11 (Werkzeuge für Problemlösungen) erwähnten Werkzeuge ein. Sie könnten sagen:

> *Wir wollen die gute Beziehung, die sich zwischen uns etabliert hat, fortsetzen. Könnten wir uns treffen und gemeinsam über das Problem beraten, um sicherzugehen, daß dies nicht wieder vorkommt?*

Hilfsmittel 11: Werkzeuge für Problemlösungen

Tip 412. Arbeiten Sie nicht mehr mit diesem Lieferanten zusammen, und sehen Sie sich nach einem anderen um. (Anmerkung: Dies ist die am wenigsten wünschenswerte Option.)

6.3 Behörden

Problem: Der Umgang mit offiziellen Behörden

Tip 413. Leiten Sie derartige Probleme (Arbeitsgesetze, Gesundheitsprüfungen, Finanzberichte für Steuerzwecke usw.) an die betreffende firmeninterne Abteilung weiter. Ihr Team möchte beispielsweise die Art und Weise, wie bestimmte Finanzinformationen in Berichten dargestellt werden, ändern, doch ein Teammitglied weiß, daß dies steuerliche Auswirkungen hat. Sie sollten sich an den entsprechenden Mitarbeiter in der Finanzabteilung wenden und sagen:

> *Die aktuellen Berichtsanforderungen für den XYZ-Prozeß sind sehr zeitaufwendig. Unser Team würde dies gerne ändern, aber wir wollen sichergehen, daß Sie dennoch alle benötigten Steuerinformationen erhalten. Was halten Sie von dem Vorschlag, den wir zusammengestellt haben?*

Tip 414. Es kann vorkommen, daß Teams in euphorischer Stimmung oder Hektik Ideen kreieren, die möglicherweise wichtige Vorschriften verletzen. Nachdem Sie in einer Brainstorming-Sitzung Ideen gesammelt haben, übertragen Sie einem Teammitglied die Aufgabe, die Ideen daraufhin zu überprüfen, ob sie den Regeln entsprechen. Die Betroffenen könnten beispielsweise sagen:

> *Alle Ideen scheinen mir in Ordnung, abgesehen von dem Vorschlag, kürzere Pausen einzulegen, dafür aber länger Mittagspause zu machen. Wir müssen diesen Vorschlag mit dem Leiter der Personalabteilung absprechen.*

Wenn Sie den geringsten Verdacht haben, daß eine Entscheidung des Teams derartige Probleme verursachen könnte, sollten Sie im Betrieb jemanden finden, mit dem sie diese Idee überprüfen.

Tip 415. Bitten Sie Ihren Teamleiter, mögliche Vorschriften zu erläutern, wenn eine Schulung für eine neue Aufgabe durchgeführt wird. Sie könnten sagen:

Marcia, wir wissen, daß wir jetzt die Verantwortung für Sauberkeit an unserem Arbeitsplatz tragen. Erinnern Sie sich an die Liste, die das Gesundheitsamt uns nach der Inspektion im letzten Jahr gegeben hat? Könnten Sie bei unserer nächsten Besprechung mit uns die Vorschriften durchgehen, auf die wir achten müssen?

Tip 416. Diskutieren Sie Vorschriften regelmäßig, geben Sie zu, daß ihre Handhabung schwierig sein könnte, und verpflichten Sie Ihr Team dem Grundsatz, daß Sie die gesetzlichen Verordnungen und Gesetze befolgen werden. Hilfsmittel 2 (Grundsätze, Richtlinien und Grenzen einsetzen) umreißt ein Verfahren zur Etablierung und Aktualisierung von Teamgrundsätzen.

Siehe Hilfsmittel 2: Grundsätze, Richtlinien und Grenzen einsetzen

[illegible]

Tip 116. Diskutieren Sie [illegible] regelmäßig, [illegible] Sie zu, daß Ihre [illegible] schwierig sein könnte [illegible] Sie [illegible] Unterschied, den Sie [illegible] Verhältnisse [illegible] Grundsätze, [illegible] und [illegible] [illegible] von [illegible]

[illegible] Grundsätze, Flexibilität und Grenzen setzen

Teil zwei

Teamwerkzeuge und Vorgehensweisen

Hilfsmittel 1: Eine Teamsatzung aufstellen

Eine Teamsatzung erklärt das Ziel eines Teams und gibt eine klare Definition der Rolle und Erwartungen des Teams. Speziell umfaßt eine gut definierte Satzung folgendes:

1. Sie erfüllt die an das Team gerichteten Erwartungen.
2. Sie konzentriert Energien und Aktivitäten der Teammitglieder auf einen Punkt.
3. Sie stellt eine Grundlage für Zielsetzungen und Entscheidungen zur Verfügung.
4. Sie hilft den Teammitgliedern, sich ein Bild von ihrem Potential zu machen.
5. Sie gibt die Absichten des Teams an andere weiter.

Die Satzung sollte folgende Elemente umfassen:

Gesamtziel. Das Gesamtziel sollte erklären, warum das Team notwendig ist und welche Grundbedürfnisse es erfüllen soll. Die Satzung kann auch eine Beschreibung enthalten, wie das Team zu den Gesamtzielen des Unternehmens paßt.

Wichtige Kunden. Wichtige Kunden sind diejenigen, die die Produkte und Dienstleistungen des Teams einsetzen können. Bei der Beschreibung der wichtigen Kunden ist es auch hilfreich anzugeben, wem das Team Bericht erstatten wird.

Wichtige Ergebnisbereiche. In den wichtigen Ergebnisbereichen wird definiert, was das Team erreichen soll. Zu den wichtigen Ergebnisbereichen können meßbare Ziele zählen, mit denen das Team seinen Fortschritt planen und überwachen kann.

Richtlinien. Richtlinien beschreiben Grundüberzeugungen, Werte oder Parameter, nach denen das Team sich richten wird.

Zeitrahmen. Zeitrahmen umreißen die zeitlichen Verpflichtungen, die von dem Team erwartet werden. Bei den Zeitrahmen kann es sich um wichtige Fristen handeln oder um die Anzahl von Stunden, die zum Erreichen von Teamzielen nötig sind.

Die folgenden Schritte sind beim Aufstellen einer Satzung für Ihr Team hilfreich.

1. *Bereiten Sie Ihre eigenen Gedanken und Ideen vor.* Wenn Sie sich als Team zusammensetzen, ist es wichtig, daß sich jedes Teammitglied die Zeit nimmt,

über alle wichtigen Elemente, die in die Teamsatzung aufgenommen werden sollten, nachzudenken.

2. *Gehen Sie alle Gedanken und Ideen gemeinsam in einer Brainstorming-Sitzung durch.* Wenn Sie sich als Team zusammensetzen, ist es wichtig, daß alle Teammitglieder die Gelegenheit erhalten, ihre Gefühle zu äußern. Auf diese Weise können alle Teammitglieder auf den Ideen der anderen aufbauen. Schreiben Sie alle Ideen an die Tafel oder in einer Tabelle auf, und achten Sie darauf, daß die Ideen noch nicht bewertet werden.
3. *Entwickeln Sie einen Rohentwurf der Satzung.* Nachdem alle die Gelegenheit hatten, ihre Ansichten kundzutun, können Sie die Ideen durchsieben und sie in einen Satzungsentwurf aufnehmen. Zu diesem Zeitpunkt mag es nötig sein, bestimmte Ideen zu diskutieren und zu bewerten. Machen Sie sich jetzt noch keine Gedanken wegen der perfekten Formulierung; konzentrieren Sie sich eher darauf, daß die einzelnen Punkte verstanden werden und dem Hauptkonzept als Ganzem zugestimmt wird.
4. *Lassen Sie den Satzungsentwurf ein paar Tage liegen.* Nach Erstellen des Satzungsentwurfs ist es sehr hilfreich, allen Beteiligten eine getippte Kopie zur Durchsicht zu geben und ein paar Tage lang darüber nachzudenken. Achten Sie darauf, daß Sie Feedback und Orientierung von der Geschäftsleitung und möglicherweise auch von Ihren wichtigen Kunden erhalten. Lassen Sie den Entwurf ein paar Tage lang ruhen, bevor Sie sich wieder zusammensetzen, um ihn auszuformulieren.
5. *Formulieren Sie die Endfassung der Satzung, und verteilen Sie sie.* Nachdem die Satzung überprüft wurde und ein paar Tage lang liegengeblieben ist, sollte sich das Team wieder treffen, um die Satzung auszuformulieren. Dazu sind möglicherweise einige Änderungen aufgrund von neuen Einsichten und Feedback erforderlich. Nach Aufstellung der Endfassung können maschinengeschriebene Kopien an alle Teammitglieder und alle, die Interesse an den Informationen haben könnten, verteilt werden.

Hilfsmittel 2: Grundsätze, Richtlinien und Grenzen einsetzen

Traditionelle Managementpraktiken haben das Management nach unternehmenspolitischen Richtlinien zur Sicherung von Gerechtigkeit und Fairneß im Unternehmen betont. Unternehmenspolitische Grundsätze waren die Regeln, nach denen Entscheidungen in so unterschiedlichen Bereichen wie Anwesenheitszeiten, Versetzung, Ausrüstungseinkauf, Disziplinarstrafen und Sicherheit getroffen wurden. Obwohl einige dieser Richtlinien wichtig sind, kann die Entwicklung eines Teams gestört werden, wenn man sich zu sehr auf sie verläßt. Eine Alternative zur ausschließlichen Führung eines Unternehmens nach der Firmenpolitik ist die Führung nach Grundsätzen. Folgende Unterscheidungen sind dabei nützlich:

1. *Politische Grundsätze:* Regeln und Vorgehensweisen, die spezifische Aktionen oder Verhaltensweisen definieren.
2. *Allgemeine Grundsätze:* Kerngrundsätze, die den Mitarbeitern helfen, für sich selbst die entsprechenden Aktionen in vorgegebenen Situationen festzulegen.

Beispiele für Grundsätze:

- Wir erzielen mehr, wenn wir zusammen statt gegeneinander arbeiten.
- Wir fühlen uns Entscheidungen, die wir mitgetragen haben, stärker verpflichtet.
- Unser Ziel lautet, unseren Kunden besser kennenzulernen und ihm besser zu dienen als alle anderen.
- Alle Teammitglieder sind an der Besprechung und ihren Ergebnissen beteiligt.

Um ein Unternehmen effektiv nach Grundsätzen zu leiten, sind folgende Richtlinien hilfreich:

1. *Alle sollten sich klar darüber sein, wie die Richtlinien des Unternehmens aussehen.* Das Führungsteam sollte sich daran beteiligen, die Grundsätze im ganzen Unternehmen zu verbreiten, doch Ihr Team sollte sich auch die Zeit nehmen, Grundsätze, die für Ihre Gruppe wichtig sind, zu identifizieren und zu diskutieren.
2. *Die Grundsätze sollten für die Aufgaben, Entscheidungen und Probleme, an denen das Team arbeitet, relevant sein.* Die Aktionen Ihres Teams sollten mit Ihren Grundsätzen übereinstimmen. Einige Teammitglieder überprüfen alle Entscheidungen anhand der Grundsätze. Die Teammitglieder sollten sich regelmäßig fragen, ob ihr Verhalten den Grundsätzen entspricht. Stellt man sich diese Frage regelmäßig, wird die Verpflichtung des Teams gegenüber den Grundsätzen verstärkt.
3. *Klar verständliche Grundsätze können helfen, unnötige oder unbeständige unternehmenspolitische Richtlinien auszumerzen.* Wie bereits erläutert, sollten offizielle unternehmenspolitische Richtlinien und Regeln nur dann eingesetzt

werden, wenn es wirklich notwendig ist. Viele Unternehmen haben derart ausführliche und oft widersprüchliche unternehmenspolitische Richtlinien entwikkelt, daß die Geschäfte stillstehen würden, wenn man sie wirklich alle befolgte! Wenn Teams unternehmenspolitische Richtlinien identifizieren, die den Grundsätzen widersprechen, sollten sie diese Widersprüchlichkeiten angehen. Unternehmenspolitische Richtlinien, die zur Kontrolle des Mitarbeiterverhaltens nicht mehr nötig sind und die Produktivität und Innovation blockieren, sollten eliminiert werden. Natürlich gibt es normalerweise bestimmte Unternehmensbereiche, die für die Handhabung von Änderungen unternehmenspolitischer Grundsätze zuständig sind. Diese Bereiche sollten eingesetzt werden, wenn es um die Behandlung von Widersprüchlichkeiten geht, die vom Team identifiziert wurden.

4. *Grundsätze sollten hin und wieder überprüft und aktualisiert werden.* Obwohl Grundsätze mit der Absicht aufgestellt werden, daß sie langfristig und dauerhaft sind, sollte man sie doch hin und wieder neu bewerten. Neuformulierungen zur Klärung ihrer Bedeutung oder das Anfügen neuer Grundsätze sollte von Zeit zu Zeit in Betracht gezogen werden. Durch eine solche Neubewertung und eventuelle Verbesserung wird ihre Bedeutung noch weiter gestärkt.

Verhaltensrichtlinien

Verhaltensrichtlinien beschreiben das Verhalten, an das sich die Teammitglieder halten und das sie in der Interaktion mit anderen Teammitgliedern zeigen wollen. Das Aufstellen solcher Verhaltensrichtlinien ist aus folgenden Gründen wichtig:

- Wenn das Team keine Verhaltensrichtlinien aufstellt, werden die Normen (Gewohnheiten) des Teams zu den Standardrichtlinien.
- Verhaltensrichtlinien fördern Vertrauen und Offenheit.
- Sie legen allgemeine Erwartungen für das Verhalten der Teammitglieder fest.
- Sie bieten eine allgemeine Vision dafür, wie sich das Team verhalten wird.

Folgende Schritte sind beim Aufstellen der Verhaltensrichtlinien hilfreich:

1. Überzeugen Sie sich davon, daß alle Teammitglieder wissen, was Verhaltensrichtlinien sind und warum sie wichtig sind. Vielleicht können Sie über ihren Zweck sprechen und diskutieren, wie sie eingesetzt werden sollen.

2. Stellen Sie als Team in einer Brainstorming-Sitzung eine Liste möglicher Richtlinien auf. Auf diese Weise erhalten alle die Möglichkeit, ihre Ideen und Meinungen kundzutun.
3. Überprüfen Sie die aufgestellte Liste, und vereinbaren Sie ein Bündel von Richtlinien, denen sich alle verpflichten. Sie können ähnliche Ideen kombinieren und andere klarer formulieren, damit Sie ein Bündel von funktionierenden Richtlinien erhalten.
4. Beziehen Sie sich immer wieder auf die Richtlinien, damit das Team auf dem rechten Weg bleibt. Heften Sie die Richtlinien beispielsweise an eine Tafel, wo alle sie sehen können.
5. Überprüfen Sie die Richtlinien hin und wieder, und nehmen Sie die nötigen Änderungen, Ergänzungen oder Löschungen vor. Damit die Richtlinien effektiv sind, müssen sie aktuell bleiben und für die Bedürfnisse des Teams relevant sein.

Wenn Sie Verhaltensrichtlinien aufstellen, sollten Sie Begriffe verwenden, die beobachtbares Verhalten beschreiben – keine Einstellungen oder Gefühle. Achten Sie darauf, daß die Richtlinien für alle gut sichtbar aufgehängt werden, so daß Sie sich in Ihren Besprechungen auf sie beziehen können. Nehmen Sie sich in jeder Besprechung Zeit, um zu überprüfen, wie gut das Team arbeitet (Überprüfung des Arbeitsprozesses).

Grenzbedingungen

Grenzbedingungen beschreiben die Zwänge und Grenzen, nach denen das Team sich beim Fällen von Entscheidungen richten muß. Grenzbedingungen werden normalerweise vor einer Sitzung festgelegt, in der Entscheidungen getroffen werden. Sie helfen dem Team, sich auf eine praktische Lösung der vor ihm liegenden Probleme zu konzentrieren. Grenzbedingungen umfassen häufig folgende Dinge:

- Verfügbare finanzielle Mittel
- Verfügbare Ressourcen
- Der für die Durchführung zur Verfügung stehende Zeitrahmen
- Die Einbeziehung der Gesamtstrategie des Unternehmens

Hilfsmittel 3: Gruppenentscheidungen treffen

Es gibt drei Herausforderungen, denen entsprochen werden muß, um eine effektive Teamentscheidung zu treffen:

1. *Die Entscheidung muß rechtzeitig getroffen werden.* Die meisten Teams haben „Chancenfenster", die sich kurzfristig öffnen und wieder schließen. Oft müssen Entscheidungen rasch getroffen und Aktionen schnell durchgeführt werden.
2. *Die Entscheidung muß von hoher Qualität sein.* In der heutigen Arbeitswelt kann die Durchführung einer Aufgabe, die gleich beim ersten Mal richtig erledigt wird, alles bedeuten. In vielen Fällen wird keine zweite Chance geboten. Aus diesem Grund müssen Entscheidungen richtig, präzise und gut durchdacht sein.
3. *Die Entscheidung muß bei anderen das Engagement fördern.* Selbst eine richtige Entscheidung hat wenig Wert, wenn niemand gewillt ist, die Entscheidung zu unterstützen und durchzusetzen. Dies ist wesentlich für Engagement. Oft kann eine mittelmäßige Entscheidung, für die sich alle engagieren, mehr bewegen als eine gute Entscheidung ohne derartige Unterstützung.

Entscheidungen treffen

In Unternehmen gibt es vielfältige Methoden, um Entscheidungen zu treffen. Die Richtigkeit der einzelnen Methoden hängt von der Situation ab, in der sie realisiert werden. Zu den häufig angewandten Methoden zählen autokratische, demokratische, übereinstimmende und einstimmige Entscheidungen.

Autokratische Entscheidungen. Die Entscheidung wird von einem einzelnen oder einer kleinen Gruppe getroffen. Dieser einzelne ist häufig der Manager oder Vorgesetzte.

Demokratische Entscheidungen. Entscheidungen werden normalerweise durch Abstimmung getroffen. In der einfachen Form haben alle Betroffenen eine Stimme. Die Alternative, die die meisten Stimmen erhält, gewinnt.

Übereinstimmende Entscheidungen. Übereinstimmende Entscheidungen werden gefällt, wenn alle Teammitglieder sich verpflichten, die Entscheidung zu unterstützen. Übereinstimmung bedeutet nicht, daß alle der Meinung sind, daß die beste Entscheidung gefällt wurde, doch es bedeutet, daß alle die Entscheidung unterstützen können und nicht das Gefühl haben, dabei in bezug auf ihre ethischen Vorstellungen, Werte oder Interessen einen Kompromiß einzugehen.

Einstimmige Entscheidungen. Einstimmige Entscheidungen bedeuten, daß alle der Meinung sind, daß die bestmögliche Entscheidung gefällt wurde. Es besteht ein Unterschied zur Übereinstimmung, bei der einige Gruppenmitglieder der Meinung sein können, daß nicht die beste Entscheidung getroffen wurde, aber dennoch gewillt sind, die Entscheidung mitzutragen.

Als Team Übereinstimmung erzielen

Für das Erzielen von Übereinstimmung ist das Engagement aller Teammitglieder erforderlich. Um Übereinstimmung zu erzielen, sollten alle Teammitglieder folgende Kriterien in Betracht ziehen:

- Ich habe Ihre Meinung gehört.
- Ich glaube, daß Sie meine Meinung gehört haben.
- Die Entscheidung gefährdet meine Werte und ethischen Vorstellungen nicht.
- Ich kann die vorgeschlagene Entscheidung unterstützen.

Schritte, mit denen Übereinstimmung erreicht wird

Folgende Schritte sind hilfreich, wenn im Team Übereinstimmung erzielt werden soll:

1. *Definieren Sie die Entscheidung, die vom Team getroffen werden soll.* Dies kann geschehen, indem Sie einfach den Zweck der Entscheidung und verfügbare Alternativen nennen.
2. *Sammeln Sie Informationen.* Dazu ist möglicherweise die Verschiebung der Entscheidung nötig, bis genug Informationen verfügbar sind, um das Problem aus allen Blickwinkeln zu betrachten.
3. *Machen Sie sich eigene Gedanken in bezug auf das Problem.* Sie sollten wissen, welche Gefühle Sie in bezug auf ein bestimmtes Problem haben, bevor Sie es im Team diskutieren.
4. *Teilen Sie dem Team Ihre Gedanken mit.* Achten Sie darauf, daß Sie Ihre Gedanken und Gefühle gegenüber den Teammitgliedern ausdrücken.

5. *Hören Sie sich die Ansichten der anderen Teammitglieder an.* Ermöglichen Sie es den anderen, ihre Ansichten zu äußern, und versuchen Sie, ihre Perspektive zu verstehen.
6. *Treffen Sie eine Entscheidung als Team.* Um als Team Übereinstimmung zu erzielen, müssen Sie sich darauf konzentrieren, eine Entscheidung zu treffen, die alle unterstützen können und die nicht nur auf Ihren eigenen Vorlieben beruht.
7. *Setzen Sie die Entscheidung als Team durch, und unterstützen Sie sie.* Wenn eine Entscheidung einmal getroffen wurde, müssen alle zu dieser Entscheidung stehen und alles tun, damit sie erfolgreich durchgesetzt werden kann.

Die folgende Liste bietet Hilfen, wenn Sie versuchen, eine übereinstimmende Entscheidung zu treffen:

- Seien Sie bereit, die Probleme zu diskutieren.
- Machen Sie Ihre Hausaufgaben, und seien Sie bereit, Ihre Position zu erklären.
- Konzentrieren Sie sich auf den Zweck der Entscheidung.
- Erklären Sie, was Sie im Sinn haben, und verschaffen Sie sich dafür Gehör.
- Hören Sie zu, so daß Sie die anderen verstehen.
- Betrachten Sie unterschiedliche Meinungen als Hilfe, um eine gute Entscheidung zu treffen.
- Widerstehen Sie der Versuchung, zu schnell eine Entscheidung zu treffen.
- Achten Sie darauf, daß alle Meinungen gehört und alle Punkte in Betracht gezogen werden.
- Haben Sie keine Angst, sich Konflikten zu stellen.
- Setzen Sie sich mit Ideen und Problemen auseinander, nicht mit Menschen.
- Arbeiten Sie auf eine gute Entscheidung hin und nicht nur auf Ihre bevorzugte Wahlmöglichkeit.
- Stimmen Sie der endgültigen Entscheidung nur dann zu, wenn Sie sie Ihrer Meinung nach unterstützen können.
- Seien Sie sich selbst gegenüber ehrlich.

Was Sie denken und fühlen, ist nicht nur für die Qualität einer Entscheidung wichtig, sondern auch für die Qualität ihrer Durchsetzung.

Zeiten, in denen übereinstimmende Entscheidungen möglicherweise nicht angebracht sind

Es gibt Zeiten, in denen übereinstimmende Entscheidungen nicht angebracht oder einfach nicht möglich sind. Es folgen einige Beispiele für Situationen, in denen Übereinstimmung nicht möglich ist:

- Ihr Vorgesetzter hat angedeutet, daß die Entscheidung nicht diskutiert wird. Sie liegt außerhalb der Grenzbedingungen des Teams.
- Es herrscht eine Krisensituation, in der keine Zeit vorhanden ist, Übereinstimmung zu erzielen. Sofortige Aktionen sind erforderlich.
- Das Team verfügt nicht über die technische Erfahrung, um die Entscheidung zu treffen.

Obwohl diese Beispiele gute Gründe dafür sind, keine übereinstimmende Entscheidung zu erzielen, ist es wichtig, darauf hinzuweisen, daß sie oft als Entschuldigung benutzt werden, um es nicht einmal zu versuchen.

Hilfsmittel 4: Kundenbeziehungen aufbauen

Es gibt vier wichtige Schritte zur Entwicklung und Aufrechterhaltung starker Kundenbeziehungen. Dies sind:

1. Identifikation Ihrer Kunden
2. Sammeln von Erfahrungen mit den Kunden
3. Klärung der Kundenerwartungen
4. Verwendung von Kunden-Feedback

Bei der Identifikation der Kunden geht es darum herauszufinden, wer die primären Kunden Ihres Teams sind und welche Produkte oder Dienstleistungen sie einsetzen. Ihr Team kann firmeninterne oder -externe Kunden haben. Dieser Unterschied kann für den Erfolg Ihres Teams wesentlich sein.

Beim Sammeln von Erfahrungen mit dem Kunden geht es darum, den Kunden im Detail kennenzulernen – d.h., wer er ist, was er tut und was er braucht. Es geht dabei auch darum, dem Kunden bewußt zu machen, wer das Team ist und was es leistet.

Bei der Klärung der Kundenerwartungen geht es darum, genau herauszufinden, was der Kunde in bezug auf das Produkt oder die Dienstleistung Ihres Teams erwartet.

Schließlich geht es beim Einsatz von Feedback durch den Kunden darum, die Kommentare und Gefühle in bezug auf Ihr Produkt oder Ihre Dienstleistung aktiv zu erfahren und dieses Feedback einzusetzen, um Ihre Leistungen ständig zu verbessern.

Erwartungen mit dem Kunden diskutieren

Es gibt einige einfache Richtlinien, die die Fähigkeit Ihres Teams beim Sammeln von nützlichen Informationen in bezug auf die Kundenerwartungen stark verbessern können. Richten Sie sich nach folgenden Grundsätzen, wenn Sie sich mit Ihren Kunden treffen, um ihre Erwartungen zu klären.

1. *Treten Sie zu zweit auf.* Wenn Sie mit einem Kunden über seine Erwartungen reden, ist es nützlich, gemeinsam mit einem zweiten Teammitglied aufzutreten. Auf diese Weise können Sie mehr Informationen und Einblicke während der Besprechung sammeln. Außerdem erhält der Kunde das Gefühl, daß es Ihnen ernst ist und Ihnen die Kundenwünsche wichtig sind. Die Hinzuziehung eines Partners stellt zudem sicher, daß alle wichtigen Punkte abgedeckt werden.

2. *Stellen Sie gute Fragen.* Kunden verfügen über eine ungeheuer große Informationsmenge. Ihre Aufgabe besteht darin, Zugang zu diesen Informationen zu erhalten. Die besten Werkzeuge sind dabei die von Ihnen gestellten Fragen. In den meisten Fällen ist es hilfreich, offene Fragen zu stellen – Fragen, die nicht mit einem einfachen „Ja“ oder „Nein“ beantwortet werden können.

3. *Werden Sie konkret.* Kunden beschreiben das Gewünschte oft sehr abstrakt. Sie verwenden möglicherweise Ausdrücke wie „schnelle Reaktion“ oder „höfliche Behandlung“. Es ist wichtig, daß Sie ein Gespür dafür entwickeln, was diese Begriffe für den Kunden bedeuten. Sie können auch obere und untere Grenzen festlegen für das, was akzeptabel ist.

4. *Zuhören, zuhören und immer wieder zuhören.* Ihre Kunden kennen ihre Wünsche besser als Sie, daher sollten Sie genau zuhören. Denken Sie daran, daß es Ihr Ziel ist herauszufinden, was der Kunde erwartet. Eine Faustregel lautet, daß der Kunde etwa 80 Prozent des Gesprächs bestreiten sollte. Ihre 20 Prozent sollten im Fragenstellen und in der Klärung der wichtigen Punkte bestehen.

5. *Werden Sie nicht defensiv.* Es ist möglich, daß Ihr Kunde Ihnen negatives Feedback gibt. Eine natürliche Reaktion bestände darin, defensiv zu reagieren und Entschuldigungen vorzubringen. Versuchen Sie, dies zu vermeiden, denn schließlich wollen Sie wissen, wie sich der Kunde wirklich fühlt. Feedback über Dinge, die in der Vergangenheit nicht geklappt haben, können für Ihr Team sehr wertvoll sein. Wenn Sie das Gefühl haben, daß eine Erklärung nötig ist, sollte aus ihr hervorgehen, daß Sie das Problem verstehen und den Wunsch haben, es zu korrigieren.

6. *Fassen Sie das Gehörte zusammen.* Es gibt keine bessere Möglichkeit zu überprüfen, ob Sie alles verstanden haben, als das Gehörte zusammenzufassen. Versuchen Sie dabei, einige Ausdrücke und Beschreibungen des Kunden zu verwenden, um zu zeigen, daß Sie wissen, worum es ihm geht. Betonen Sie Schlüsselpunkte. Nach der Zusammenfassung bitten Sie den Kunden um Feedback, indem Sie ihn um eine Bewertung bitten oder fragen, ob er noch etwas hinzufügen möchte.

7. *Machen Sie keine zu großen Versprechungen.* Eine große Versuchung bei der Klärung der Kundenerwartungen besteht darin, Versprechungen zu machen, die das Team nicht einhalten kann. Denken Sie an den alten Grundsatz: „Es ist besser, weniger zu versprechen und mehr zu liefern." Wenn Sie Ihren Kunden Versprechungen machen, damit diese eine positivere Einstellung gegenüber Ihrem Team gewinnen, aber Ihr Team diese Versprechungen nicht erfüllen kann, wird das Vertrauen der Kunden in Sie erschüttert. Es ist besser, bei Versprechungen Vernunft walten zu lassen und dann als Team intensiv daran zu arbeiten, das Versprochene zu übertreffen.

8. *Erstatten Sie dem Kunden Bericht.* Lassen Sie den Kunden wissen, wie Sie sein Feedback eingesetzt haben und was sich dadurch geändert hat.

Hilfsmittel 5: Mit Lieferanten arbeiten

Um den Kunden bessere Produkte und Dienstleistungen zu liefern, müssen wir enge, gute Beziehungen zu unseren Lieferanten aufbauen. Idealerweise handelt es sich bei dieser Beziehung um eine Art von Partnerschaft, in der sich die Lieferanten ihrerseits einem ausgezeichneten Kundendienst verpflichten. Zur Entwicklung einer engen, guten Lieferantenbeziehung sind die folgenden Schritte hilfreich:

1. *Identifizieren Sie Ihre Lieferanten.* Ein Lieferant kann als Person definiert werden, die Ihrem Team ein Produkt oder eine Dienstleistung zur Verfügung stellt. Ein externer Lieferant ist eine Person oder eine Firma von außen, die Ihnen ein Produkt oder eine Dienstleistung zur Verfügung stellt. Externe Lieferanten sind nicht offizieller Teil Ihres Unternehmens. Es sind Einzelpersonen, Teams oder Abteilungen, die Ihnen auf irgendeine Weise helfen, Ihre Arbeit zu vollenden. Sowohl interne als auch externe Lieferanten müssen Ihrem Team und dem Endprodukt Werte hinzufügen. Oft ist es hilfreich, einen Ablaufplan zu zeichnen, aus dem ersichtlich wird, welche Lieferanten intern und welche extern sind.
2. *Definieren Sie Ihre Anforderungen an die Lieferanten.* Ein wichtiger Punkt im Umgang mit Lieferanten ist die Klarstellung, was wir aus der Beziehung erwarten. Um Ihre Anforderungen an Ihre Lieferanten festzulegen, finden Sie zuerst heraus, was Ihr Kunde von Ihrem Team erwartet.

Wichtige Überlegungen sind:

- Was braucht unser Kunde?
- Wann braucht unser Kunde es?
- Wie setzt unser Kunde es ein?
- Was ist für unseren Kunden noch wichtig?

Wenn Sie spezifische und meßbare Informationen in bezug auf die Erwartungen Ihrer Kunden erhalten, werden Sie Ihre Erwartungen gegenüber Ihren Lieferanten spezifizieren können. Um festzulegen, was von den Lieferanten erwartet wird, ist es hilfreich, folgende Fragen in Betracht zu ziehen:

- Welche Produkte oder Dienstleistungen brauchen wir von dem Lieferanten?

- Wie sehen die Hauptanforderungen aus, die an die Produkte oder die Dienstleistungen gestellt werden?
- Wie können wir die Hauptanforderungen messen?

3. *Teilen Sie Ihre Erwartungen mit.* Folgende Schritte sind hilfreich, um den wichtigen Lieferanten Ihre Leistungserwartungen mitzuteilen:

- *Erinnern Sie den Lieferanten an die Gesamtziele Ihres Teams.* Dies hilft, den Leistungsanforderungen Zweck und Perspektive zu verleihen. Außerdem versteht der Lieferant besser, wie sein Produkt oder seine Dienstleistung zu den Gesamtzielen des Teams paßt.
- *Geben Sie Ihre erwarteten Leistungsanforderungen in meßbaren Begriffen an.* Wenn Leistungsanforderungen meßbar werden, können beide Parteien die Erwartungen klar und präzise diskutieren. Anforderungen meßbar zu machen bedeutet, Dinge wie Daten, Mengen, Häufigkeit, Bewertungen und Vorlaufzeiten anzugeben.
- *Ermöglichen Sie es dem Lieferanten, Feedback und Rat anzubieten.* Stellen Sie sicher, daß Lieferanten klar ihre Fähigkeiten mitteilen. Es ist wichtig, daß Lieferanten Fähigkeiten oder Methoden in bezug auf bestimmte Projekte beschreiben können.
- *Stellen Sie eine Vereinbarung zu spezifischen Erwartungen beider Parteien auf.* Bedenken Sie, daß es in Ihrem Interesse liegt, Ihren Lieferanten zum Erfolg zu verhelfen. Stellen Sie sicher, daß Sie ihre Bedürfnisse und Wünsche kennen. Eine Zusammenfassung aller Vereinbarungen hilft sicherzugehen, daß alles verstanden wurde.
- *Überprüfen und dokumentieren Sie alle Vereinbarungen und Erwartungen.* Die Niederschrift der Vereinbarungen ermöglicht es beiden Parteien, sich nach denselben Informationen zu richten. Dies dient nicht dem Zweck der Schuldzuweisung, sondern dem gegenseitigen Verständnis.
- *Vereinbaren Sie regelmäßiges Feedback und eine Nachfaßplanung.* Die Planung einer Nachfaßbesprechung hilft, daß die getroffenen Vereinbarungen tatsächlich umgesetzt werden. Sie ermöglicht auch weiteres Feedback und ständige Verbesserung.

4. *Überwachen Sie die Lieferantenleistung.* Zu den Überwachungs- und Meßmethoden zählen unter anderem:

- Protokolle, die von Ihrem Team und/oder dem Lieferanten aufbewahrt werden
- Die Beobachtung der Lieferantenoperationen
- Die Einschätzung der Lieferantenleistung, indem Sie den Lieferanten hin und wieder vor Ort besuchen und seine Arbeit beobachten
- Gemeinsame Besprechungen zur Überprüfung
- Bewertungen der Teamzufriedenheit

5. *Geben Sie Ihren Lieferanten Feedback.* Um eine effektive Partnerschaft aufrechtzuerhalten, muß Feedback kontinuierlich gegeben werden. Es ist wichtig, Feedback zu geben, das Leistungen anerkennt und Bereiche klärt, die noch verbesserungsbedürftig sind. Wenn Sie Ihren Lieferanten Feedback geben, denken Sie an folgende Punkte und Grundsätze:

- Achten Sie darauf, daß Sie demjenigen Feedback geben, der etwas bewirken kann.
- Der Feedbackprozeß sollte gemeinsam von Ihnen und Ihrem Lieferanten festgelegt werden.
- Halten Sie regelmäßige, direkte Feedbacksitzungen ab, in denen Probleme im Detail besprochen und gelöst werden können.
- Falls nötig, sollte Feedback schriftliche Dokumentationen und meßbare Ergebnisse umfassen.
- Positive Ergebnisse sollten anerkannt werden.

Hilfsmittel 6: Effektive Besprechungen abhalten

Um eine effektive Besprechung abzuhalten, müssen drei Bedingungen erfüllt werden:

1. *Es muß klar definiert werden, wann, warum und wo die Besprechung abgehalten werden soll.* Damit Besprechungen effektiv sind, müssen sie zur rechten Zeit und aus den richtigen Gründen abgehalten werden. Teambesprechungen sind angebracht, wenn

- Sie sich in ein Projekt stärker einbringen müssen
- Sie ein Problem lösen müssen, für das verschiedene Ideen und Fachkenntnis erforderlich sind
- Sie eine Entscheidung fällen müssen, die das gesamte Team betrifft
- Sie Aufgaben haben, die als Team abgeschlossen werden müssen

Teambesprechungen sind normalerweise nicht angebracht, wenn

- ein Teammitglied mit einem anderen einen Konflikt lösen muß
- der Zweck der Besprechung nicht ausreichend definiert ist und kaum Vorbereitungen getroffen wurden
- Sie sich einfach nur treffen, um eine Tradition aufrechtzuerhalten
- das Problem oder die Entscheidung das Team nicht betrifft.

Routinemäßige Besprechungen können hilfreich sein, aber achten Sie darauf, daß Sie nicht in die „Routinefalle" tappen. Routinemäßige Besprechungen sind besonders nützlich, um laufende Aufgaben zu überprüfen, Verpflichtungspläne zu handhaben und geschäftliche Informationen miteinander zu teilen. Sie sind auch hilfreich, wenn die Teammitglieder sehr beschäftigt sind und es fast unmöglich ist, eine Besprechung kurzfristig einzuberufen. Einige Fallstricke von Routinebesprechungen sehen folgendermaßen aus:

- Die Betroffenen nehmen an den Sitzungen einfach nur teil, weil sie auf dem Kalender stehen.
- Die Betroffenen lassen eine Routinebesprechung eher aus als Besprechungen, die aus einem bestimmten Grund geplant wurden.
- Routinebesprechungen werden häufig ohne Ziel oder Struktur abgehalten und können daher bisweilen zu Sitzungen ausarten, in denen die Gruppe nur ihrem Ärger Luft macht.

Der Besprechungsort ist ebenfalls wichtig. Obwohl ein Treffen im Arbeitsbereich oft bequem ist, ist dies dem Erfolg einer Besprechung nicht immer zuträglich, weil die Teilnehmer durch Lärm abgelenkt werden und die Besprechung nicht ungestört abgehalten werden kann. Bei der Vorbereitung eines Besprechungsortes sollten Sie folgende Dinge in Betracht ziehen:

- Der Ort sollte allen zugänglich sein
- Ausreichender Raum
- Ausreichende Sitzgelegenheiten
- Zugang zu der entsprechenden Ausrüstung (z. B. Overheadprojektor, Tabellen, Kopiergerät)
- Zugang zu den Toiletten
- Ungestörtheit und Beseitigung von Ablenkungen

2. *Ausreichende Vorbereitung.* Die Vorbereitungen einer Besprechung umfassen vier wichtige Elemente: Zweck, Tagesordnung, Zeit und Informationen.
Ein klar definiertes Ziel hilft den Beteiligten, eine Verbindung zwischen der Besprechung und den gewünschten Ergebnissen herzustellen. Eine Tagesordnung beschreibt die Schritte, die unternommen werden, um den Zweck der Besprechung zu erfüllen. Bei der Aufstellung einer Tagesordnung ist es wichtig, folgende Dinge in Betracht zu ziehen: Welche Schritte müssen unternommen werden, um zu gewährleisten, daß das Hauptziel der Besprechung erreicht wird, und welches ist die richtige Reihenfolge der Schritte, damit es eine effektive Besprechung wird? Was die zeitliche Gestaltung betrifft, sollten Sie diese Richtlinien in Betracht ziehen:

- Planen Sie zusätzliche Zeit ein, falls die Besprechung einiger Tagesordnungspunkte länger dauert als erwartet.
- Planen Sie Besprechungen zu einem Zeitpunkt, der für alle Teilnehmer günstig ist.
- Planen Sie Besprechungen dann, wenn der Zeitpunkt nicht mit der Produktivität oder Arbeitszeitspitzen in Konflikt steht.
- Protokollieren Sie, wie lang Ihre Besprechungen dauern, damit Sie Ihre Genauigkeit bei der Vorhersage zukünftiger Zeitanforderungen überprüfen können.
- Achten Sie darauf, daß Besprechungen immer pünktlich beginnen und enden.

Die benötigten Informationen für eine bestimmte Besprechung können wichtige Aufzeichnungen, alte Protokolle, Vorschläge, Entwürfe, Rundschreiben oder Einzelpersonen umfassen, die dem Team Wichtiges mitzuteilen haben. Alle vier Elemente – Zweck, Tagesordnung, Zeit und Informationen – sollten aufgezeichnet und den Teilnehmern vor der Besprechung zugänglich gemacht werden. Dies gewährleistet, daß sie sich ausreichend auf die Besprechung vorbereiten können.

3. *Die effektive Leitung von und Teilnahme an Besprechungen.* Die Effektivität jeder Besprechung wird schließlich von der Begeisterung und Teilnahme der Betroffenen entschieden. Es gibt vier Hauptrollen, die für die Effektivität einer Besprechung sorgen.

Teamleiter. Der Teamleiter leitet die Besprechung, ruft die Teilnehmer zur Ordnung und sorgt für die Einhaltung der Tagesordnung. Bei der Leitung einer Teambesprechung sollte auf folgende Dinge geachtet werden:

1. Heißen Sie die Teilnehmer willkommen, und bestimmen Sie den Stil – lesen Sie sich die Operationsrichtlinien durch.
2. Achten Sie darauf, daß Sie einen Protokollführer und Diskussionsleiter haben.
3. Überprüfen Sie den Zweck der Besprechung, die Tagesordnung, die Zeit und die Informationen.
4. Halten Sie die Tagesordnung ein (z.B. Thema, Zeit, verantwortlicher Mitarbeiter).
5. Ermutigen Sie, klären Sie Probleme, und achten Sie darauf, daß nicht vom Thema abgewichen wird.
6. Überprüfen Sie Aktivitäten, die während der Besprechung festgelegt werden.
7. Legen Sie, falls nötig, eine Tagesordnung für eine Nachfaßbesprechung fest.
8. Beenden Sie die Besprechung pünktlich oder früher, wenn alle Themen abgehakt sind.
9. Nehmen Sie sich ein paar Minuten Zeit, um eine Bewertung der Besprechung durchzuführen.

Diskussionsleiter. Der Diskussionsleiter sorgt dafür, daß sich alle an der Besprechung beteiligen. Dazu konzentriert er sich normalerweise darauf, wie die Teammitglieder miteinander kommunizieren, sowie auf die auftretende Gruppendynamik.

Protokollführer. Der Protokollführer macht Aufzeichnungen für das Team. Diese umfassen normalerweise wichtige Entscheidungen, Ideen, Aktivitäten und Aufträge. Der Protokollführer sollte genau aufschreiben, was gesagt wird, statt eigene Kommentare aufzuzeichnen. Für Gruppen ist es oft hilfreich, die Aufzeichnungen des Teams auf großen Bögen festzuhalten und diese an die Wand zu hängen. Auf diese Weise bleiben die Teammitglieder beim Thema und arbeiten konzentriert.

Besprechungsteilnehmer. Die Teilnahme an einer Besprechung kostet Mühe. Natürlich spielt der Teamleiter eine Hauptrolle für den Erfolg der Besprechung, doch dies trifft auch auf alle anderen Teilnehmer zu. Die Teilnehmer sollten auf folgende Dinge achten:

- Sie sollten vorbereitet sein.
- Sie sollten die anderen Teilnehmer ermutigen, sich ebenfalls zu Wort zu melden.
- Sie sollten dem Diskussionsleiter helfen.
- Sie sollten darauf achten, daß das Team nicht vom Thema abweicht.
- Sie sollten zuhören, so daß sie das Gesagte verstehen.
- Sie sollten sich Gehör verschaffen.
- Sie sollten die getroffenen Entscheidungen annehmen und aktiv unterstützen.

Hilfsmittel 7: Ziele setzen und Ergebnisse messen

Die Definition und Messung Ihrer Teamleistung umfaßt folgende Schritte:

1. *Definieren Sie wichtige Ergebnisbereiche.* Wichtige Ergebnisbereiche umfassen die allgemeinen Bereiche, in denen vom Team die Produktion von Ergebnissen erwartet wird. Die wichtigen Ergebnisbereiche sollten auf Kundenerwartungen basieren. Wenn Sie die wichtigen Ergebnisbereiche für Ihr Team festlegen, sollten Sie folgende Punkte in Betracht ziehen:

- Bringen Sie Ihre wichtigen Ergebnisbereiche mit den Erwartungen Ihrer Kunden in Verbindung.
- Durch eine Konzentration auf Ergebnisse kann Ihr Team stärker zielgerichtete Aktivitäten auswählen.
- Das Messen von Aktivitäten kann hilfreich sein, aber nur dann, wenn das Team auch die wichtigen Ergebnisse mißt.

2. *Suchen Sie nach Vergleichsmöglichkeiten für jeden wichtigen Ergebnisbereich.* Folgende Schritte sind dabei hilfreich:

- *Entscheiden Sie, wer die Besten sind.* Der erste Schritt beim Ziehen von Vergleichen ist die Identifikation der Teams, Organisationen oder Firmen, die wirklich Herausragendes leisten. Für diese Informationen gibt es viele Quellen, zu denen unter anderem die folgenden gehören:
- Die firmeninterne Abteilung für Qualitätskontrolle
- Manager und andere Teams
- Berufsorgane und Fachzeitschriften
- Professionelle, für Qualität zuständige Organisationen
- Ihre Kunden oder Lieferanten
- *Finden Sie heraus, was die Besten tun.* Nach der Identifikation der Besten überprüfen Sie, wie sie es tun. Welche Verfahren setzen sie ein? Welche Schulung haben sie durchgeführt? In welcher Hinsicht sind sie einzigartig? Was tun sie, was wir nicht tun? Was tun wir, was sie nicht tun?
- *Wie messen die Besten, was sie tun?* Als nächstes ist es wichtig herauszufinden, wie die Besten ihre Leistung messen. Welche Messungen setzen sie ein? Welche Informationen sammeln sie? Wie oft werden diese Informationen gesammelt und überprüft?

3. *Setzen Sie sich Ziele.* Bedenken Sie, daß Ziele so gesteckt werden sollten, daß sie erreichbar sind. Sie sollten jedoch auch dafür sorgen, daß sich das Team aktiv um sie bemüht und sich verbessert. Unrealistische Ziele sind frustrierend. Zu leichte Ziele tragen wenig zur Verbesserung bei.
Bei der Aufstellung Ihrer Teamziele achten Sie darauf, daß sie die folgenden Kriterien erfüllen. Ziele sollten:

- ein klares, bedeutsames Maß umfassen
- spezifische, durchzuführende Aktionen beschreiben
- schriftlich festgehalten werden
- ein Fertigstellungsdatum oder einen Zeitrahmen umfassen
- herausfordern, aber erreichbar sein.

Schließlich sollten Sie bereit sein, Ihre Ziele im Verlauf der Arbeit zu modifizieren. In der veränderlichen Welt von heute müssen Sie flexibel sein. Was gestern noch vernünftig schien, kann heute schon überholt sein. Dies ist das Wesen ständiger Verbesserung. Überprüfen Sie Ihre Ziele oft, und gehen Sie davon aus, daß sie sich ändern.

4. *Protokollieren und kommunizieren Sie Ergebnisse.* Das Messen der Teamleistung ist nur dann wertvoll, wenn die Messungen aktuell sind und ständig stattfinden. Nur dann können die Messungen als Quelle von Informationen beim Treffen von Entscheidungen zur Verbesserung eingesetzt werden. Daher ist das Protokollieren und die Weitergabe von Teamergebnissen ein sehr wichtiger Schritt im Meßverfahren. Die folgenden Richtlinien sind hilfreich, wenn es um das Aufzeigen der Teamergebnisse geht:

- Die Messungen sollten leicht zu lesen und leicht verständlich sein.
- Das Team sollte sich zu den Messungen bekennen.
- Verbinden Sie Messungen mit wichtigen Ergebnisbereichen.
- Die Messungen sollten regelmäßig erfolgen.
- Die Teammitglieder sollten für das Protokollieren der Messungen verantwortlich sein.
- Die Messungen sollten optisch sichtbar gemacht werden und auffällig sein.
- Der Meßprozeß darf nicht wichtiger werden als die tatsächliche Leistung.
- Achten Sie darauf, daß die Messungen aussagekräftig und ehrlich sind.

Hilfsmittel 8: Feedback geben und empfangen

Traditionell wurde die Rolle des Betreuers vom Vorgesetzten, Manager oder einer anderen Autoritätsperson übernommen. Natürlich müssen Vorgesetzte und Manager immer ihre Rolle als Betreuer wahrnehmen, doch der Betreuungsprozeß ist nicht auf sie beschränkt. Teammitglieder sind ebenfalls qualifiziert, andere Teammitglieder zu betreuen, und zwar aus folgenden Gründen:

- Sie kennen die Leistung anderer Teammitglieder besser als der Vorgesetzte.

- Sie verstehen besser, welchen Einfluß ein bestimmter Fehler, ein Problem oder eine Streitfrage auf die anderen Teammitglieder hat.
- Die Betreuung anderer Mitglieder desselben Teams entspricht den Werten und Grundsätzen einer Arbeitsumgebung, die auf Teambasis beruht.

Die Vorbereitung ist ein wichtiger Teil erfolgreicher Betreuung. Manchmal ist Zeit vorhanden, überlegt zu planen, was und wie etwas gesagt werden sollte. Viele Situationen entstehen jedoch so spontan, daß schnell gehandelt werden muß, bevor die Gelegenheit sich in Luft auflöst. Unabhängig davon, ob Ihnen zehn Minuten oder zehn Tage zur Vorbereitung zur Verfügung stehen, sollten Sie Zweck, zeitliche Abstimmung und Ort in Betracht ziehen.

Zweck. Coaching hat normalerweise eins von drei Zielen:

1. *Coaching zur Korrektur.* Dies sind Anlässe, bei denen etwas korrigiert werden muß – etwas läuft falsch und muß verbessert werden.
2. *Coaching zur Entwicklung.* Dies sind Möglichkeiten, in denen sich das Team hervortun kann – wir machen unsere Aufgabe gut, aber hier bietet sich eine Gelegenheit, noch besser zu werden.
3. *Coaching zur Verstärkung.* Dies sind Gelegenheiten, um Verstärkung zum Erreichen der gewünschten Ergebnisse und Verhaltensweisen zu erzielen.

Die zeitliche Abstimmung. Im allgemeinen ist das Coaching am effektivsten, wenn es sobald wie möglich durchgeführt wird. Es gibt jedoch Ausnahmen. Wenn beispielsweise die betreute Person aufgeregt ist und das Feedback wahrscheinlich nicht richtig aufnehmen kann, hat sofortiges Coaching möglicherweise keine große Wirkung. Die folgenden Punkte sind hilfreich, wenn es um die Festlegung des richtigen Zeitpunkts für das Coaching anderer geht:

- Wird der Betreffende meinen Bemühungen gegenüber aufgeschlossen sein?
- Habe ich alle Informationen, die ich brauche?
- Hat der Betroffene noch Zeit, aufgrund meines Coachings aktiv zu werden?

Ort. Wenn das Coaching zur Korrektur oder Entwicklung stattfindet, sollte es unter vier Augen erfolgen. Auf diese Weise wird die Selbstachtung des Betroffenen und die Vertraulichkeit der Situation gewahrt. Findet es zur Verstärkung statt, ist es oft hilfreich, dies in der Öffentlichkeit zu tun. Dies zeigt, daß positive Verhaltensweisen anerkannt und von den Teammitgliedern geschätzt werden.

Richtlinien für hilfreiches Feedback

Oft werden Sie feststellen, daß Sie sich mitten in einer Feedbacksitzung befinden, ohne daß sie ausreichend Zeit für die Vorbereitung hatten. In solchen Situationen sollten Sie an diese Richtlinien denken:

- „Sparen“ Sie Feedback nicht „auf“.
- Zeigen Sie sich für das von Ihnen gegebene Feedback persönlich verantwortlich.
- Konfrontieren Sie andere mit Ihrem Feedback, indem Sie sich auf das Verhalten oder das Thema beziehen – nicht auf die Person.
- Betonen und verstärken Sie positive Verhaltensweisen.
- Wenn Sie anderen Feedback geben, sollten Sie sich die Meinung Ihres Gegenübers dazu anhören.

Schritte für das Geben von Feedback

Die Schritte, die beim Geben von Feedback befolgt werden sollten, sehen folgendermaßen aus:

1. *Geben Sie den Zweck des Feedbacks bekannt.* Beziehen Sie es auf erwünschte Teamergebnisse. Dies hilft, daß Feedback auf die richtigen Dinge konzentriert wird. Außerdem erfährt Ihr Gegenüber, welche Absicht Sie haben.
2. *Beschreiben Sie Ihre Beobachtungen und Wahrnehmungen.* Seien Sie konkret in bezug auf Verhaltensweisen, Vorfälle, Fakten oder Wahrnehmungen, auf denen Ihre Ansicht basiert. Halten Sie Ihre Aussage kurz und klar.
3. *Hören Sie sich die Ansichten Ihres Gegenübers an.* Die Einbeziehung des anderen in das Gespräch erleichtert den Prozeß für beide Parteien und beugt defensivem Verhalten vor.
4. *Vereinbaren Sie gemeinsam durchzuführende Aktionen.* Betrachten Sie das Ganze als Aktionsplan. Ihr Wille zu helfen, kann das Ganze effektiver gestalten.
5. *Fassen Sie Ihre Diskussion zusammen, und zeigen Sie Ihre Wertschätzung.* Feedback zu empfangen ist genauso schwer, wie Feedback zu geben. Zeigen Sie Ihrem Gegenüber, daß Sie seine Offenheit zu schätzen wissen.

Feedback empfangen

In einer Teamumgebung ist Feedback ein Prozeß, der in zwei Richtungen geht. Ein effektives Teammitglied muß nicht nur in der Lage sein, Feedback zu geben, sondern es auch bereitwillig empfangen können. Zu den Aufgaben eines guten Betreuers gehört auch, Feedback aufmerksam entgegenzunehmen. Die folgenden Schritte sind hilfreich, wenn es um das Empfangen von Feedback geht:

1. *Hören Sie gut zu, damit Sie das Feedback klar verstehen können.* Versuchen Sie, die angesprochenen Hauptleistungsbereiche zu identifizieren. Lassen Sie Ihren Gesprächspartner aussprechen, bevor Sie Ihre Interpretation anfügen. Betrachten Sie die Diskussion als Möglichkeit, Informationen und Einsichten zu gewinnen.
2. *Stellen Sie klärende Fragen, oder formulieren Sie das Gesagte um.* Versuchen Sie sich über das Gesagte klarzuwerden. Stellen Sie Fragen, um Mißverständnisse zu klären. Diskutieren Sie gemeinsam spezifische Situationen oder Beispiele, die die angesprochenen Punkte illustrieren. Identifizieren Sie spezifische Auswirkungen auf den Betroffenen, das Team und das Unternehmen. Fassen Sie Schlüsselpunkte mit eigenen Worten zusammen, um sicherzugehen, daß Sie alles verstanden haben.
3. *Teilen Sie Ihre eigenen Ansichten in bezug auf die Situation mit.* Wenn Sie das erhaltene Feedback vollständig verstehen, sagen Sie, wie Sie sich fühlen. Geben Sie Informationen zu Ihrem Verhalten, aber versuchen Sie nicht, Entschuldigungen vorzubringen. Versuchen Sie, so objektiv wie möglich zu bleiben. Überlegen Sie, wie Sie die Situation von der anderen Seite aus betrachten würden. Denken Sie daran, daß das Gesamtziel des Coachings darin besteht, gemeinsam die Leistung des Teams und seiner Mitglieder zu verbessern.
4. *Diskutieren Sie mögliche Verbesserungsmöglichkeiten gemeinsam, und stimmen Sie zusammen darüber ab.* Teilen Sie Ihre Ideen zu Verbesserungen mit. Hören Sie sich die Ideen Ihres Gegenübers an. Verpflichten Sie sich, bestimmte Schritte durchzuführen, um eine Verbesserung zu garantieren. Teilen Sie mit, wenn Sie Hilfe brauchen. Ermöglichen Sie es Ihrem Gegenüber, entsprechende Verpflichtungen einzugehen. Planen Sie einen Zeitpunkt, an dem Sie sich wieder treffen, und diskutieren Sie, wie der Aktionsplan funktioniert.
5. *Zeigen Sie Ihre Wertschätzung.* Denken Sie daran, daß es viel einfacher ist, nichts zu sagen, dem Risiko aus dem Weg zu gehen und überhaupt kein Feedback zu geben. Schließlich fällt es den meisten nicht leicht, Feedback zu geben. Danken Sie dem Betroffenen dafür, daß er ihnen geholfen hat, eine wichtige Situation klarer zu sehen.

Hilfsmittel 9: Gruppen leiten

Die effektive Leitung von Gruppen erfordert ein gewisses Maß an Vertrauen – die Teammitglieder müssen das Gefühl haben, daß ihre Ideen nicht abgelehnt und daß ihre Kommentare ernst genommen werden. Außerdem wollen die Teammitglieder, daß ihre Zeit in Besprechungen effektiv genutzt wird. Der Diskussionsleiter kann für Teamharmonie und Effektivität in Besprechungen sorgen, indem er die folgenden sieben Strategien einsetzt:

1. *Vorbeugung.* Eine der besten Möglichkeiten zur Vermeidung von Störungen in Teambesprechungen besteht darin, sich zusätzlich Zeit für die Vorbereitung zu nehmen. Bei der Vorbereitung von Besprechungen denken Sie an Zweck, Tagesordnung, Zeit und Informationen.
2. *Konzentration auf die Operationsrichtlinien.* Die Operationsrichtlinien dienen als ständige Erinnerung an die Dinge, die akzeptabel bzw. nicht akzeptabel sind. Oft kann der Diskussionsleiter eine Gruppe wieder in eine positive Richtung lenken, indem er einfach folgende Frage stellt: „Wie gut halten wir uns Ihrer Meinung nach an die Operationsrichtlinien?"
3. *Unterschiede zu schätzen wissen.* Die Stärke eines Teams hängt oft von der Vielfalt der Mitglieder ab. Durch unterschiedliche Meinungen, Ideen und Fähigkeiten ist das Team besser in der Lage, gute Entscheidungen zu treffen und auf den Stärken der anderen aufzubauen. Es ist für den Diskussionsleiter wichtig, die Mitglieder daran zu erinnern, daß Meinungsverschiedenheiten für die Gesamt-funktion des Teams natürlich, gesund und hilfreich sind.
4. *Nutzen Sie Verfahrensbeobachtungen.* Die Idee, die der Verfahrensbeobachtung zugrunde liegt, besteht darin, daß viele Gruppenprobleme sich nicht auf den Inhalt der Besprechungen (z. B. die Tagesordnung, die Aufgaben, die Entscheidungen) beziehen, sondern direkt auf das Verfahren (z. B. Beziehungen, Kommunikation, Engagement). Der Diskussionsleiter kann die Gruppe beobachten und versuchen herauszufinden, welche Verhaltensweisen, dynamischen Prozesse oder anderen Probleme den Fortschritt des Teams behindern. Das Team kann die Probleme dann überprüfen und Verbesserungsmöglichkeiten vereinbaren. Die effektive Beobachtung von Gruppenprozessen erfordert einige Übung, kann jedoch für das Team sehr vorteilhaft sein.
5. *Konzentrieren Sie sich auf Bestärkung.* Bestärkung bedeutet das Erkennen und Anerkennen erwünschter Verhaltensweisen. Die effektivste Möglichkeit zur Steigerung der Wahrscheinlichkeit erwünschter Verhaltensweisen ist ihre Ver-

stärkung. Suchen Sie ständig nach Möglichkeiten, Ihren Teammitgliedern positives Feedback und Ermutigung zu geben.

6. *Teilen Sie die Verantwortung für den Erfolg.* Der Erfolg des Teams ist jedermanns Sache. Indem Sie bestimmte Fragen zum richtigen Zeitpunkt stellen (z. B.: „Wie läuft diese Besprechung Ihrer Meinung nach?" „Sind wir immer noch beim Thema?"), lassen Sie die anderen an der Rolle des Diskussionsleiters teilhaben. Auf diese Weise wird die Verpflichtung zum Teamerfolg gesteigert.
7. *Seien Sie sich Ihrer Rolle als Modell bewußt.* Die Aktionen des Diskussionsleiters werden vom übrigen Team wahrgenommen. Wenn der Betroffene Engagement, Unterstützung und Ermutigung zeigt, werden diese Eigenschaften beim Team ebenfalls sichtbar. Doch wenn der Stil des Diskussionsleiters dominierend oder störend ist, wird sich dies ebenfalls im Team widerspiegeln.

Verhaltensweisen in bezug auf Aufgaben und Beziehungen ins Gleichgewicht bringen

Die Effektivität eines Teams wird oft durch seine Fähigkeit bestimmt, ein Gleichgewicht zwischen aufgaben- und beziehungsorientierten Rollen herzustellen. Wenn sich ein Team beispielsweise zu sehr auf seine Aufgaben bezieht, werden die Beziehungen der Teammitglieder untereinander wahrscheinlich zusammenbrechen. Die Betroffenen erklären möglicherweise, daß die Teambesprechungen „nie Spaß machen", und stellen fest, daß sie zum „Burnout" führen. Wird andererseits zu sehr die Beziehung betont, entsteht eine Umgebung, in der die Arbeit zwar Spaß macht, aber nicht besonders produktiv ist.
Um sicherzustellen, daß dieses wichtige Gleichgewicht aufrechterhalten wird, sollten Sie die folgenden vier Schritte in Betracht ziehen:

1. *Seien Sie sich bewußt, daß die Effektivität von Teambesprechungen ständig verbessert werden muß.* Die Arbeit in einer Teamumgebung erfordert die Bereitschaft aller Mitglieder, die Effektivität von Teambesprechungen und die Aktivitäten zu verbessern. Mit anderen Worten: Der Verbesserungsprozeß setzt sich ständig fort.
2. *Seien Sie sich des Gleichgewichts zwischen aufgaben- und beziehungsorientierten Verhaltensweisen bewußt.* Teammitglieder nehmen ganz natürlich bestimmte Rollen oder Verhaltensweisen an, die ihrem Stil und ihren Vorlieben entsprechen. Es ist wichtig, auf die Verhaltensweisen zu achten, um das richtige Gleichgewicht aufrechtzuerhalten. Herrschen aufgabenorientierte Verhaltensweisen (beispielsweise als Initiator oder Bewerter) vor? Sind es eher bezie-

hungsorientierte Verhaltensweisen (beispielsweise als harmonischer Gestalter oder Reduzierer von Spannungen)? Oder besteht ein gutes Gleichgewicht?

3. *Entscheiden Sie, wo Verbesserungen vorgenommen werden können.* Bei der Einschätzung der Aufgaben und Beziehungen in Ihrem Team sollten Sie in der Lage sein, Bereiche zu identifizieren, in denen Verbesserungen möglich sind. Dazu muß möglicherweise mehr Zeit für Aufgabenbedürfnisse aufgewendet oder mehr Zeit mit dem Aufbau gesunder Beziehungen verbracht werden.
4. *Legen Sie gemeinsam ein Verfahren zur Durchführung von Verbesserungen fest.* Schließlich ist es wichtig, daß alle Teammitglieder Aktionen vereinbaren, die für die Verbesserung der Teameffektivität nötig sind. Dazu ist es oft erforderlich, daß das Team seine Operationsrichtlinien aktualisiert oder überprüft.

Mit störendem Verhalten umgehen

Es ist wichtig, sich bewußt zu machen, daß alle Teammitglieder (und nicht nur der Teamleiter oder der Diskussionsleiter) für die Handhabung von störendem Verhalten verantwortlich sind. Beispiele für disfunktionales Verhalten:

- Zu aggressives Verhalten
- Die Herabsetzung anderer Teammitglieder
- Die Beschimpfung anderer
- Unnötige Streitigkeiten mit der Absicht, andere zu verletzen oder herabzusetzen
- Widerspruch ohne erkennbaren Grund
- Ablenkung durch unwichtige Probleme
- Die Offenbarung persönlicher Gefühle und Erlebnisse in Teambesprechungen
- Witze machen
- Andere unterbrechen
- Ausgiebig über Themen von geringer Bedeutung reden
- Indifferentes Verhalten, Schweigen

Die folgenden fünf Schritte dienen zum Umgang mit diesen Verhaltensweisen:

1. Identifikation des störenden Verhaltens

2. Die Entscheidung, ob es als Team oder unter vier Augen angegangen werden sollte
3. Beschreibung des beobachteten Verhaltens, ohne die Betroffenen anzugreifen
4. Erklärung, warum/wie der Fortschritt des Teams dadurch gestört wird
5. Die Verpflichtung der Betroffenen, das Verhalten in Zukunft zu ändern

Hilfsmittel 10: Teamprobleme lösen

Damit Problemlösungen funktionieren, brauchen Menschen, die in Teams arbeiten, ein gemeinsames Verfahren, um die Probleme durchzuarbeiten und gemeinsam praktische und innovative Lösungen zu schaffen.

Schritt 1. Das Problem erkennen. Das Ergebnis dieses Schrittes ist eine klare, präzise Problemaussage. Die Problemaussage gewährleistet, daß alle Teammitglieder die Situation verstehen, und sorgt dafür, daß ein Problem – und nicht eine Lösung – definiert wird. Um das Problem zu erkennen, sind die folgenden drei Schritte hilfreich:

1. *Erklären Sie gemeinsam, daß es ein Problem gibt.* Als allererstes muß das Team zugeben, daß es ein Problem gibt. Zu diesem Zeitpunkt ist es nicht nötig, genau zu wissen, worin es besteht, es sollte aber zugegeben werden, daß irgend etwas nicht in Ordnung ist.
2. *Beschreiben Sie die Problemsituation.* Jetzt ist es hilfreich für das Team, die aktuelle Problemsituation zu beschreiben. Dazu können beispielsweise die momentan bekannten Tatsachen genannt werden. Diese Tatsachen können Beobachtungen, Statistiken, Ereignisse umfassen – ja, sogar Gefühle. Das Team kann auch Annahmen nennen, die sehr hilfreich sind, solange man weiß, daß es sich um Annahmen handelt.
3. Verfassen *Sie eine klare Problemaussage.* Wenn alle das Problem verstehen, sollte das Team eine präzise Problemaussage schriftlich festlegen. Dies ist häufig der erste Schritt hin zur Dokumentation des Problems. Die schriftliche Problem-aussage dient dem Team zur Dokumentation möglicher Ursachen und beim Finden möglicher Lösungen.

Schritt 2. Legen Sie die Hauptursachen fest. Die Kenntnisse der Symptome sind wichtig, doch sie sind nur ein Teil der Geschichte. Es ist wichtig, die Hauptursache des Problems zu definieren. Durch das Wissen um die Hauptursachen werden Lösungen oft einfach und offensichtlich. Die drei Schritte zum Herausfinden der Hauptursachen sehen folgendermaßen aus:

1. *Stellen Sie fest, wo das Problem auftritt.* Zur effektiven Untersuchung des Problems ist es zuerst notwendig herauszufinden, wo und wann das Problem eintritt. Auf diese Weise kann das Team seine Analyse auf ein Ziel richten und vermeiden, seine Zeit auf Bereiche zu verschwenden, die nicht betroffen sind. Durch die Lokalisierung des Problems finden Sie möglicherweise heraus, daß es nur während der Frühschicht oder bei Produkt A auftaucht.
2. *Sammeln und untersuchen Sie die relevanten Informationen.* Relevante Informationen umfassen all die Dinge, die bei der Analyse Licht auf das Problem werfen können. Diese Informationen können im Grunde überall vorhanden sein, etwa in Berichten, Rundschreiben, Arbeitsaufträgen und Produktionsprotokollen. Informationen erhält man durch die Beobachtung eines bestimmten Prozesses, durch die Durchführung von Messungen, das Führen von Checklisten, die Befragung von Mitarbeitern, das Zeichnen von Diagrammen oder das Erstellen von Ablaufplänen. Es ist wichtig, daß die Informationen richtig eingesetzt werden. Überprüfen Sie ihre Gültigkeit und Verläßlichkeit.
3. *Stimmen Sie gemeinsam über die Hauptursachen ab.* Aus den gesammelten Informationen leiten Sie logische Schlußfolgerungen in bezug auf die Hauptursachen des Problems ab. Achten Sie darauf, daß alle Teammitglieder diesen Schlußfolgerungen zustimmen. Eine übereinstimmende Meinung zu den Hauptursachen ist das Fundament zur Entwicklung möglicher Lösungen.

Schritt 3. Untersuchen Sie mögliche Lösungen. Wenn die Hauptursachen definiert sind, kann das Team anfangen, an möglichen Lösungen zu arbeiten. Die drei Schritte zur Erforschung möglicher Lösungen sehen folgendermaßen aus:

1. *Konzentrieren Sie sich auf die Hauptursachen. Das* Ziel dieses Prozesses besteht in der Schaffung von Lösungen, die wirklich funktionieren. Daher ist es wichtig, die zugrundeliegenden Ursachen des Problems tatsächlich zu verstehen. Einige Teams entwickeln in der Tat Erfolgskriterien, die erklären, wie die Hauptursachen gehandhabt werden, damit die Lösung erfolgreich ist.
2. *Sammeln Sie Ideen in einer Brainstorming-Sitzung.* Nach der Konzentration auf die Hauptursachen ist das Team bereit, Ideen zu sammeln. Eine Brainstorming-Sitzung ermöglicht den Teammitgliedern, ihre Ideen mitzuteilen, egal, wie verrückt sie scheinen mögen. Während der Brainstorming-Sitzung sollte sich das

Team stärker auf die Quantität der Ideen konzentrieren als auf ihre Qualität. Eine Bewertung erfolgt dann, wenn alle Ideen aufgelistet sind.

3. *Teilen Sie die Ideen nach alternativen Lösungen auf.* Nachdem das Team eine Ideenliste aufgestellt hat, ist es an der Zeit, aus dieser Liste ein Bündel von möglichen Alternativen zu bilden. Dies geschieht durch weitere Klärung und Kombination ähnlicher Ideen.

Schritt 4. Wählen Sie eine praktikable Lösung. Bei der Wahl einer praktikablen Lösung ist es wichtig, nicht nur an einer ansprechenden Lösung zu arbeiten, sondern auch an einer Lösung, die alle Beteiligten unterstützen und ausführen können. Die Wahl einer praktikablen Lösung besteht in den folgenden drei Schritten:

1. *Definieren Sie Erfolgskriterien.* Der erste Schritt bei der Wahl einer Lösung ist die Definition ihrer Kriterien für den Erfolg. Erfolgskriterien sollten die gewünschten Ergebnisse bei der Lösung des Problems beschreiben. Bei der Definition von Erfolgskriterien ist es hilfreich, zwei Arten in Betracht zu ziehen: erstens jene Kriterien, die erfüllt werden müssen, damit eine Lösung effektiv ist, und zweitens jene Kriterien, die die Lösung verbessern würden, aber nicht unbedingt notwendig sind.
2. *Bewerten Sie jede Idee.* Dieser Schritt ermöglicht es dem Team, die relativen Vorzüge der einzelnen Alternativen zu überdenken. In einigen Fällen mag es nötig sein, Analysewerkzeuge zur Bewertung der Optionen einzusetzen, in anderen Fällen mag die praktikable Lösung offensichtlich sein. Bei der Bewertung der Möglichkeiten sollten Sie in Betracht ziehen, wie gut die Option die Hauptursachen anspricht und wie leicht sie sich durchsetzen läßt.
3. *Stimmen Sie gemeinsam über eine praktikable Lösung ab.* Wenn die Teammitglieder über eine vorgeschlagene Lösung abstimmen, sollten sie die Möglichkeit haben, ihre Positionen zu erklären und gemeinsam über ihre Einsichten zu sprechen. Es ist wichtig, als Team Übereinstimmung zu erreichen, da dies die Grundlage für die erfolgreiche Durchsetzung der Lösung ist.

Schritt 5. Setzen Sie die Lösung um. Eine Lösung nutzt nichts, wenn die Betroffenen nicht bereit sind, die Lösung in die Realität umzusetzen. Zur Durchführung von Lösungen sind unter anderem folgende Schritte nötig:

1. *Planen Sie Aktionsschritte.* Die Planung ist ein wesentlicher Teil der Problemlösung. Bei der Planung ist es wichtig festzulegen, was getan werden muß, wer es tun wird, wie es ausgeführt wird und bis wann.

2. *Werden Sie aktiv.* Aktiv werden bedeutet, die Verantwortung dafür zu übernehmen, daß die Pläne zu den gewünschten Ergebnissen führen. Dabei ist es wichtig, sich an die Verpflichtungen zu halten, die man eingegangen ist. Die Teammitglieder sollten sich gegenseitig über die durchgeführten Aktionen infor-mieren.
3. *Schätzen Sie den Erfolg ein.* Die Bewertung sollte ein ständiger Prozeß sein, an dem alle Teammitglieder beteiligt sind. Der Schlüssel zur Einschätzung besteht darin, zu entscheiden, ob die Hauptursachen des Problems eliminiert wurden. Die Einschätzung des Erfolgs umfaßt auch die Messung der Aufgabendurchführung, die Überprüfung der Prozeßeffektivität, das Durchsprechen gelernter Lektionen und das Feiern von Erfolgen.

Hilfsmittel 11: Werkzeuge für Problemlösungen

Die alte Weisheit „Wenn dein einziges Werkzeug ein Hammer ist, dann sieht alles wie ein Nagel aus" trifft nur allzu häufig auf Gruppensitzungen für Problemlösungen zu. Es ist wichtig, daß Teams bewandert und geschickt darin sind, eine Vielfalt an Werkzeugen zur Problemlösung einzusetzen. Zu den am häufigsten eingesetzten zählen folgende:

Ursache-Wirkungs-Diagramme

Dieses Werkzeug ist nützlich, um eine Vielfalt an Beziehungen von Ursache und Wirkung im Zusammenhang mit einer Frage, einem Prozeß oder einem Problem zu überprüfen. Es ist besonders hilfreich bei der Handhabung technischer Probleme oder Fragen. Folgende Schritte sind notwendig beim Einsatz von Ursache-Wirkungs-Diagrammen als Team:

1. *Definieren Sie das Problem klar.* Wenn das Team sich über die Definition einig ist, halten Sie dies schriftlich fest.
2. *Erkundigen Sie sich nach den wahrscheinlichen Ursachen des Problems.* Dies kann in einer Brainstorming-Sitzung oder Diskussion erfolgen.
3. *Erzielen Sie Einigung in bezug auf die Hauptursachen des Problems.* Für eine erfolgreiche Problemlösung ist es wichtig, zu diesem Zeitpunkt Einigung zu erzielen.
4. *Führen Sie optisch alle Ursachen für das allgemeine Problem auf.* Erstellen Sie kurze Beschreibungen aller Ursachen, und zeichnen Sie Linien, um ihre

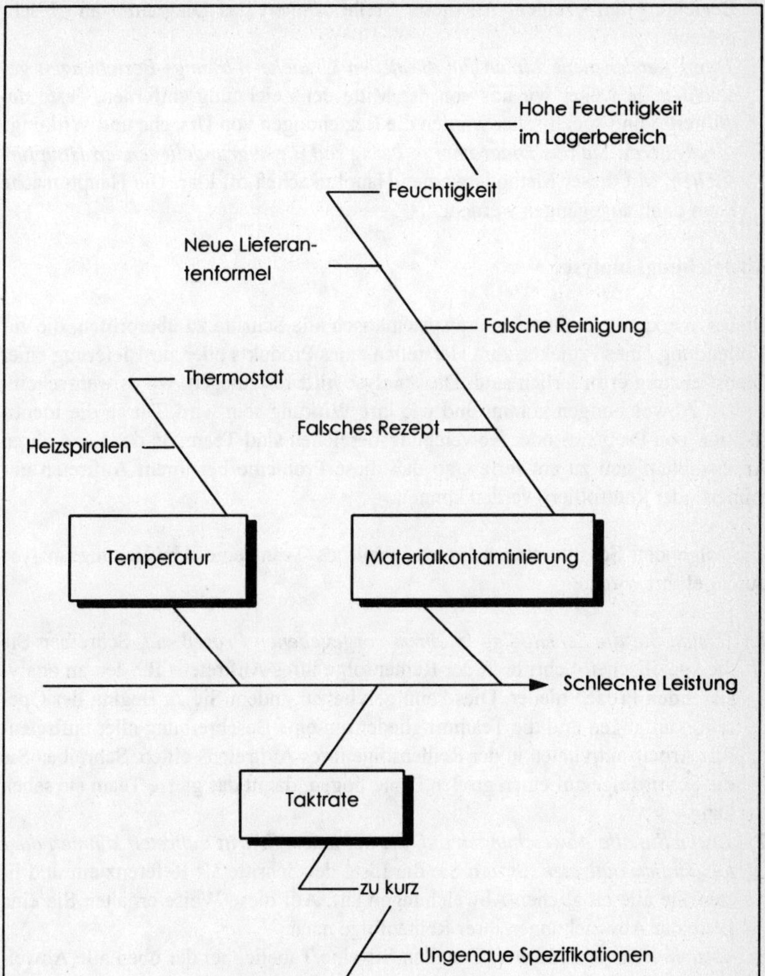

Abb. 2: Ursache-Wirkungs-Diagramm

Beziehung aufzuzeigen. An dieser Stelle erinnert das Diagramm an „Fischgräten".

5. *Dann werden neue Linien für die neuen Ursache-Wirkungs-Beziehungen gezeichnet.* Je weiter wir uns von der Mitte der Zeichnung entfernen, desto detaillierter und spezifischer werden die Beziehungen von Ursache und Wirkung.
6. *Analysieren Sie das Diagramm in bezug auf die zugrundeliegenden Hauptursachen.* Mit dieser Methode werden Hauptursachen oft klar. Die Hauptursache kann dann angegangen werden.

Abweichungsanalyse

Dieses Werkzeug ist nützlich, um systematisch alle Schritte zu überprüfen, die zur Vollendung eines Projekts, zum Herstellen eines Produkts oder zur Lieferung einer Dienstleistung erforderlich sind. Die Analyse hilft festzulegen, wo es wahrscheinlich zu Abweichungen kommt und wie ihre Wirkung sein wird. Durch die Identifikation von Problem- oder Abweichungsbereichen sind Teams in der Lage, ihren Arbeitsablauf neu zu entwerfen, so daß diese Probleme bei ihrem Auftreten eliminiert oder kontrolliert werden können.

Die folgenden Schritte sind hilfreich, wenn als Team eine Abweichungsanalyse durchgeführt wird:

1. *Listen Sie die Schrittfolge in einem vorgegebenen Prozeß auf.* Schreiben Sie die spezifischen Schritte in der Reihenfolge ihres Auftretens für den zu analysierenden Prozeß nieder. Dies kann geschehen, indem Sie zu Beginn der Operation anfangen und die Teammitglieder um eine Beschreibung aller auftretenden Arbeitsaktivitäten in der Reihenfolge ihres Auftretens bitten. Schreiben Sie die Schrittfolge auf einen großen Papierbogen, damit das ganze Team sie sehen kann.
2. *Listen Sie alle Abweichungen auf, die bei jedem Schritt auftreten könnten oder tatsächlich auftreten.* Setzen Sie die Liste der Schritte als Referenz ein und listen Sie alle möglichen Abweichungen auf. Auf diese Weise erhalten Sie eine Liste der Abweichungen ihrer Reihenfolge nach.
3. *Erstellen Sie eine Matrix.* Erstellen Sie eine Tabelle, bei der oben alle Abweichungen quer und alle Hauptschrittfolgen des Arbeitsablaufs an der Seite von oben nach unten aufgelistet werden.
4. *Vermerken Sie die Abweichungen von den Arbeitsschritten an der Stelle, wo sie auftreten.* Legen Sie fest, wo die Abweichungen im Prozeß auftreten, und füllen Sie die Matrix aus. Auf diese Weise erhalten Sie eine optische Anzeige, wo

die Abweichungen auftreten und welche Wirkung sie auf die späteren Schritte des Prozesses haben.

5. *Legen Sie fest, welche Abweichungen die größte Wirkung haben.* Auf der Grundlage der Matrixergebnisse legen Sie fest, welche Abweichungen die größte Wirkung auf den Gesamtprozeß haben.

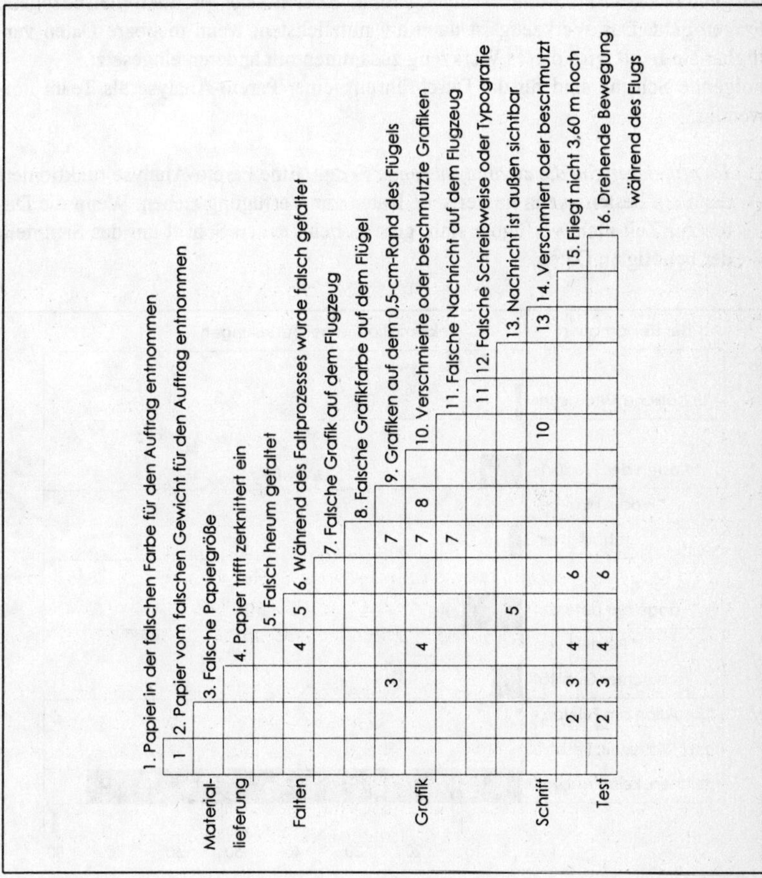

Abb. 3: Abweichungsanalyse (Die Abweichungsanalyse wurde auf der Grundlage der „BFR Space Shuttle Shop-Übung" entwickelt.)

Pareto-Analyse

Dieses Werkzeug ist nützlich, um die wenigen wichtigen Faktoren von den vielen unwichtigen Faktoren zu trennen. Dies gewährleistet, daß Faktoren, die die größte Wirkung haben, als erste angegangen werden. Diese Art der Analyse wird überwiegend ausgeführt, wenn es um Qualität, Kosten oder produktivitätsbezogene Fragen geht. Das Werkzeug ist dann am nützlichsten, wenn meßbare Daten verfügbar sind. Oft wird dieses Werkzeug zusammen mit anderen eingesetzt.
Folgende Schritte sind für die Durchführung einer Pareto-Analyse als Team notwendig:

1. *Identifizieren Sie die zu analysierende Frage.* Eine Pareto-Analyse funktioniert dann am besten, wenn numerische Daten zur Verfügung stehen. Wenn die Daten zur Zeit nicht verfügbar sind, geht es beim ersten Schritt um das Sammeln der benötigten Daten.

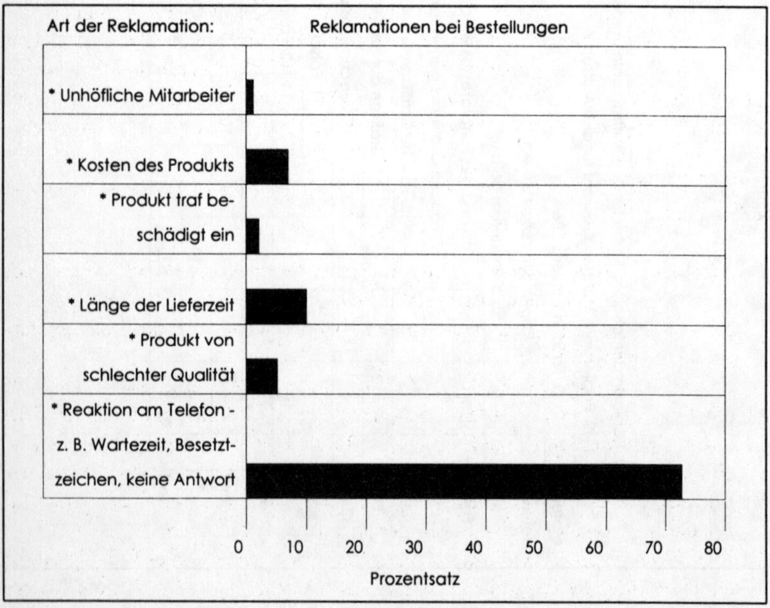

Abb. 4: Pareto-Analyse

2. *Listen Sie alle Elemente auf, die eine Wirkung haben.* Dies kann geschehen, indem Sie die verfügbaren Daten betrachten oder als Team eine Brainstorming-Sitzung abhalten.
3. *Legen Sie fest, welche Elemente die größte Wirkung haben.* In Fällen, in denen die Verteilung recht gleichmäßig scheint, wo also nicht 20 Prozent für 80 Prozent der Wirkung verantwortlich sind, lohnt es sich, die natürlichen Gruppierungen der verschiedenen Elemente zu überprüfen. Durch die Betrachtung dieser Gruppierungen werden die wenigen wichtigen Faktoren offensichtlich.
4. *Entwickeln Sie Aktionspläne, um die wenigen wichtigen Faktoren anzugehen.* Wenn Sie die 20 Prozent identifiziert haben, die für den größten Teil der Wirkung verantwortlich sind, können Sie aktiv werden, um sie zu kontrollieren. Auf diese Weise kann das Team seine Energien auf die Bereiche konzentrieren, die den größten Unterschied ausmachen.

Stärken-/Schwächen-Analyse

Dieses Werkzeug ist nützlich für die Identifizierung hilfreicher und hinderlicher Kräfte, die Auswirkungen auf das Team haben. Die Stärkefeldanalyse ermöglicht es dem Team, die Kräfte optisch zu analysieren und jene hinderlichen Kräfte herauszufinden, die die größte Wirkung haben. Das Team kann dann seine Energien auf die Eliminierung oder Minimierung der Wirkung dieser Kräfte konzentrieren.

Folgende Schritte sind bei der Durchführung einer Stärkefeldanalyse als Team notwendig:

1. *Stimmen Sie gemeinsam über das gewünschte Ergebnis ab.* Dabei sollte es sich um eine spezifische und klar verfaßte, schriftliche Aussage zur Beschreibung des Ziels handeln (z. B. „um eine gute Arbeitsbeziehung mit der Marketingabteilung zu entwickeln").
2. *Listen Sie die hilfreichen und hinderlichen Kräfte auf.* Ziehen Sie in der Mitte der Tabelle einen senkrechten Strich, um sie in zwei Hälften zu teilen. Auf der linken Seite werden die hilfreichen Kräfte und auf der rechten Seite die hinderlichen aufgeführt. Um die negativen Kräfte noch weiter zu illustrieren, zeichnen Sie Pfeile von jedem Punkt hin zur Mittellinie, wobei die Länge der einzelnen Pfeile die relative Stärke der jeweiligen Kraft darstellt.
3. *Entscheiden Sie, welche Kräfte am stärksten behindern.* Dabei handelt es sich um die Kräfte, die durch die längsten Pfeile dargestellt werden und die stärkste negative Wirkung auf Ihr Team haben.

4. *Entwickeln Sie Aktionspläne zur Eliminierung der hinderlichen Kräfte.* Nach Identifizierung der hinderlichen Kräfte, die die stärkste negative Wirkung auf Ihr Team haben, können Sie Aktionspläne entwickeln, um diese Kräfte zu eliminieren oder sie zumindest zu schwächen.

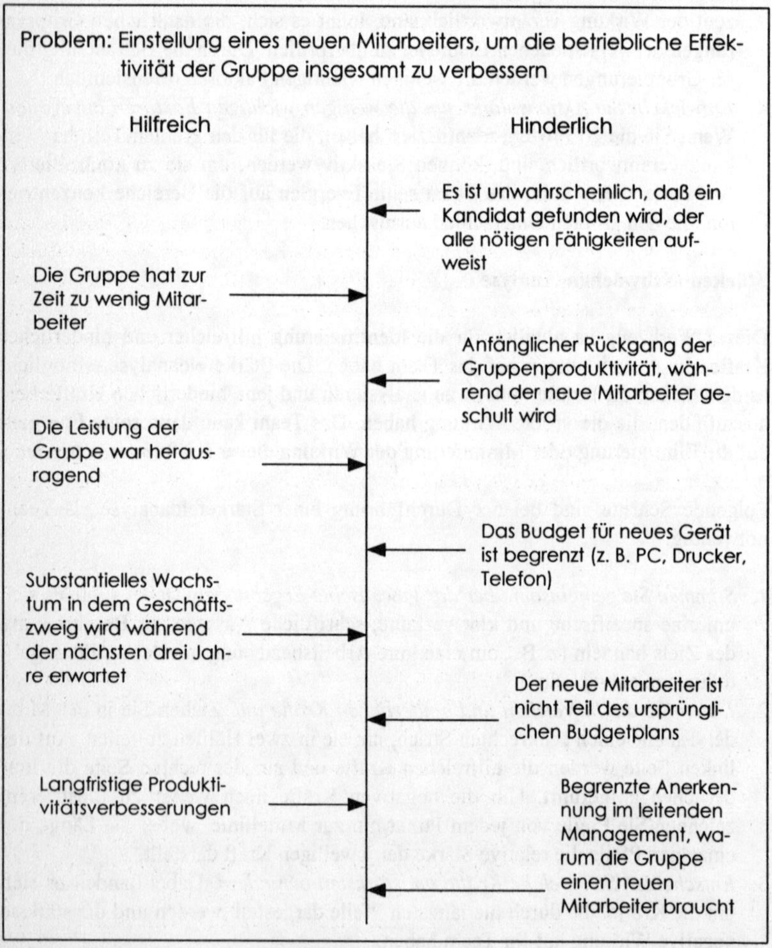

Abb. 5: Stärken-/Schwächen-Analyse

Übung „Stop, Start, Weitermachen“

1. Dieses Werkzeug ist nützlich, um einzelnen zu helfen, Feedback in bezug auf die Teameffektivität zu geben und zu empfangen. Es ist besonders wertvoll bei der Bewältigung von Konflikten, zwischenmenschlichen Problemen und Leistungsproblemen. Die folgenden Schritte sind bei der Durchführung der Übung „Stop, Start, Weitermachen“ als Team hilfreich:

2. *Überprüfen Sie die Teamrichtlinien für das Geben und Empfangen von Feedback.* Sie bilden die Grundlage für die Fähigkeit, hilfreiches Feedback zu geben und zu empfangen. Das Team sollte die Richtlinien und Techniken beim Geben und Empfangen von Feedback überprüfen.
3. *Füllen Sie die Bögen Stop, Start, Weitermachen aus.* Jedes Teammitglied sollte je einen Stop-, Start-, Weitermachen-Bogen für alle anderen Teammitglieder ausfüllen und dabei die drei folgenden Fragen beantworten: (1) Welches Verhalten sollte der Betroffene meiner Meinung nach ablegen? (2) Welches Verhalten sollte der Betroffene in der Zukunft zeigen? (3) Welches Verhalten sollte der Betroffene beibehalten?
4. *Sprechen Sie über die Bögen mit den anderen.* Dazu können sich die Teammitglieder jeweils zu Paaren zusammentun. Nachdem das erste Paar sich Feedback gegeben hat, wählt jedes Teammitglied einen anderen Partner. Dies wird fortgesetzt, bis alle Gruppenmitglieder die Chance hatten, allen anderen Gruppenmitgliedern Feedback zu geben.

Stop	Start	Weitermachen
Ich möchte von Ihnen nicht so häufig überprüft werden. Ich möchte während Diskussionen nicht von Ihnen unterbrochen werden.	Ich habe das Gefühl, daß Sie mit anderen nicht gerne über Probleme/Aufgaben sprechen, vor denen Sie stehen – versuchen Sie, mit anderen darüber zu reden. Versuchen Sie, mehr Verantwortung zu delegieren.	Unterstützen Sie mich weiter, damit ich Fragen vor der Gruppe erörtern kann. Ihr ehrliches, fürsorgliches Feedback. Übertragen Sie mir weiterhin herausfordernde Aufgaben.

Abb. 6: Übung „Stop, Start, Weitermachen“

4. *Entwickeln Sie Aktionspläne.* An diesem Punkt ist es hilfreich, alle Teammitglieder zu dem Feedback zu befragen, das sie empfangen haben, und sich die Wirkungen erklären zu lassen. Dieses Werkzeug sollte nur dann eingesetzt werden, wenn die Teammitglieder alle Schritte des Prozesses gut kennen und freiwillig an der Übung teilnehmen.

Arbeitsblatt „Gewichtete Kriterien“

Das Arbeitsblatt „Gewichtete Kriterien“ ist bei der Wahl einer praktischen Lösung aus einer Reihe von Optionen nützlich. Mit diesem Werkzeug können Sie (nach Bedeutung gewichtete) Kriterien einsetzen, um die Effektivität der Alternativen einzuschätzen und zu vergleichen.
Die folgenden Schritte sind notwendig, wenn Sie das Arbeitsblatt „Gewichtete Kriterien“ einsetzen:

1. *Listen Sie Kriterien nach ihrer Bedeutung auf.* In jeder Spalte unter der Überschrift „Kriterien“ erscheint ein Kriterium. Diese Kriterien sollten die gewünschten Ziele beschreiben. Mit einer 10-Punkte-Skala ordnen Sie jedem Kriterium seine Bedeutung zu (1 = am unwichtigsten, 10 = am wichtigsten). Schreiben Sie die entsprechende Bedeutung in die Spalten unter der Überschrift Gewicht.
2. *Listen Sie die Optionen auf,* die Ihr Team in den Spalten „Alternativen“ identifiziert hat. Diese Alternativen repräsentieren die Wahlmöglichkeiten, die Ihrem Team zur Verfügung stehen.
3. *Schätzen Sie jede Alternative gegenüber den gewichteten Kriterien ein.* Stellen Sie folgende Frage: „Wie gut erfüllt diese Alternative dieses Kriterium?“ Wenn sie es voll und ganz erfüllt, bewerten Sie sie mit 10. Wenn sie es überhaupt nicht erfüllt, wird sie mit 0 bewertet. In den anderen Fällen bewerten Sie die Alternativen mit Punkten von 1 bis 9 abhängig davon, wie gut sie die Kriterien erfüllen. Schreiben Sie Ihre Bewertung in die obere Hälfte des entsprechenden Kästchens. Führen Sie diesen Schritt für alle Optionen und Kriterien aus.
4. *Multiplizieren Sie jede Bewertung mit dem Gewicht des Kriteriums.* Auf diese Weise erhalten Sie eine gewichtete Bewertung. Schreiben Sie die gewichtete Bewertung in die untere Hälfte der Kästchen.
5. *Zählen Sie die gewichteten Bewertungen für jede Alternative zusammen.* Je höher die Bewertung ist, desto stärker erfüllt diese Option die erforderlichen Erfolgskriterien. Dieses Arbeitsblatt stellt objektive Daten zur Verfügung, anhand derer Sie eine Entscheidung treffen können. Doch bedenken Sie, daß es immer noch Aufgabe des Teams ist, letztendlich die Entscheidung zu treffen. Lassen

Sie sich eine Entscheidung nicht von den Daten aufdrängen. Setzen Sie die Daten nur als Werkzeug ein.

Die Reduzierung von Pannen

Kriterien	Gewicht	Alternativen: A Besseres Öl	B Schulung der Mitarbeiter	C Kauf einer neuen Fahrzeugflotte	D Präventive Wartung	E Nichts tun
1 Kosteneffektivität	9	9 / 81	6 / 54	2 / 18	7 / 63	8 / 72
2 Streßreduzierung	5	4 / 20	3 / 15	9 / 45	6 / 30	2 / 10
3 Weniger Überstunden	6	5 / 30	4 / 24	8 / 48	7 / 42	2 / 12
4 Weniger Krisensituationen	7	5 / 35	6 / 42	7 / 49	9 / 63	2 / 14
5 Größere Kundenzufriedenheit	10	5 / 50	2 / 20	10 / 100	8 / 80	3 / 30
6 Langfristige Prävention	8	4 / 32	5 / 40	5 / 40	8 / 64	2 / 16
7 Zufriedenheit der Geschäftsleitung	7	7 / 49	6 / 42	1 / 7	7 / 49	5 / 35
Gesamtsumme		297	237	307	391	189

Abb. 7: Arbeitsblatt „Gewichtete Kriterien"

Hilfsmittel 12: Aktionsplanung

Die Planung ist ein wichtiger Teil fast jeden Aspekts der Teamarbeit. Die Schritte zur Planung von Teamprojekten sehen folgendermaßen aus:

Schritt 1. Planen Sie durchzuführende Aktionen. Aktionspläne dienen dem Team als klare Verfahrensweise für die Vollendung eines spezifischen Projekts. Die Planung spezifischer Aktionsschritte sollte diese Fragen beantworten:

- Welche wichtigen Schritte müssen durchgeführt werden?
- Welche spezifischen Aufgaben sind für jeden wichtigen Schritt erforderlich?
- In welcher Reihenfolge sollte jede Aufgabe durchgeführt werden?

Um diese Fragen zu beantworten, sollte das Team zuerst die wichtigen Schritte des Projekts festlegen und dann die Reihenfolge spezifischer Aktivitäten, die zu ihrer Durchführung nötig sind.

Schritt 2. Planen Sie, wer was tun wird. Verantwortlichkeit ist wichtig für die Durchführung eines Projekts als Team. Bei der Klärung der Verantwortlichkeit kann es um recht einfache Dinge gehen, beispielsweise die Bitte, daß Freiwillige die Verantwortung für bestimmte Aufgaben des Projekts übernehmen. Bei der Klärung der Verantwortlichkeit für einzelne Aktionen sollten Sie darauf achten, daß folgende Fragen in Betracht gezogen werden:

- Wer ist für die Erledigung verantwortlich?
- Wer wird noch einbezogen?
- Wer muß informiert werden?
- Wer hilft, Entscheidungen zu treffen?

Schritt 3: Planen Sie alle notwendigen Ressourcen ein. Das Übersehen von Ressourcen kann zu unnötigen Verzögerungen oder Enttäuschungen führen. Die Aktionsplanung sollte auch eine gründliche Einschätzung des Umfangs der erforderlichen Ressourcen umfassen.

Die Planung der Mittel könnte folgende Punkte beinhalten:

- Mitarbeiter – Wen brauchen wir für die einzelnen Schritte des Projekts?
- Zeit – Wieviel Zeit ist erforderlich?
- Materialien – Welche Materialien werden benötigt?
- Budget – Wieviel Geld brauchen wir?
- Dienstleistungen von außen – Welche Hilfe von außen brauchen wir?
- Ausrüstung – Welche Ausrüstung brauchen wir?
- Unterstützung – Welche unternehmenspolitische und praktische Hilfe brauchen wir?

Schritt 4. Werden Sie aktiv. Aktiv werden bedeutet, dem Plan Aktionen folgen zu lassen. Pläne taugen nichts, wenn sie nicht in die Tat umgesetzt werden. Aus diesem Grund müssen alle Teammitglieder mitarbeiten, um den Erfolg sicherzustellen.

Schritt 5. Bewerten Sie den Fortschritt. Der letzte Schritt der Aktionsplanung umfaßt die Einschätzung, wie gut das Team in der Lage ist, seinen Plan zu erfüllen. Die Bewertung ist eine Schlüsselkomponente der effektiven Planung, weil sie dem Team hilft, während der Arbeit die nötigen Anpassungen vorzunehmen, und es dem Team ermöglicht, das Verfahren für das nächste Mal zu verbessern.

Hilfsmittel 13: Grundlagen der Teamkommunikation

Effektive Teamkommunikation erfolgt nicht automatisch, sondern beginnt normalerweise durch das Erlernen allgemeiner Fähigkeiten und Grundtechniken. In einem auf Teamarbeit basierenden Betrieb ist offene Kommunikation wichtig. Merkmale der offenen Teamkommunikation:

- Die Interaktion zielt auf das Lösen von Problemen und das Erreichen von Teamzielen ab.
- Die Teammitglieder vertrauen einander.
- Die Teammitglieder haben ein gemeinsames Ziel.

- Die Kommunikation bewirkt allgemeines Verstehen von Ideen, Gefühlen, Situationen und Erwartungen.
- Die Mitglieder ermutigen und bitten um Beiträge der anderen.
- Die Besprechung und Handhabung von Meinungsverschiedenheiten ist wichtig, um tragfähige Entscheidungen zu treffen.
- Die Teammitglieder teilen sich die Verantwortung für effektive Kommunikation.

Mit anderen kommunizieren

Nutzen Sie diese Richtlinien, wenn Sie mit anderen kommunizieren.

1. *Erklären Sie den Zweck Ihrer Botschaft.*
2. *Teilen Sie Ihre Botschaft mit.* Die drei folgenden Komponenten können Ihnen helfen, Ihre Botschaft effektiv zu gestalten:

- *Hauptpunkt:* Beschreiben Sie Ihre Idee, Meinung, Beobachtung, Sorge oder ähnliches.
- *Gefühle:* Beschreiben Sie, welche Gefühle Sie gegenüber der Situation haben.
- *Wirkung:* Erklären Sie, welche Wirkung Ihrer Meinung nach diese Situation auf das Team haben wird (z. B. Ziele, Bindekraft, Sicherheit).

3. *Achten Sie auf die Reaktion der anderen.* Dazu sind folgende Verhaltensweisen erforderlich:

- *Gutes Zuhören*
- *Fragen stellen:* Fragen helfen, die Antworten der anderen zu klären und zu verstehen.

4. *Klären Sie Mißverständnisse.* Vielleicht müssen Sie Ihre Botschaft erneut vortragen, um sicherzugehen, daß sie tatsächlich verstanden wird. Dies kann auf folgende Weise geschehen:

- *Erklären Sie Ihr Ziel erneut:* Gehen Sie zurück zu Schritt eins, und setzen Sie andere Worte ein, um das Ziel Ihrer Botschaft zu erklären.

- *Erklären Sie Ihre Botschaft erneut:* Setzen Sie andere Worte ein, um Ihr Anliegen vorzubringen, beschreiben Sie Ihre Gefühle, und erklären Sie die Wirkung.
- *Verleihen Sie Ihrer Botschaft Bedeutung:* Bieten Sie Beispiele und Erfahrungen an, damit die anderen Ihre Botschaft verstehen.

5. *Fassen Sie Ihre Botschaft zusammen, und werden Sie aktiv.* Für diesen Schritt sind oft die folgenden drei Aktionen erforderlich:

- *Überprüfung:* Gehen Sie noch einmal durch, was diskutiert und verstanden wurde.
- *Aktionsplan:* Initiieren Sie die Aktionsschritte, die als Ergebnis Ihrer Diskussion erforderlich sind.
- *Nachfaßaktion:* Setzen Sie einen Zeitpunkt fest, um die Diskussion wieder aufzunehmen.

Hören Sie zu, um andere zu verstehen

Wenn Sie zuhören, um andere zu verstehen, sollten Sie an folgendes denken:

1. Achten Sie nicht nur auf das Gesagte, sondern versuchen Sie, die Bedeutung der Worte zu verstehen.
2. Bedenken Sie, daß Sie mit der Botschaft nicht unbedingt einverstanden sein müssen, wenn Sie sie verstehen.
3. Wenn Sie die Botschaft nicht verstehen, sollten Sie zu klären versuchen, was gesagt wird, bevor Sie antworten.
4. Arbeiten Sie daran, die entsprechenden Zuhörfähigkeiten einzusetzen, wenn Sie eine Botschaft empfangen.
5. Versuchen Sie, sich nicht zu sperren, wenn Sie eine Botschaft empfangen, sondern effektiv zuzuhören.
6. Am Ende eines Gesprächs sollten Sie sich einen Moment Zeit nehmen, um einzuschätzen, wie gut Sie zugehört und verstanden haben.

Zur Verbesserung der Kommunikation der Teammitglieder untereinander sollten folgende Zuhörfähigkeiten bedacht und geübt werden:

- *Paraphrasieren:* Fassen Sie das Gehörte in andere Worte. Auf diese Weise wird die Bedeutung von Ideen und Meinungen verifiziert.

- *Auffassungskraft überprüfen:* Erkennen Sie die Gefühle an, die Sie bei Ihrem Gegenüber wahrnehmen.
- *Einladung:* Ermutigen Sie den anderen, sich zu öffnen und Ihnen mehr zu erzählen. Zeigen Sie, daß Sie daran interessiert sind, mehr zu wissen.
- *Bezug:* Zeigen Sie Mitgefühl mit Ihrem Gegenüber. Bemühen Sie sich zu fühlen, was der andere fühlt.
- *Anerkennung:* Setzen Sie kleine Gesten oder Worte ein, die zeigen, daß Sie dem Gesagten folgen und wünschen, daß Ihr Gegenüber fortfährt.
- *Zuhören:* Bleiben Sie still, und lassen Sie den anderen reden.
- *Zusammenfassung:* Beenden Sie ein Gespräch, indem Sie die Hauptpunkte, Vereinbarungen und Aktionsschritte überprüfen.

Hilfsmittel 14: Eine Atmosphäre für Teamarbeit aufbauen

In vielfacher Hinsicht dient eine Atmosphäre für Teamarbeit als Grundlage für viele andere Aspekte des Teamerfolgs. Sechs Komponenten sind wichtig zur Schaffung einer Atmosphäre für Teamarbeit.

1. *Allgemeiner Zweck:* Alle Teammitglieder haben einen gemeinsamen Auftrag, der ihnen Ziel und Richtung gibt und dem sie sich verpflichtet fühlen.
2. *Vertrauen:* Die Teammitglieder glauben aneinander, arbeiten für den gemeinsamen Erfolg und wissen, daß sie sich aufeinander verlassen können.
3. *Klare Rollen:* Die Teammitglieder wissen, was von ihnen erwartet wird und wie sie am besten zum Erfolg des Teams beitragen können.
4. *Offene Kommunikation:* Die Teammitglieder teilen ständig Informationen, Ideen, Sorgen, Fähigkeiten und Kenntnisse miteinander.
5. *Vielfalt:* Die Teammitglieder erkennen die individuellen Unterschiede im Stil, bei Ideen, Kulturen, Hintergrundwissen und Erfahrungen an und wissen sie zu schätzen.
6. *Ausgewogenheit von Aufgabe und Beziehung:* Die Teammitglieder arbeiten daran, bei der Erledigung von Aufgaben und zur Aufrechterhaltung starker und gesunder Beziehungen ein Gleichgewicht zu schaffen.

Allgemeiner Zweck

Teams, die Herausragendes leisten, haben ein gemeinsames Ziel. Teams, die hingegen nie weiterwissen, führen dies auf einen unklaren Zweck und zweideutige Ziele zurück.
Es folgen einige Tips zur Etablierung eines gemeinsamen Ziels:

- *Schaffen Sie eine Teamsatzung, und/oder überprüfen Sie sie.* Eine Teamsatzung dokumentiert den vereinbarten Zweck für die Existenz des Teams, doch durch die Formulierung der Satzung kann das Team den Zweck verinnerlichen.
- *Diskutieren Sie, warum Ihr Team existiert.* Fragen Sie sich regelmäßig: „Wer sind unsere Kunden? Was erwarten sie von uns? Wie können wir am besten zum Erfolg unseres Unternehmens beitragen?"
- *Ermöglichen Sie es jedem Teammitglied, seine Verpflichtung auszudrücken.* Die Teammitglieder sollten sich persönlich dem Ziel des Teams, seinen vorrangigen Aufgaben und Parametern verpflichten. Wenn die Teammitglieder sich nicht verpflichtet fühlen, sollten sie die Gelegenheit haben, ihre Sorgen in bezug auf die Richtung des Teams auszudrücken.
- *Schaffen Sie Mottos, Symbole, Belohnungen oder Plakate.* Diese Dinge können die Teammitglieder an das vereinbarte gemeinsame Ziel erinnern.
- *Setzen Sie das allgemeine Ziel ein, um den Aktionen des Teams Priorität zu verleihen.* Überprüfen Sie alle Entscheidungen, Projekte, Ziele und Pläne, um sicherzugehen, daß sie dem Ziel Ihres Teams entsprechen.

Vertrauen

Vertrauen ist eine wichtige Komponente der guten Teamatmosphäre. Vertrauen entwickelt sich oft nur langsam und geht leicht wieder verloren. In einer Teamumgebung ist das Mitwirken aller Teammitglieder erforderlich, um Vertrauen zu schaffen. Wenn man Ihnen vertrauen soll, müssen Sie bereit sein, anderen ebenfalls zu vertrauen. Die folgenden Tips sind hilfreich, um das Vertrauen in Ihrem Team aufzubauen und zu erhalten:

- *Seien Sie ehrlich.* Wenn Sie versuchen, Vertrauen zu gewinnen, besteht der erste Schritt darin sicherzustellen, daß Sie dieses Vertrauen verdienen. Sagen

Sie ehrlich, was Sie denken. Erfüllen Sie die Erwartungen, die in Sie gesetzt werden. Führen Sie die Dinge durch, die Sie ankündigen.

- *Arbeiten Sie daran, Interessenkonflikte zu eliminieren.* Interessenkonflikte umfassen alle Situationen, in denen Dinge, die im Interesse eines Teammitglieds liegen, nicht dem Interesse des Teams oder seiner Mitglieder entsprechen. Ein Beispiel dafür ist ein Incentive-Plan, der die Leistung des einzelnen so stark belohnt, daß Teamarbeit und Zusammenarbeit unterhöhlt wird.
- *Vermeiden Sie es, hinter dem Rücken der anderen zu reden.* Fordern Sie Ihre Teammitglieder auf, Verleumdungen zu unterbinden. Wenn Verleumdungen toleriert werden, verlieren alle das Vertrauen zueinander.
- *Vertrauen Sie Ihren Teamkollegen.* Vertrauen ist ein zweigleisiger Prozeß. Denken Sie daran, daß Sie sich Vertrauen am besten verdienen, indem Sie anderen vertrauen.
- *Entscheiden Sie sich im Zweifelsfalle zugunsten der Teammitglieder.* Vertrauen in Ihre Teammitglieder bedeutet auch zuzulassen, daß sie nicht perfekt sind und daß sie Fehler machen. Im Zweifelsfall unterstützen Sie sie und zeigen ihnen, daß Sie echtes Interesse an ihrem Erfolg haben.

Klare Rollen

Verwirrung über die Rollen und Erwartungen von Teammitgliedern ist ein Hauptgrund für Frustrationen und Spannungen im Team. Diese Verwirrung kann schnell zu anderen Problemen wie Mißtrauen, mangelnder Kommunikation und Heimlichkeiten führen. Wenn man sich im unklaren darüber ist, wer welche Aufgaben übernehmen wird, kann dies schnell dazu führen, daß wichtige Arbeiten nicht ausgeführt werden.

Die folgenden Tips sind hilfreich, um klare Rollenverteilungen und an das Team gestellte Erwartungen aufrechtzuerhalten.

Überprüfen Sie die Rollen der Teammitglieder häufig. Nehmen Sie sich in Teambesprechungen Zeit, die einzelnen Verantwortungsbereiche zu überprüfen. Setzen Sie beispielsweise das folgende Rollenmodell ein, um die Diskussion in Gang zu bringen. Füllen Sie die allgemeinen Kategorien wie Trainer und Ressource mit spezifischen Aufgaben und Verantwortungsbereichen aus.

- *Beziehen Sie die Erwartungen der Teammitglieder auf das Gesamtziel des Teams.* Diskutieren Sie als Team, wie jedes Teammitglied am besten zum Teamerfolg beitragen kann.
- *Klären Sie während der Aktionsplanung die Verantwortungsbereiche.* Jedem Aktionselement sollte das entsprechende Teammitglied zugeordnet werden. Halten Sie diese Zuordnungen in einem schriftlichen Aktionsplan fest.
- *Lernen Sie die Aufgaben der anderen im Team kennen.* Schaffen Sie einen Plan, anhand dessen die Teammitglieder die Rollen und Verantwortungsbereiche der anderen kennenlernen können. Dabei könnte es sich um eine einfache Erklärung der Pflichten handeln oder um eine gründliche gegenseitige Schulung und Aufgabenrotation.
- *Finden Sie Möglichkeiten, um einander zu helfen.* Das gegenseitige Kennenlernen der Rollen der anderen ermöglicht es den Teammitgliedern, nach Bedarf in anderen Bereichen auszuhelfen. So entstehen die notwendige Flexibilität und das Verständnis der Teammitglieder füreinander.

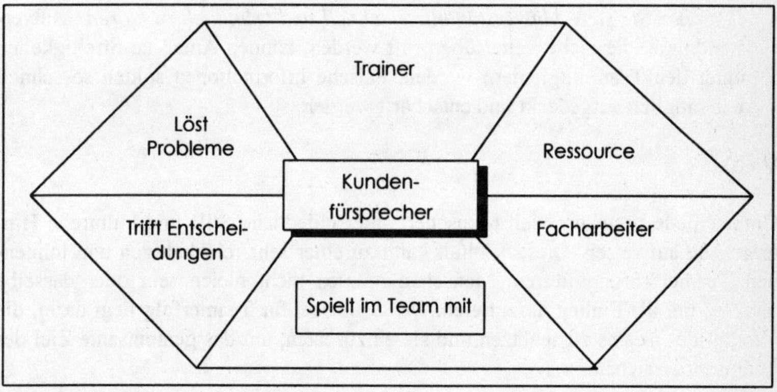

Abb. 8: Die Rolle des Teammitglieds

Offene Kommunikation

Eine gute Atmosphäre, in der Vertrauen herrscht und klar definierte Rollen vorhanden sind, kann nur bestehen, wenn die Teammitglieder sich verpflichten, offen und ehrlich miteinander zu kommunizieren. Bei effektiver Teamkommunikation geht es um mehr, als nur miteinander zu reden. Vielmehr geht es darum, daß wichtige Informationen immer weitergegeben und von allen Teammitgliedern verstanden werden. Es bedeutet auch, daß die Teammitglieder ihren eigenen Wünschen, Bedürfnissen und Sorgen gegenüber ehrlich sein müssen. Die folgenden Tips sind hilfreich, um die offene Kommunikation in Ihrem Team aufrechtzuerhalten:

- *Sagen Sie lieber zuviel als zuwenig.* Die Gefahr der Belästigung durch zu viele Informationen ist nicht so groß wie die potentiellen Risiken, die auftreten, wenn Teammitglieder nicht über die benötigten Informationen verfügen.
- *Versuchen Sie, alle Blickwinkel einzubeziehen.* Das bedeutet, daß Sie andere Teammitglieder um ihre Beiträge bitten und dann aufmerksam zuhören, um sie voll und ganz zu verstehen.
- *Es liegt an Ihnen, ob man Ihnen zuhört und Sie versteht.* Alle Teammitglieder sollten daran arbeiten, ihre Botschaft so zu formulieren, daß sie verstanden wird.
- *Bemühen Sie sich, Mißverständnisse schnell und gründlich zu klären.* Mißverständnisse, die nicht weiter überprüft werden, können Anlaß zu Streitigkeiten unter den Teammitgliedern werden. Falsche Informationen sollten so schnell wie möglich aufgedeckt und entschärft werden.

Vielfalt

Unterschiede bestehen, weil Menschen unterschiedliche Stile und kulturelle Hintergründe aufweisen. Diese Vielfalt kann zu einer sehr reichhaltigen und lohnenden Teamerfahrung führen. Menschen müssen nicht gleich sein oder dasselbe denken, um als Einheit aufzutreten. Der Schlüssel für Teamerfolg liegt darin, die Vielfalt des Teams zu schätzen und sie einzusetzen, um das gemeinsame Ziel des Teams zu erreichen.

Die folgenden Tips sind hilfreich, um die Vielfalt in Ihrem Team positiv zu bewerten:

- *Denken Sie daran, daß vernünftige Menschen anderer Meinung sein können – und es auch sind.* Zwei Menschen gleichen einander nie ganz. Das bedeutet nicht, daß der eine besser als der andere ist. Gerade die Verschiedenartigkeit der Teammitglieder fördert die Kreativität.

- *Versuchen Sie, soviel wie möglich voneinander zu lernen.* Indem Sie die unterschiedlichen Hintergründe, Kulturen und Arbeitsmethoden der anderen kennenlernen, erweitern Sie Ihren eigenen Horizont; dadurch lassen sich Teamerfahrungen vielfältiger gestalten. Die Teammitglieder könnten sich dabei abwechseln, Informationen in Bereichen zu präsentieren, in denen sie über einzigartige Erfahrungen verfügen.
- *Bewerten Sie eine neue Idee aufgrund ihrer Qualität.* Vermeiden Sie es, Ideen danach zu bewerten, wer sie vorgetragen hat oder wie sehr sie Ihren eigenen Vorlieben entspricht.
- *Vermeiden Sie Kommentare und Bemerkungen, die negative Aufmerksamkeit auf einzelne Merkmale eines Menschen lenken.* Humor ist ein Schlüsselfaktor für eine gesunde Teamumgebung. Es sollten jedoch nie humorvolle Bemerkungen auf Kosten der Identität und Selbstachtung eines anderen Menschen gemacht werden.
- *Ignorieren Sie die individuellen Unterschiede Ihrer Teammitglieder nicht.* Teammitglieder sollten abwertende Bemerkungen in bezug auf individuelle Unterschiede vermeiden; das heißt aber nicht, daß diese Unterschiede insgesamt ignoriert werden müssen. Unterschiede sollten genutzt werden, um die Ziele des Teams zu fördern.

Ausgewogenheit von Aufgaben und Beziehungen

Es gibt zwei Grundtypen bei Bedürfnissen oder Problemen, die in einem Team entstehen – Aufgabe und Beziehung. Aufgabenprobleme beziehen sich auf die tatsächliche Arbeit, die das Team erledigen muß. Beziehungsprobleme haben damit zu tun, wie gut die Menschen im Team miteinander zurechtkommen und zusammenarbeiten. Ein Team, das sich zu stark auf eine Aufgabe konzentriert, übersieht möglicherweise wichtige Beziehungsfragen. Daraus können Spannungen entstehen, die bis zu Wutausbrüchen reichen. Ein Team, das die Beziehungsseite zu stark bewertet, merkt möglicherweise nicht, daß wichtige Aufgaben nicht erfüllt werden oder daß die Qualität schlechter wird. Auf diese Weise kann das Team an Glaubwürdigkeit verlieren, da Erwartungen nicht erfüllt werden, die Motivation der Teammitglieder könnte abnehmen, und man könnte beginnen, dem Team Schuld zuzuweisen. Die folgenden Tips helfen, Aufgaben und Beziehungen in Ihrem Team im Gleichgewicht zu halten:

- *Überprüfen und bewerten Sie regelmäßig die Effektivität von Teambesprechungen.* Planen Sie fünf bis zehn Minuten Zeit gegen Ende jeder Besprechung ein, um einzuschätzen, wie es läuft. Läuft es gut, so daß weitergemacht werden sollte? Wo muß das Team mehr Einsatz zeigen? Welche Verhaltensweisen sollte das Team ablegen?

- *Halten Sie Teamfeiern ab, wenn Ergebnisse erzielt wurden.* Das Feiern von Erfolgen kann viel zum Zusammenhalt des Teams beitragen. Wenn Ihr Team einen wichtigen Meilenstein erreicht oder einfach nur einen guten Monat hatte, sollten Sie sich Zeit nehmen, den Erfolg anzuerkennen.

- *Loben Sie individuelle Bemühungen.* Neben den Feiern im Team sollten Sie sich Zeit nehmen, die Bemühungen einzelner anzuerkennen.

- *Entwickeln Sie individuelle Leistungsziele, die sowohl Ergebnisse als auch Teamarbeit betonen.* Ergebnisse, die auf Kosten von Teambeziehungen erreicht wurden, können negative Wirkung haben. Ähnlich kann Teamarbeit ohne Ergebnisse genauso schwächend sein.

- *Übertragen Sie bestimmten Teammitgliedern die Aufgabe, Bedürfnisse in bezug auf Aufgaben zu überprüfen, während sich andere mit Beziehungsbedürfnissen befassen.* Dies kann bedeuten, daß ein Teammitglied dafür zuständig ist, das Team über Fristen, Aktionselemente und Ziele zu informieren. Ein anderes Teammitglied kann verantwortlich sein für die Koordination der sozialen Aktivitäten des Teams.

Hilfsmittel 15: Teamkonflikte handhaben

Ein Konflikt enthält normalerweise eine gewisse Menge Streitpotential. Dieser Streit kann bei effektiver Handhabung eine Quelle für Stärke und Kreativität sein. Eins ist sicher: In einem Team wird es immer zu Konflikten kommen – das läßt sich einfach nicht vermeiden. In einer Teamumgebung gibt es unzählige Arten von Konflikten, zu denen unter anderem folgende zählen:

- *Innere Konflikte.* Ein einzelnes Teammitglied erlebt einen persönlichen Konflikt, der sich auf das Team beziehen kann oder auch nicht. Dennoch behindert der Konflikt den Betroffenen, seine Aufgaben durchzuführen.

- *Individueller Konflikt mit einem anderen Teammitglied.* Ein einzelnes Teammitglied steckt in einem Konflikt mit einem anderen Mitglied.

- *Individueller Konflikt mit dem gesamten Team.* Ein einzelnes Teammitglied erlebt einen Konflikt mit dem gesamten Team oder mehreren Teammitgliedern.
- *Teamkonflikt mit einem Teammitglied.* Das gesamte Team oder zumindest mehrere Teammitglieder erleben einen Konflikt mit einem einzelnen Teammitglied.
- *Konflikt zwischen mehreren Teammitgliedern.* Mehrere Teammitglieder erleben einen Konflikt mit mehreren anderen Teammitgliedern.
- *Konflikt zwischen Teams.* Das Team als Ganzes erlebt Konflikte mit einem anderen Team.
- *Teamkonflikt mit einem Menschen außerhalb des Teams.* Das gesamte Team erlebt einen Konflikt mit einem Menschen außerhalb des Teams.

Schritte zur Lösung von Konflikten

Die rechtzeitige und effektive Auseinandersetzung mit dem Konflikt ist Voraussetzung dafür, daß der Fortschritt des Teams nicht behindert wird. Unabhängig von der Art des Konflikts ist das folgende, aus fünf Schritten bestehende Verfahren nützlich zu seiner Lösung:

Schritt 1. Machen Sie keinen Hehl daraus, daß der Konflikt existiert. Obwohl es nicht immer einfach ist, einen Konflikt zuzugeben, stellt sich oft ein Gefühl der Erleichterung ein, wenn das Bestehen eines Konflikts anerkannt wird. Teams sind am effektivsten, wenn alle Teammitglieder sich dazu verpflichten, Konfliktsituationen individuell anzuerkennen und gemeinsam an ihrer Lösung zu arbeiten.

Schritt 2. Finden Sie eine gemeinsame Grundlage. Setzen Sie den Konflikt in das richtige Verhältnis zu den Gesamtzielen des Teams. Eine Möglichkeit zur Einschätzung der Ernsthaftigkeit eines Problems besteht darin festzulegen, in welchem Ausmaß das Problem die Ziele des Teams stört. Wenn sich alle Teammitglieder den Teamzielen verpflichten, sollten sie gewillt sein, Probleme anzugehen, die das Erreichen dieser Ziele bedrohen.

Schritt 3. Versuchen Sie, den Konflikt aus dem Blickwinkel anderer zu verstehen. Es ist wichtig, sich vor Augen zu führen, daß Verstehen nicht mit dem Erzielen einer Vereinbarung gleichzusetzen ist. Man muß sich nicht streiten, um den Gesichtspunkt eines anderen zu verstehen. Beim Einbeziehen aller Blickwinkel geht es nicht darum, in einer Auseinandersetzung als Sieger hervorzugehen, sondern um das Sammeln von Informationen.

Schritt 4. Greifen Sie das Problem an und nicht die anderen Teammitglieder. Das Problem anzugreifen bedeutet nicht, daß Sie gegeneinander Krieg führen, sondern daß Sie sich mit dem Konflikt auseinandersetzen, der Sie zur Zeit davon abhält, als Team Fortschritte zu erzielen. Das Ziel besteht nicht in einem Ergebnis mit Gewinnern und Verlierern, sondern in einer Lösung, die die Ziele des Teams vorantreibt, ohne die Werte der einzelnen Teammitglieder zu verletzen. Wenn Sie Probleme gemeinsam angehen wollen, ist es erforderlich, daß Sie die andere Partei als wertvollen Partner beim Erreichen einer Lösung betrachten. Daher müssen Wut und Feindseligkeiten abgebaut und produktive Aktivitäten wie beispielsweise Problemlösungsversuche und Aktionsplanung gefördert werden.

Schritt 5. Entwickeln Sie einen Aktionsplan. Der letzte Schritt des Prozesses besteht darin zu beschreiben, was die einzelnen Teammitglieder tun werden, um das Problem zu lösen. Es sollte ein Aktionsplan geschrieben werden, damit jeder für seinen Teil der Problemlösung die Verantwortung übernehmen kann. Alle Betroffenen müssen die vereinbarten Aktionsschritte voll und ganz verstehen.

Bei der Lösung eines Konflikts gilt es, einige Stolperdrähte zu vermeiden. Dazu zählen folgende:

Mein Weg und kein anderer. Bringen Sie sich oder Ihr Team nicht in eine Situation, in der Alternativen begrenzt sind oder in der die Betroffenen gezwungen werden, zwischen Optionen und Menschen zu wählen.
Entscheidung durch einen Dritten. Bisweilen mag es nötig sein, sich von einem Manager oder Teamberater helfen zu lassen. Doch wenn die Teammitglieder beim Treffen von Entscheidungen und beim Lösen von Problemen von ihnen abhängig werden, wird dem Team die Macht genommen. Teams sollten ein Problem nicht automatisch an das Management übertragen, nur weil es schwierig ist.
Unter den Teppich kehren. Da bei der Bewältigung von Problemen das Risiko besteht, Emotionen bei den Teammitgliedern wachzurufen, ist es verlockend, das Problem einfach unter den Teppich zu kehren und seine Existenz zu ignorieren. Streitpunkte bleiben aber nur selten unter dem Teppich. Sie kommen normalerweise später in einer größeren und häßlicheren Form wieder ans Tageslicht.
Märtyrersyndrom. Zum Märtyrersyndrom kommt es, wenn ein einzelner gegenüber der Gruppe oder einem anderen Teammitglied nachgibt, doch dann so tut, als sei er das Opfer von Gruppendruck. Vielleicht versucht er sogar, beim nächsten

Mal seinen Willen durchzusetzen, weil er beim letzten Mal nachgegeben hat. Teams sollten sich darum bemühen, derartiges Verhalten zu vermeiden, indem sie sich immer auf das konzentrieren, was am besten für das Team ist, und nicht darauf, wer an der Reihe ist, einen Streit zu gewinnen.

Parkplatzkommentare. Zu Parkplatzkommentaren kommt es, wenn Teammitglieder außerhalb der Teamumgebung über Teamprobleme reden. In solchen Gesprächen äußern die Betroffenen Gefühle, die sie vor dem Team nicht aussprechen wollten. Derartiges Verhalten unterhöhlt das Vertrauen und die Integrität des Teams. Teams müssen dafür sorgen, daß alle Teammitglieder ihre Meinung in Teambesprechungen äußern. Teammitglieder müssen sich davor hüten, auf dem „Parkplatz" Dinge zu sagen, die sie nicht vor dem gesamten Team sagen wollten.

Hilfsmittel 16: Rollen und Verantwortungsbereiche der Teammitglieder

Die Klärung der Rollen und Verantwortungsbereiche von Teammitgliedern ist wichtig, wenn ein Team seine Arbeit aufnimmt, sie ist aber auch in folgenden Fällen hilfreich:

- Neuorganisation des Teams
- Beginn eines neuen Projekts
- Verschiebung individueller Verantwortungsbereiche
- Neue Prioritäten
- Erneuerung der Verpflichtung gegenüber den Teamzielen

Die Definition der Rollen von Teammitgliedern sollte die gemeinsame Verantwortung fördern. Die Definition der Rollen dient dazu, den Geist von Teamarbeit zu unterstreichen. Sie soll allen Teammitgliedern helfen, ihre Bemühungen zu koordinieren und ihre Verpflichtung füreinander und gegenüber den Teamergebnissen zu erfüllen.

Für manch eine Rolle sind Fähigkeiten nötig, die nicht alle Teammitglieder haben. Aus diesem Grund muß das Team entweder einen Lehrplan absolvieren oder jemanden von außerhalb des Teams engagieren, der diese Rolle übernehmen könnte. Bei der Definition der Rollen und Verantwortungsbereiche der Teammitglieder sind folgende Schritte hilfreich:

Schritt 1. Analysieren Sie die zu erledigende Arbeit. Der erste Schritt bei der Klärung von Rollen und Verantwortungsbereichen besteht in der genauen Analyse der auszuführenden Arbeit. Auf diese Weise kann das Team die Rollen entsprechend dem Zweck und den vorrangigen Aufgaben statt nach persönlichen Vorlieben definieren.

Zur Durchführung einer Arbeitsanalyse beachten Sie die folgenden Tips:

- *Überprüfen Sie die Satzung Ihres Teams.* Dazu zählt eine Überprüfung von Zweck, Prioritäten und Parametern Ihres Teams.
- *Diskutieren Sie als Team die Schlüsselprojekte und Aktivitäten, die zur Erfüllung der Teamsatzung notwendig sind.* Diese Diskussion sollte eine Bewertung der vorrangigen Aufgaben, Mittel, Verantwortungsbereiche und Zeitrahmen umfassen.
- *Identifizieren Sie die Stärken und Schwächen des Teams.* Finden Sie heraus, welche Aspekte der Teamarbeit glatt laufen und in welchen Bereichen das Team zu kämpfen hat.
- *Organisieren Sie die Arbeit nach Hauptverantwortungsbereichen.* Achten Sie darauf, daß sich die festgelegten Bereiche mit dem bereits beschriebenen Arbeitsprozeß auf einer Linie befinden. Vermeiden Sie es, Verantwortungsbereiche aufgrund von persönlichen Vorlieben oder eingefahrenen Gewohnheiten zu definieren.
- *Identifizieren Sie die Stärken, Talente und Erfahrungen der Teammitglieder.* Stimmen Sie die Stärken von Teammitgliedern mit den vorhandenen Hauptverantwortungsbereichen ab.

Schritt 2. Definieren Sie gemeinsame Verantwortungsbereiche. Für allgemeine Verantwortungsbereiche sind alle Teammitglieder verantwortlich.

Zur Identifizierung der grundlegenden Verantwortungsbereiche von Teammitgliedern sind unter anderem folgende Tips hilfreich:

- Die Überprüfung von Operationsrichtlinien für das Team.
- Machen Sie sich eigene Gedanken, bevor die Verantwortungsbereiche im Team diskutiert werden.
- Denken Sie an erfolgreiche Erfahrungen, als das Team sehr effektiv funktionierte – wodurch wurde dies dem Team ermöglicht?

- Denken Sie an Zeiten der Herausforderung, als das Team Störungen oder Konflikte erlebte – worin bestand die Barriere und wie könnte dies in Zukunft vermieden werden?

Schritt 3. Definieren Sie individuelle Rollen und Verantwortungsbereiche. Die Definition spezifischer Rollen und Verantwortungsbereiche für alle Teammitglieder ist notwendig, damit alle zum Teamerfolg beitragen und ihre Anstrengungen effektiver integrieren können.

Es folgen einige Tips für die Definition spezifischer Rollen und Verantwortungsbereiche:

- Eruieren Sie spezifische Fähigkeiten und Erfahrungen, die im Team zur Erfüllung seines Ziels und seiner vorrangigen Aufgaben gebraucht werden.
- Ziehen Sie Schlüsselprojekte und Hauptverantwortungsbereiche in Betracht.
- Beziehen Sie die einzigartigen Fähigkeiten und Stärken der einzelnen Teammitglieder zur Erfüllung des Ziels und der vorrangigen Bereiche des Teams ein.
- Beziehen Sie den Betreuer des Teams mit ein, um die Klarheit des Teamziels sicherzustellen und Einsichten in die individuellen Rollen zu fördern.
- Bereiten Sie eine individuelle Rollenbeschreibung für jedes einzelne Teammitglied vor.

Schritt 4. Lernen Sie die Rollen der anderen kennen. Nachdem spezifische Rollen und Verantwortungsbereiche festgelegt wurden, ist es an der Zeit, die Rollen der anderen Teammitglieder kennenzulernen. Selbst wenn Sie nie beabsichtigen, die Aufgaben anderer Teammitglieder wahrzunehmen, ist es aus mehreren Gründen äußerst vorteilhaft, wenn Sie mit ihren Aufgaben vertraut sind.

Ziehen Sie die folgenden Aktionen in Betracht, um die Rollen der anderen kennenlernen:

- *Legen Sie fest, in welchem Ausmaß jeder die Rollen der anderen kennenlernen muß.* Das hängt von dem Bedürfnis Ihres Teams nach Spezialisierung und Integration ab.
- *Finden Sie effektive Methoden, um die Rollen anderer Teammitglieder kennenzulernen.* Wenn Sie wissen, wie gut Sie die Rollen der anderen kennen sollten,

müssen Sie nach effektiven Lernmethoden Ausschau halten. In einigen Fällen mag es angebracht sein, einander einfach die Rollen zu beschreiben, in anderen Fällen sollten Sie vielleicht mehrere Tage zusammen arbeiten.

- *Fassen Sie beim Lernprozeß nach.* Hin und wieder sollten Sie das Gelernte überprüfen und notwendige Anpassungen vornehmen.

Schritt 5. Überprüfen Sie die Rollen regelmäßig. Es ist wichtig, Rollenbeschreibungen hin und wieder zu überprüfen, um sicherzugehen, daß sie für das Gesamtziel des Teams aktuell und relevant bleiben.

Es folgen einige Tips zur Überprüfung der Rollen und Verantwortungsbereiche von Teams:

- Legen Sie ein bestimmtes Datum (in sechs bis acht Wochen) fest, um Rollen und Verantwortungsbereiche in einer Teambesprechung zu überprüfen.
- Achten Sie auf Warnungen, die anzeigen, daß Rollen und Verantwortungsbereiche überprüft werden müssen.
- Achten Sie darauf, daß Sie Ihre eigenen Rollen und Verantwortungsbereiche immer kennen.
- Halten Sie an Ihrem Plan fest, die Rollen anderer Teammitglieder kennenzulernen.

Hilfsmittel 17: Die Teamleistung handhaben

Die Tage, als Manager allein die an die Belegschaft gestellten Leistungserwartungen definieren konnten, gehören lange der Vergangenheit an. In der Geschäftswelt von heute ist es wichtig, sich auf die Erwartungen von wichtigen Beteiligten zu konzentrieren. Diese Erwartungen definieren die akzeptablen Leistungsnormen für Ihr Team. Zu den wichtigen Beteiligten zählen Kunden, Management, Lieferanten, Kollegen und Teammitglieder.

Das Leistungsmanagement in einer Teamumgebung sollte sich auf die permanente Verbesserung der Teamfähigkeit konzentrieren, um Kunden zufriedenzustellen. Daher sollte dieser bisweilen schwierige Prozeß als konstruktiv und wichtig für den weiteren Teamerfolg betrachtet werden.

Leistungsmanagement ist ein ständiger Prozeß. Die Handhabung der Teamleistung ist kein einmaliges jährliches Ereignis, bei dem Bewertungen zugeordnet werden. Es ist vielmehr ein täglicher Prozeß zur Aufrechterhaltung klarer Erwartungen. Dazu gehören die entsprechende Planung, die Überprüfung von Ergebnissen, die Belohnung einzelner Mitarbeiter und das Anerkennen von Teamerfolgen. Da es sich um einen ständigen Prozeß handelt, läßt er sich am besten von den Mitarbeitern handhaben, die die Arbeit tatsächlich tun.

Schritt 1. Definieren Sie die Erwartungen. Beim ersten Schritt zur Handhabung der Teamleistung geht es darum zu gewährleisten, daß die Erwartungen klar für das Team als Ganzes und für die einzelnen Teammitglieder definiert sind. Viele Studien haben gezeigt, daß die Hauptquelle für Leistungsprobleme das Fehlen klar verstandener und vereinbarter Erwartungen ist. Denken Sie an Ihre eigenen Arbeitserfahrungen. Welche Frustrationen resultieren aus der Tatsache, daß Sie nicht wissen, worin Ihre eigentliche Aufgabe besteht, warum die Arbeit wichtig ist und welche Regeln Sie zu Ihrer Erledigung befolgen müssen?

Folgende Schritte dienen zur Klärung der Erwartungen:

- Sie müssen wissen, wer beteiligt ist.
- Sie müssen die Teamsatzung definieren.
- Sie müssen Ihre Hauptprioritäten definieren.
- Sie müssen die Hauptergebnisbereiche des Teams, seine Ziele und Messungen kennen.
- Sie müssen Parameter definieren.

Diese Erwartungen sollten mit allen Teammitgliedern diskutiert und geklärt werden.

Schritt 2. Planung. Die individuelle Planung hat zwei wichtige Aspekte:

Ergebnisplan: Konzentrieren Sie sich auf die spezifischen Resultate zur Erfüllung der Erwartungen. Dies geschieht durch das Setzen meßbarer Ziele und Aktionspläne für alle Hauptergebnisbereiche. Beim Aufstellen eines individuellen Ergebnisplans sind folgende Schritte nützlich:

- Die Identifizierung der Meßmethode für alle Hauptergebnisbereiche

- Das Messen der aktuellen Leistung und die Etablierung einer Grundlinie
- Die Festlegung einer Vergleichsmöglichkeit für ideale Leistung
- Die Festlegung eines realistischen Ziels, um auf diese ideale Leistung hinzuarbeiten
- Die Dokumentation der Ziele

Lehrplan: Er konzentriert sich auf die Fähigkeiten und Kenntnisse, die zum Erzielen der gewünschten Resultate erreicht werden müssen. Beim Aufstellen eines individuellen Lehrplans sind die folgende Schritte nützlich:

- Überprüfen Sie Hauptergebnisbereiche und Leistungsziele.
- Legen Sie fest, welche Fähigkeiten und Kenntnisse für den Erfolg wichtig sind.
- Schätzen Sie Stärken und Schwächen basierend auf wichtigen Fähigkeiten und Kenntnissen ein.
- Setzen Sie sich Entwicklungsziele, nutzen Sie Stärken, und bauen Sie Schwächen ab.
- Planen Sie spezifische Entwicklungsaktivitäten für jedes Entwicklungsziel.
- Dokumentieren Sie Ihre Entwicklungsziele und -aktivitäten.

Schritt 3. Aktion. Pläne haben nur geringen Wert, wenn keine Aktionen folgen. Durch Aktionen werden Pläne in die Realität umgesetzt. Es ist die Aktion oder Leistung, deren Handhabung an erster Stelle steht. Denken Sie daher an folgende Dinge:

- Messen Sie Fortschritte regelmäßig.
- Seien Sie bereit, schlechte Leistung zu verbessern. Alle Teammitglieder sind verantwortlich dafür, Korrekturen vorzunehmen, wenn dies nötig ist. Folgende Tips sind zur Korrektur schlechter Leistung hilfreich:
- Geben Sie zu, daß ein Leistungsproblem vorhanden ist.
- Analysieren Sie die Situation, und legen Sie die Hauptursachen fest.
- Untersuchen Sie mögliche Lösungen.
- Vereinbaren Sie eine praktikable Lösung, und schaffen Sie einen realistischen Aktionsplan.

- Setzen Sie die Lösung durch, indem Sie aktiv werden und Ihre Verpflichtungen einhalten.
- Lassen Sie sich immer helfen.

Schritt 4. Überprüfen Sie den Fortschritt. Teams sollten ständig den Fortschritt in bezug auf wichtige Ziele protokollieren und diskutieren. Schon dies allein ist eine Form der Überprüfung. Teams können dazu tägliche Meßtabellen und Graphiken einsetzen. Außerdem sollte das Team sich hin und wieder die Zeit nehmen, die Resultate zu kontrollieren, Feedback zu sammeln, die gelernten Lektionen zu überprüfen und neue Aktionspläne für die Zukunft aufzustellen.

Wenn das Team die Gesamtleistung kontrolliert, sollte die Leistung einzelner ebenfalls kontrolliert werden. Die Teammitglieder können einander mit Feedback sehr helfen – speziell dann, wenn es darum geht, wie Dinge besser gemacht werden können, statt sich einzig und allein darauf zu konzentrieren, was in der Vergangenheit nicht richtig gelaufen ist.

Wie die Planung sollte die Überprüfung zwei Schlüsselelemente enthalten: Leistungsergebnisse (erfüllte Erwartungen) und Entwicklungsfortschritte (welche Fähigkeiten und Kenntnisse erlernt wurden). Bei der Überprüfung von Leistung und Entwicklung sollten Sie nicht nur die Ergebnisse betrachten (was erreicht wurde), sondern auch den Prozeß (wie diese Ergebnisse erzielt wurden).

Entlohnung

In Ihrem Unternehmen gibt es sicherlich offizielle und inoffizielle Systeme zur Entlohnung. Teams können und sollten aus beiden Systemen Nutzen ziehen.

Offizielle Entlohnungssysteme gelten normalerweise im gesamten Unternehmen. Sie sind so entworfen, daß sie talentierte Arbeitnehmer anziehen, im Unternehmen halten und ihre Grundbedürfnisse befriedigen. Zwei Beispiele offizieller Entlohnungssysteme sind Gehalt und Vergünstigungen, die die Arbeitnehmer erhalten.

Inoffizielle Entlohnungen sind normalerweise auf spezielle Teams und einzelne Mitarbeiter maßgeschneidert. Sie sind meistens persönlicher, spontaner und flexibler.

Sowohl offizielle als auch inoffizielle Entlohnungen sind wichtig für ein effektives Unternehmen. Obwohl es für einzelne Teams nicht leicht ist, offizielle Entlohnungssysteme zu ändern, können sie auf inoffizielle Entlohnung direkt einwirken. Folgende Schritte können bei der Festlegung der richtigen Entlohnungssysteme für Ihr Team hilfreich sein:

1. *Setzen Sie sich mit der Entlohnungsphilosophie Ihres Unternehmens auseinander.* Lernen Sie die grundlegende Richtung und die Ziele beim Entlohnungsprozeß Ihres Unternehmens kennen. Sie müssen dazu kein Fachmann werden, aber es ist hilfreich, das Programm Ihres Unternehmens zu kennen, so daß Sie innerhalb dieses Programms arbeiten können.
2. *Legen Sie fest, was belohnt werden sollte.* Legen Sie als Team fest, welche Resultate und Verhaltensweisen Sie auf der Teamebene und beim einzelnen Mitarbeiter belohnt sehen wollen.
3. *Wählen Sie geeignete Entlohnungen.* Teams können und sollten eine große Rolle bei der Festlegung der Entlohnung spielen, die den Teammitgliedern am meisten bedeuten.
4. *Die Verteilung von Belohnungen.* Belohnungen sollten rechtzeitig verteilt werden. Teammitglieder sollten öffentlich gelobt werden. Teams sollten die Möglichkeit haben, Erfolge regelmäßig zu feiern. Besonders wichtig ist, daß Belohnungen beständig verteilt werden.

Hilfsmittel 18: Teammitglieder auswählen

Es ist eine wichtige Entscheidung, die richtige Person für Ihr Team auszuwählen, denn diese Wahl kann langfristige Auswirkung auf Ihren Erfolg haben. Der hier präsentierte Auswahlprozeß besteht aus sechs grundlegenden Schritten. Jeder Schritt hilft, das Team für den nächsten vorzubereiten, was zur Auswahl eines erfolgreichen Teammitglieds führt. Die Schritte sollten gut mit den aktuellen Einstellungsverfahren Ihres Unternehmens vereinbar sein. Die sechs Schritte sehen folgendermaßen aus:

Schritt 1. Schätzen Sie die vor Ihnen liegende Arbeit ein. Beim ersten Schritt zur Wahl eines neuen Teammitglieds geht es um die genaue Analyse der Arbeit, die vom Team geleistet werden muß, und um den Einsatzbereich des neuen Teammitglieds.

Zur Einschätzung der auszuführenden Arbeit sollten Sie folgende Tips in Betracht ziehen:

- *Überprüfen Sie Ihre Teamsatzung.* Dieser Schritt umfaßt die Überprüfung von Zweck, vorrangigen Aufgaben und Parametern Ihres Teams.
- *Diskutieren Sie Schlüsselprojekte und -aktivitäten.* Das Team muß die zur Ausführung der Teamsatzung notwendigen Aufgaben überprüfen. Diese Diskussion sollte eine Bewertung der Prioritäten, Ressourcen, Verantwortungsbereiche und Zeitrahmen umfassen.
- *Identifizieren Sie die Stärken und Schwächen des Teams.* Versuchen Sie festzulegen, welche Aspekte der Teamarbeit glatt verlaufen und in welchen Bereichen das Team zu kämpfen hat.
- *Analysieren und bewerten Sie kritische Bereiche.* Suchen Sie nach Möglichkeiten, das, was Sie zur Zeit tun, neu zu strukturieren – dies könnte die Eliminierung einiger Arbeitsaktivitäten oder eine Neuzuordnung der Aufgaben umfassen.
- *Entwickeln Sie einen Lehrplan für das Team zur Aneignung neuer Fähigkeiten und Kenntnisse.*
- *Definieren Sie die Rolle des neuen Teammitglieds.* Die Rollenbeschreibung sollte das Ergebnis der vorhergehenden Analyse sein und das Gesamtziel und die Verantwortungsbereiche des neuen Mitarbeiters als Teammitglied definieren.

Schritt 2. Legen Sie die Auswahlkriterien fest. Um sicherzugehen, daß alle Aspekte der Rolle des neuen Mitglieds in Betracht gezogen werden, können die Auswahlkriterien beispielsweise in die folgenden Kategorien zerlegt werden:

- *Technische Fähigkeiten.* Welche speziellen Kenntnisse und Erfahrungen suchen wir?
- *Allgemeine Teamfähigkeiten.* Welche Fähigkeiten werden von allen Teammitgliedern erwartet, damit sie effektiv in der Teamumgebung arbeiten können?
- *Arbeitsqualitäten.* Welche Attribute ermöglichen es dem Betroffenen, einen erfolgreichen Beitrag zu den Teamzielen und -projekten zu leisten?
- *Hintergrund.* Welche speziellen Arbeitserfahrungen braucht der Kandidat, um in der neuen Rolle erfolgreich zu sein?

- *Ausbildung.* Welche Abschlüsse, Zeugnisse oder Schulungen braucht der Kandidat, um in der neuen Rolle erfolgreich zu sein?

Schritt 3. Die Suche nach möglichen Kandidaten. Denken Sie an die folgenden Tips, wenn Sie nach möglichen Kandidaten suchen.

- *Beschreiben Sie die Position.* Positionsbeschreibungen sollten die Stellung kurz in bezug auf Verantwortungsbereiche, Vergünstigungen, Arbeitsbedingungen und Mindestqualifikationen beschreiben. Achten Sie darauf, daß Ihre Beschreibung ehrlich und realistisch ist. Am Ende der Beschreibung sollten Anweisungen aufgeführt werden, wie interessierte Kandidaten sich bewerben können.

- *Nutzen Sie bereits etablierte Suchmethoden.* Die meisten Unternehmen richten sich bei der Bekanntgabe offener Stellen nach einem bestimmten Verfahren. Solch ein Verfahren kann recht hilfreich sein, um die offene Stelle zu beschreiben und bekanntzumachen. Die Befolgung eines etablierten Verfahrens gewährleistet Fairneß und Beständigkeit. Sprechen Sie sich mit der Personalabteilung ab.

- *Suchen Sie zuerst in Ihrer unmittelbaren Umgebung.* Oft finden Sie in unmittelbarer Nähe genau das, wonach Sie suchen. Offensichtlich spart dies Zeit und Geld.

Schritt 4. Bewerten Sie die Kandidaten, und treffen Sie Ihre Wahl. Zum Abschluß des Bewertungsprozesses tun Sie folgendes:

1. *Legen Sie die Bewertungsmethoden fest.* Als Team entscheiden Sie, wie die Kandidaten in bezug auf die einzelnen Kriterien bewertet werden und wer an der Bewertung beteiligt sein wird.
2. *Legen Sie eine Methode zur tabellarischen Anordnung und zum Vergleich der Resultate fest.* Es ist zweckmäßig, jeden Kandidaten in bezug auf jedes Kriterium anhand einer Punkteskala zu bewerten. Dies ermöglicht einen Vergleich der Bewertungen, die jeder Kandidat von den verschiedenen Bewertern erhalten hat.
3. *Erzielen Sie als Team in bezug auf Ihre Wahl Einigung.* Ihre Bewertungen sollten ein objektives Verfahren für die Bewertung der Kandidaten liefern.
4. *Diskutieren Sie Ihre Entscheidung mit Ihrem Betreuer.* Wie bereits erwähnt, macht die Wahl neuer Teammitglieder die ständige Kommunikation mit Ihrem Betreuer und der Personalabteilung nötig.

Schritt 5. Formulieren Sie das Angebot.

1. *Formulieren Sie das Angebot als Team.* Bei der Formulierung des Angebots ist es hilfreich, einige grundlegende Komponenten einzubeziehen. Als erstes müssen die Rolle und die Verantwortungsbereiche des neuen Teammitglieds beschrieben werden. Der zweite Schritt besteht in der Beschreibung dessen, was der Betroffene als Teammitglied erwarten kann (dazu zählen Bezahlung, Vergünstigungen, Ressourcen, Verantwortung usw.). Drittens erklären Sie, wie und bis wann der Betroffene auf Ihr Angebot reagieren sollte.
2. *Lassen Sie sich die notwendige Zustimmung und Unterstützung geben.* Die Einbeziehung Ihres Betreuers und des Personalbüros ist der Schlüssel bei diesem Schritt. Oft gibt es bestimmte unternehmenspolitische Richtlinien und Vorgehensweisen, die bei der Diskussion von Stellenangeboten befolgt werden müssen.
3. *Verlängern Sie das Angebot.* Wenn das Angebot gemacht wird, sollte es ein Datum enthalten, bis zu dem der Kandidat antworten sollte.
4. *Halten Sie die Kommunikation mit dem Kandidaten aufrecht.* Achten Sie darauf, daß der Kandidat weiß, wen er anrufen muß, um Antworten auf Fragen und zusätzliche Informationen zu erhalten.
5. *Geben Sie dem Angebot seine endgültige Form.* Nachdem das Angebot angenommen wurde, legen Sie die Bedingungen und ein Datum für den Arbeitsbeginn fest. Arbeiten Sie mit Ihrem Berater und mit der Personalabteilung zusammen, um alle nötigen Schreibarbeiten in Zusammenhang mit der Neueinstellung zu erledigen.

Schritt 6. Geben Sie dem neuen Mitglied Informationen. Damit sich das neue Teammitglied zurechtfindet, achten Sie auf folgendes:

- *Legen Sie eine Checkliste zur Orientierung an.* Die Checkliste sollte all die Schritte enthalten, die das neue Mitglied unternehmen muß, um sich in der neuen Position zurechtzufinden. Die Checkliste sollte den Zeitraum vor dem ersten Arbeitstag bis mindestens ein Jahr nach Arbeitsantritt umfassen.

- *Legen Sie fest, wer wofür verantwortlich ist.* Es können Teammitglieder festgelegt werden, die mit dem neuen Mitarbeiter an den einzelnen Elementen der Checkliste arbeiten.

- *Überprüfen Sie den Fortschritt anhand der Checkliste regelmäßig.* Derartige Überprüfungen sorgen für das nötige Feedback und gewährleisten, daß alle Bedürfnisse erfüllt werden.

Ein effektiver Orientierungsprozeß sollte folgende Dinge umfassen:

- Klären Sie die Prioritäten bei den Zielen und Parametern des Teams.
- Klären Sie die Rolle und Verantwortungsbereiche des neuen Teammitglieds.
- Klären Sie die Dinge, die der Betroffene als neues Teammitglied erwarten kann.
- Schulen Sie das neue Mitglied in bezug auf die Operationen und Richtlinien des Teams.
- Stellen Sie den neuen Mitarbeiter allen Teammitgliedern vor, und erläutern Sie deren Aufgaben.
- Definieren Sie die individuellen Ziele und die Teamleistungsziele.
- Stellen Sie das neue Mitglied wichtigen Kunden vor.
- Schulen Sie das neue Mitglied in bezug auf wichtige Fähigkeiten und Kenntnisse.
- Etablieren Sie einen langfristigen Lehr- und Entwicklungsplan für das neue Mitglied.

Hilfsmittel 19: Rollen und Verantwortungsbereiche des Teamleiters

Nicht alle Vorgesetzten oder Manager erkennen die Möglichkeiten, die sich ihnen beim Übergang zu einem Unternehmen auf Teambasis bieten. Das Gefühl der „Bedrohung" rührt oft daher, daß keine klaren Vorstellungen in bezug auf ihre neuen Anforderungen in einer Teamumgebung bestehen. Da Vorgesetzte und Manager viele der Pflichten und Verantwortlichkeiten, die in der Zukunft von ihnen gefordert werden, nie geleistet haben, ist es nur natürlich, daß sie zögern, diese neue Aufgabe anzunehmen. Außerdem werden derartige Arbeitsplätze überwiegend von Unternehmen angeboten, in denen es viel weniger Managementebenen gibt als in traditionell strukturierten Unternehmen. Häufig geschieht folgendes: Unternehmen auf Teambasis können normalerweise mit der Hälfte der Managementebenen operieren, die ihre traditionellen Gegenstücke brauchen. Das hat einen einfachen Grund: Durch die effektivere Nutzung der intellektuellen und kreativen Fähigkeiten der Mitarbeiter auf allen Ebenen des Unternehmens werden weniger Mitarbeiter in der klassischen „Vorgesetztenrolle“ gebraucht. Dies bedeutet auch eine Bedrohung für viele Vorgesetzte und Manager – wenn kein Platz mehr für ihre Rolle ist, was werden sie dann tun?

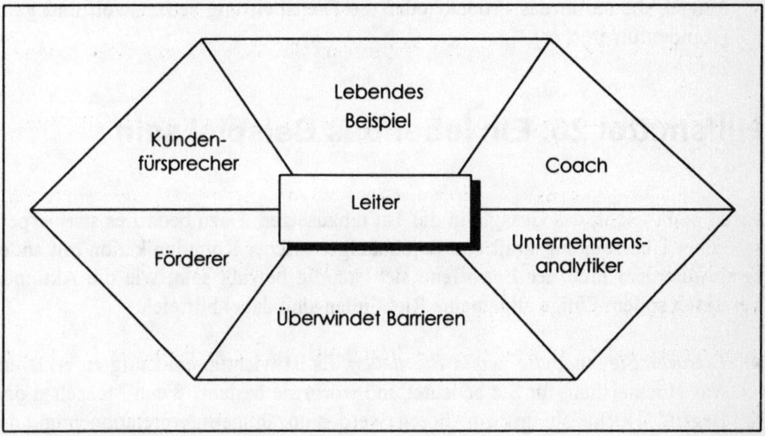

Abb. 9: Die Rolle des Teamleiters

Folgende Aspekte gehören zur neuen Rolle von Managern und Vorgesetzten:

- Die Freisetzung von Energie und Begeisterung durch die Schaffung einer motivierenden Vision in bezug auf eine mögliche Zukunft und die beständige Kommunikation von Gruppenwerten und -zielen (Leiter).
- Der Teamleiter dient als Rollenmodell für effektive zwischenmenschliche Kommunikation, Teamarbeit und Übereinstimmung zwischen den vereinbarten Werten und den täglichen Aktionen (lebendes Beispiel).
- Er hilft anderen, ihr volles Potential durch Schulung und persönliche Unterstützung zu entwickeln (Coach).
- Er versteht die Unternehmensumgebung und entwickelt Strategien, die geschäftliche Gelegenheiten nutzen (Unternehmensanalytiker).
- Er überwindet Barrieren, die die Fähigkeit des Teams, seine Leistung zu erneuern und zu verbessern, künstlich einschränken (Überwinden von Barrieren).

- Er stellt dem Team die nötigen Ressourcen, Werkzeuge und Informationen zur Verfügung (Förderer).
- Er arbeitet mit den Kunden zusammen und versteht ihre Wünsche und Erwartungen, die sie in das Produkt oder die Dienstleistung setzen, voll und ganz (Kundenfürsprecher).

Hilfsmittel 20: Ein lebendes Beispiel sein

Es ist nicht leicht, das Gesagte in die Tat umzusetzen. Dazu bedarf es starker persönlicher Überzeugungskraft und regelmäßiger offener Kommunikation mit anderen. Außerdem muß der Betroffene sich ständig bewußt sein, wie die Aktionen verlaufen sollen. Einige allgemeine Richtlinien sind dabei hilfreich:

- *Erklären Sie eindeutig, wofür Sie stehen.* Es ist wichtig, eindeutig zu erklären, was Hochleistung für Sie bedeutet und worin sie besteht. Wenn Menschen den Begriff „Hochleistungsteam" hören, werden unzählige Interpretationen und die entsprechenden Erwartungen geschaffen. Beschreiben Sie genau, was dieser Begriff für Sie bedeutet. Dadurch werden Sie den Erwartungen gerecht, die die Menschen in der Übergangszeit in Sie und Ihre Rolle setzen. Es ist auch wichtig, daß Sie offen über Ihre Ängste und Befürchtungen in bezug auf die anstehende Änderung sprechen. Wenn Sie bereits früh ein annehmbares Beispiel geben, indem Sie offen und direkt mit Problemen umgehen, werden andere in Ihrem Unternehmen eher ihre Gefühle und Vorbehalte akzeptieren.
- *Versuchen Sie zu verstehen, wie andere Ihre Aktionen wahrnehmen.* Hier trifft der Spruch „Die Wahrheit liegt in den Augen des Betrachters" zu. Es ist eine Tatsache, daß die Art und Weise, wie andere Ihre Aktionen wahrnehmen, in großem Maß darüber entscheiden, wie gewillt sie sind, die von Ihnen befürworteten Veränderungen zu unterstützen. Es ist wichtig, die Gruppenmitglieder regelmäßig um Feedback zu bitten, damit Sie verstehen, wie die anderen Sie wahrnehmen.
- *Suchen Sie immer nach Möglichkeiten, Ihre Überzeugungen zu demonstrieren.* Im Verlauf eines Tages gibt es unzählige Möglichkeiten für Sie, Ihre Überzeugungen zu demonstrieren. Einige dieser Möglichkeiten sind offensichtlich – unterstützende Kommentare in Teambesprechungen etwa. Andere wiederum

sind nicht so offensichtlich, wenn es beispielsweise darum geht, wieviel Zeit regelmäßig für Gespräche mit den Teammitgliedern aufgewendet wird oder wie Sie in Krisensituationen reagieren sollten.

Als Teamleiter werden Ihre Aktionen ständig bewertet und interpretiert. Es ist wichtig, daß Gruppenmitglieder erkennen, daß Sie sich für die Sache engagieren. Die Teammitglieder werden darauf achten, ob sich Ihr Managementverhalten tatsächlich verändert hat. Die wichtigste Fähigkeit, die in dieser Übergangszeit entwickelt werden sollte, ist das Management nach Grundsätzen statt nach Weisungen oder Erlässen.

Management nach Grundsätzen

Die Praxis des Managements nach Grundsätzen („Management by Principle") steht in scharfem Kontrast zu der traditionelleren Methode des Managements nach Firmenpolitik („Management by Policy"). Unternehmenspolitische Grundsätze oder spezielle Regeln und Vorgehensweisen bilden normalerweise die Grundlage dafür, daß Entscheidungen, die Auswirkungen auf das Arbeitsleben von Menschen haben, einigermaßen gerecht sind. Die daraus resultierenden Vorschriften- und Verfahrensbücher gewährleisten, daß die Menschen in einem Unternehmen sich nach denselben Regeln und Vorschriften richten und gleich behandelt werden – zumindest ist das ihre Absicht. Das Problem beim Management, das sich strikt nach diesen Regeln richtet, besteht darin, daß es immer Ausnahmen gibt – kein unternehmenspolitischer Grundsatz kann so perfekt sein, daß alle möglichen Variablen in Betracht gezogen werden. Ein pflichtbewußter Verfasser unternehmenspolitischer Richtlinien wird immer Änderungen und Ergänzungen vornehmen, so daß die Anzahl der zu befolgenden Regeln und Vorschriften ständig größer wird. Dies kompliziert den Einsatz von unternehmenspolitischen Grundsätzen beim Treffen von Entscheidungen noch mehr.

Ein zweites Problem beim Festhalten an diesen Regeln besteht darin, daß der Betroffene die Verantwortung für eine Entscheidung oft nicht trägt. Dies führt bisweilen zu Entscheidungen, die von außen betrachtet einfach keinen Sinn ergeben.

Können Unternehmen ohne unternehmenspolitische Richtlinien operieren? Nein. Es gibt viele Regeln und Vorschriften, die von Gesetzen oder Verträgen diktiert werden. Die meisten Unternehmen könnten jedoch mit sehr viel weniger Grundsätzen und Regeln auskommen, wenn sie sich auf die absolut wichtigen unternehmenspolitischen Grundsätze beschränken.

Wie sieht also die Alternative zum Management nach unternehmenspolitischen Richtlinien aus? Wir schlagen das Management nach Grundsätzen vor. Man könnte argumentieren, daß unternehmenspolitische Richtlinien eigentlich Grundsätze sind, die in betriebliche Begriffe übersetzt wurden, damit sie klarer und greifbarer sind. Unsere Erfahrung zeigt, daß dies häufig nicht der Fall ist. In der Tat widersprechen unternehmenspolitische Richtlinien bisweilen den üblichen Werten des Unternehmens. Der Grund besteht darin, daß diese Richtlinien oft geschaffen werden, um Außergewöhnliches zu regeln.

In einer Analogie könnte man es folgendermaßen ausdrücken: Man kann sich die Grundsätze als einen großen Schirm vorstellen, der die Ideale, nach denen das Unternehmen strebt, repräsentiert, ähnlich wie die Verfassung der Vereinigten Staaten als lenkende Sammlung von Grundsätzen für US-Bürger gilt. Innerhalb dieses breitangelegten Rahmens gibt es sicherlich viel Raum für Interpretationen, wie unzählige Bundes- und Staatsgesetze beweisen. Doch jedes Gesetz (das den unternehmenspolitischen Richtlinien eines Unternehmens entspricht) wird schließlich danach bewertet, ob es mit den Grundsätzen der Verfassung vereinbar ist – Gesetze, die als verfassungswidrig gelten, werden entfernt. Die Absicht beim „Management nach Grundsätzen" besteht darin, alle unternehmenspolitischen Richtlinien in Frage zu stellen, um zu gewährleisten, daß sie mit den allgemeinen Grundsätzen des Unternehmens übereinstimmen. Bei dieser Bewertung wird normalerweise deutlich, daß das Unternehmen mit viel weniger unternehmenspolitischen Richtlinien, Vorschriften operieren kann, wenn die allgemeinen Grundsätze klar definiert und verstanden werden.
Für die effektive Leitung eines Unternehmens nach Grundsätzen gibt es vier wichtige Praktiken:

1. Achten Sie darauf, daß sich alle Mitarbeiter des Unternehmens klar sind, wie die Richtlinien aussehen.
2. Verleihen Sie den Grundsätzen Relevanz – speziell in Besprechungen, die sich mit Strategien, Problemlösungen und Entscheidungen befassen.
3. Arbeiten Sie darauf hin, unternehmenspolitische Richtlinien, Vorgehensweisen und Regeln zu eliminieren, die den Unternehmensleitsätzen widersprechen.
4. Aktualisieren Sie die Unternehmensleitsätze mit der Zeit.

Grenzbedingungen

Eine der Hauptveränderungen in der Rolle des Managers während der Übergangszeit hin zu Hochleistungspraktiken besteht darin, daß man vom Erteilen von Vorschriften zur Etablierung von Grenzbedingungen übergeht.

Wo eine Vorschrift spezifiziert, was auf welche Weise getan werden muß, befaßt sich eine Grenzbedingung nur mit den Zwängen oder Grenzen. Was getan werden muß und auf welche Weise es am besten ausgeführt wird, wird von der gesamten Gruppe festgelegt und nicht nur von dem Manager. Zur Beschreibung dieser dramatischen Verschiebung hin zur Nutzung der Grenzbedingungen ist eine Analogie nützlich. Wenn wir uns vorstellen, daß wir ein Gemälde schaffen, können Grenzbedingungen umreißen, wie groß die Leinwand sein sollte und wieviel Geld uns für den Einkauf von Farben und Pinseln zur Verfügung steht. Wir hätten dann die Freiheit, das Thema festzulegen, die Farben für das Gemälde zu wählen und die beste Ausführungsart, um das Budget nicht zu überschreiten. Im Gegensatz dazu ähneln Vorschriften eher dem Malen nach Zahlen, wo alle Aspekte der Aufgabe sorgfältig spezifiziert sind und der Maler nur einem Prozeß folgt, der bereits von jemand anders für ihn umrissen wurde. In diesem Fall gibt es wenig Kreativität und Autonomie.

Grenzbedingungen helfen der Gruppe, sich auf bestimmte Dinge zu konzentrieren, ohne zu starken Zwängen ausgesetzt zu sein. Grenzbedingungen ermutigen die Gruppe zur Kreativität, denn die Gruppe muß herausfinden, wie das Problem am besten angegangen wird. Außerdem ist die Gruppe natürlich eher bereit, Entscheidungen mitzutragen, an denen sie direkt beteiligt ist. Dies gewährleistet, daß die Durchsetzung von Entscheidungen effizient und effektiv ist.

Der Herstellungsleiter in einer High-Tech-Firma versuchte herauszufinden, wie die Aufnahme eines neuen Produkts in die Fertigung am besten bewältigt werden könnte. Um eine stärkere Mitarbeiterbeteiligung zu forcieren, beschloß er, die Grenzbedingungen zu definieren und dann der Gruppe die Verantwortung für die Aufnahme des neuen Produkts und die Entwicklung der besten Werkstattgestaltung zu übertragen. Der Manager durchdachte alle relevanten Eckdaten und stellte die folgende Liste mit Grenzbedingungen auf:

- Der Arbeitsbereich darf nicht mehr als 1500 Quadratfuß umfassen – in der Anlage steht einfach nicht mehr Raum zur Verfügung.

- Die neue Fertigungsstraße muß innerhalb von vier Wochen den Betrieb aufnehmen – die Marketingabteilung ist den Kunden gegenüber Verpflichtungen eingegangen, so daß ein schneller Start erforderlich ist.
- Das Budget für die Übergangszeit darf DM 10.000 nicht überschreiten – aufgrund der aktuellen finanziellen Engpässe innerhalb des Unternehmens steht nicht mehr Geld zur Verfügung.
- Der Aufbau der Fertigungsstraße muß Just-in-time-Fertigung und Total Quality gewährleisten – entsprechend unserer Fertigungsphilosophie müssen wir danach streben, Verschwendung zu eliminieren.

Er überreichte die Liste der Produktionsgruppe, deren Reaktion recht positiv war. So sagte ein Teammitglied: „Die Grenzen waren realistisch und klar und gaben uns die Möglichkeit, unseren eigenen Entwurf zu entwickeln. Zum erstenmal in meiner Karriere hatte ich das Gefühl, daß das, was ich zu sagen hatte, wirklich etwas bewirken würde."

Hilfsmittel 21: Barrieren überwinden

Die meisten Arbeitnehmer werden erklären, daß sie tagtäglich Hindernissen gegenüberstehen, die ihre Fähigkeit blockieren, wertvolle Beiträge für das Unternehmen zu leisten. Oft entstehen so Gefühle von Hilflosigkeit; die Arbeitnehmer werden frustriert, weil sie keine Wirkung auf die zukünftige Richtung des Unternehmens haben können.

In vielerlei Hinsicht haben traditionelle Managementlehren und -praktiken zum Aufbau von Hindernissen geführt. In den Phrasen des Managements finden sich Ideen und Methoden wieder, die zur Schaffung von Barrieren beitragen: „Man isoliere die Arbeitnehmer voneinander, um Ablenkung zu vermeiden", „ein Mitarbeiter, eine Aufgabe", „Aufteilung der Arbeiten nach Abteilungen", „funktionalisieren", „Informationen nach Bedarf", „immer die Befehlskette befolgen", „Arbeit nach Anweisung", „Sie werden nicht dafür bezahlt, die Verfahren in Frage zu stellen – richten Sie sich einfach nach ihnen". Im Gegensatz dazu wird von Managern und Vorgesetzten in Arbeitssystemen auf Teambasis erwartet, daß störende Hindernisse abgebaut werden, das heißt, sie werden zu „Barrierenknackern".
Die Hindernisse in Unternehmen lassen sich in zwei Gruppen einteilen:

1. Hindernisse, die für legitime Managementzwecke entwickelt wurden und die nicht mehr nützlich sind (oder doch noch nützlich sind).
2. Hindernisse, die angeblich auf Praktiken der Vergangenheit oder Annahmen beruhen, was jedoch gar nicht stimmt. Diese Gruppe ist am interessantesten, weil es sich um Hindernisse handelt, die nicht einmal real sind und oft die Beiträge von Mitarbeitern begrenzen.

Da viele Hindernisse einfach nur auf Einbildung beruhen, aber wenig oder keine Grundlage in der Realität haben, besteht ihr Abbau einfach darin, daß man herausfindet, wie die Tatsachen wirklich aussehen.
Offensichtlich sind nicht alle Barrieren, denen Teams begegnen, einfach nur „eingebildet". Bei vielen Hindernissen handelt es sich um legitime unternehmenspolitische Richtlinien, Verfahrensweisen und Strukturen, die gut dokumentiert sind, überall verstanden und regelmäßig praktiziert werden. Diese Regeln und Strukturen wurden mit großer Sicherheit einst aufgrund von Dingen entwickelt, die im besten Interesse des Unternehmens waren – und es ist durchaus möglich, daß es sich noch immer um legitime Praktiken handelt, nach denen die Mehrzahl der Fälle gehandhabt wird.
Unabhängig davon, ob versucht wird, unternehmenspolitische Grundsätze zu ändern oder den Informationsfluß zu verbessern, richten sich die Schritte zum Abbau dieser „echten" Hindernisse nach demselben Verfahren:

1. *Versuchen Sie zu verstehen, warum die Barriere überhaupt existiert.* Was heute ein Hindernis zu sein scheint, wurde wahrscheinlich ursprünglich mit der besten Absicht geschaffen. Als erster Schritt ist es wichtig, die Entwicklung der unternehmenspolitischen Richtlinie, der Vorgehensweise oder Struktur zu verstehen, die seitdem zu einem Hindernis geworden ist. Wichtige Fragen, die es zu beantworten gilt, lauten: Was war die ursprüngliche Absicht der unternehmenspolitischen Richtlinine/des Verfahrens/der Struktur? Welche Vorteile hat das Unternehmen gewonnen, als diese Richtlinie/dieses Verfahren/diese Struktur ursprünglich in die Praxis umgesetzt wurde? Inwiefern ist dies noch nützlich? (Diese letzte Frage ist besonders wichtig – es ist möglich, daß die Richtlinie/das Verfahren/die Struktur noch immer nützlich ist, so daß es nicht lohnt, Zeit und Energie für ihre Änderung aufzubringen.)
2. *Legen Sie fest, mit wem Sie arbeiten müssen, um die Barriere zu eliminieren.* Zu diesem Zeitpunkt müssen Sie einen geeigneten Mitarbeiter oder mehrere finden, die Sie unterstützen, die Barriere zu überwinden. Folgende Frage muß dazu beantwortet werden: Wer ist berechtigt, dieses Hindernis zu überwinden?

3. *Beschreiben Sie die Auswirkungen, die die Barriere für Ihr Team hat.* Da die meisten Manager positiv auf meßbare Indikatoren reagieren, ist es angebracht, diese Auswirkungen mit „endgültigen" Begriffen zu beschreiben, soweit dies möglich ist. Folgende Frage muß beantwortet werden: Wie sieht die (möglichst meßbare) Wirkung dieses Hindernisses auf die Leistung des Teams aus?
4. *Beschreiben Sie, wie die negative Wirkung der Barriere eliminiert werden soll.* Dies ist Ihr Aktionsplan, um sich von dem Hindernis zu befreien. Es sollte Klarheit in bezug auf spezifische Schritte zur Überwindung der Barriere herrschen. Folgende Frage muß beantwortet werden: Welche spezifischen Änderungen müssen vorgenommen werden, damit dieses Hindernis eliminiert wird?
5. *Identifizieren Sie die potentiellen Vorteile und Risiken der Alternative, die Sie empfehlen.* Es ist wichtig, eine „realistische Vorschau" auf die potentiellen Risiken und Fallgruben der Veränderung, für die Sie eintreten, zu schaffen. Falls im Zusammenhang mit dieser Veränderung Risiken bestehen, sollte deren Existenz nicht verneint werden – statt dessen sollten Sie bestätigen, daß Sie sich ihrer bewußt sind und daß Sie Möglichkeiten zur Minimierung ihrer potentiellen Wirkung durchdacht haben. Die Hauptfragen lauten: Welche Risiken stehen im Zusammenhang mit der Eliminierung dieser Barrieren? Worin bestehen die Vorteile? Auf welche Weise können die Risiken minimiert werden?
6. *Verschaffen Sie sich Gehör.* Jetzt, da Sie Ihren Standpunkt sorgfältig durchdacht und vorbereitet haben, sollte er von denjenigen gehört werden, die autorisiert sind, die nötigen Veränderungen vorzunehmen. Dabei kann es sich um die Einberufung einer offiziellen Besprechung handeln, in der Sie Ihre Ideen vortragen, Sie könnten aber auch eine „zufällige" Begegnung mit einem der Firmenleiter auf dem Parkplatz dazu nutzen. Die Schlüsselfrage lautet: Wie kann ich meinen Standpunkt am besten vortragen?

Über die Autoren

Die Firma Belgard • Fisher • Rayner, Inc. mit Sitz in Beaverton, Oregon (1-800-426-1060) ist für Unternehmen in ganz Nordamerika, Westeuropa und Asien tätig. Zu ihren Kunden zählen Ademco, Amdahl, Apple Computers, AT&T, Ball Aerospace, Compaq, Corning, Goodyear, Hanna Andersson, Hewlett-Packard, IBM Canada, Kemper, Marion Merrell Dow Inc., Martin Marietta Corp., McDonnell Douglas Corp., Monsanto Co., Motorola, MTV Networks, NBC, Port of Seattle, Rockwell International, Shell Oil Co., Taco Bell, Teccor Electronics, Travelers Insurance, Quaker Oats, Washington Water and Power und Weyerhaeuser Co. Alle Bemühungen von BFR konzentrieren sich darauf, Unternehmen zum Erfolg zu verhelfen, wenn Hochleistungsunternehmensformen eingeführt werden.

James Armstrong ist Berater, Trainer, Entwicklungs- und Materialmanager bei BFR, Inc. Er hat einen Abschluß in Organisationspsychologie an der Universität Oregon. Armstrong hat für Tektronix, Hewlett-Packard und Sequent Computer Systems gearbeitet, bevor er seine Arbeit bei BFR aufnahm.

William Belgard ist Mitbegründer von Belgard • Fisher • Rayner, Inc. Er hat große Erfahrung als Berater von Firmen, die zu den 100 führenden Amerikas gehören. Er ist Mitverfasser eines Kapitels des Buchs *Corporate Transformation; Revitalizing Organizations for a Competitive World* (Jossey-Bass, 1988) und *Helping Supervisors to Change* (mit Janice Klein, Universität Harvard, 1991). Bevor William Belgard die Arbeit bei BFR aufnahm, arbeitete er bei Tektronix Inc., wo er Manager der Abteilung Werbung und Mediengraphik und Messekonzepte, Design und Auslieferung war.

Barbara Brenneman ist Mitglied eines Hochleistungsarbeitsteams bei BFR. Neben ihrer Aufgabe in der Materialdistribution hat Barbara Brenneman im Kundendienst und im Bereich allgemeine Betriebsoperationen gearbeitet.

Mark Christensen ist Gründer und Präsident von Learning Point, Inc., einer Trainings- und Beraterfirma, die auf die Entwicklung von Management und Belegschaft spezialisiert ist. Als Mitarbeiter von BFR bestand einer seiner herausragendsten Beiträge in seiner Arbeit als Hauptautor der Team Tools™-Serie. Mark Christensen hat einen Magisterabschluß in Betriebswirtschaft an der Universität Oregon.

Susanne Eaton ist Leiterin des Kundendienst-Teams bei BFR. Susanne Eaton hat als Beraterin und Managerin ein hohes Maß an Erfahrung mit der „Stärkung von Mitarbeitern“ in den Bereichen Fertigung, Technik, Einkauf und in Personalabteilungen. Sie hat Kunst an der Universität Oregon studiert.

Kimball Fisher ist Mitbegründer von Belgard • Fisher • Rayner, Inc. und Autor des Buchs *Leading Self-Directed Work Teams: A Guide to Developing New Team Leadership Skills* (McGraw-Hill, 1993). Als früherer Teamleiter bei Procter& Gamble hat Kimball Fisher mit einer Reihe von Firmen, die zu den 100 führenden Amerikas zählen, gearbeitet und engagierte Managementpraktiken in ganz Nordamerika und Westeuropa eingeführt. Er ist ein beliebter Redner bei Konferenzen über Teams und die Neuorganisation von Unternehmen.

Sheri Piercy ist ein Hochleistungsteammitglied bei Belgard • Fisher • Rayner, Inc. Vor ihrer Arbeit beim BFR-Team hat sie sieben Jahre lang im Gastronomie-Management gearbeitet.

Steven Rayner ist Mitbegründer von Belgard • Fisher • Rayner, Inc. und Autor der Bücher *Re-Creating the Workplace: The Pathway to High Performance Work Systems* (Oliver Wight Publishers, 1993) und *New Excellence: The Forest Grove Project* (Tektronix, 1984). Als Berater, Kolumnist und Entwickler von Trainingsprogrammen hat er über ein Dutzend Artikel zum Thema Unternehmen auf Teambasis geschrieben. Steven Rayner hält regelmäßig Reden zum Thema Hochleistungsarbeitssysteme und hat Firmen in den Vereinigten Staaten, Kanada und Europa bei der Einführung von Teams beraten.

Bonnie Sabel ist ein Hochleistungsteammitglied bei BFR und arbeitet in der Buchhaltung.

Notizen

Notizen

Notizen

Notizen

Notizen

Notizen

Notizen

Notizen

Notizen